헌법개정안 국민투표장서 朴의장 내외가 투표하고 있다(62년 12월17일).

軍政연장을 요구한 건군(建軍)사상 최초의 군인 데모.

개정헌법에 서명하는 박정희 의장. 오른쪽은 개헌 실무책임자 이석제.

중앙청 앞 광장에서 각부 장관 및 공무원들이 콩심기에 나섰다. 증산을 독려하기 위해 노는 땅을 없애자는 취지였다(63년 7월 15일).

경기 부평에 설립된 새나라자동차공장 준공식에 참석한 朴의장(62년 8월 27일).

한일 국교수교를 위해 訪日 후 귀국한 김종필 중앙정보부장의 귀국인사를 받는 朴의장
(62년 11월 13일).

朴대통령은 의장시절부터 산업체 시찰을 주요 일정으로 잡았다.

1963년 8월 30일의 朴正熙 의장 전역식.

1963년 9월 28일, 서울고등학교 교정에서 유권자에게 첫선을 보인 공화당의 박정희 후보.

제5대 대통령에 당선된 박정희는 고향의 선영(先塋)을 찾아 문중 사람이 지켜보는 가운데 아내 육영수와 함께 성묘를 했다(1963년 10월 18일).

공화당 박정희 후보의 구호는 「새 일꾼에 한 표 주어 황소같이 부려보자」였다.

63년 12월 17일 5대 대통령 취임식장의 朴대통령 부부. 뒤에 지만 군이 보인다.

10

한강의 얼음낚시(1964년 1월).

朴대통령에게 기념품을 증정하는 프로 레슬러 장영철씨(64년 2월 25일).

1964년의 서울 거리 풍경. 초등학교 학부형들이 자녀들의 등교길을 도와주고 있다(64년 3월 10일).

朴正熙

6

한 운명적 인간의 裸像

부끄럼 타는 한 소박한 超人의 생애

'인간이란 실로 더러운 강물일 뿐이다. 인간이 스스로 더럽히지 않고
이 강물을 삼켜 버리려면 모름지기 바다가 되지 않으면 안 된다.'

　박정희를 쓰면서 나는 두 단어를 생각했다. 素朴(소박)과 自主(자주).
소박은 그의 인간됨이고 자주는 그의 정치사상이다. 박정희는 소박했기
때문에 自主魂(자주혼)을 지켜 갈 수 있었다. 1963년 박정희는 《국가와
혁명과 나》의 마지막 쪽에서 유언 같은 다짐을 했다.

　〈소박하고 근면하고 정직하고 성실한 서민 사회가 바탕이 된, 자주독
립된 한국의 창건, 그것이 본인의 소망의 전부다. 본인은 한마디로 말해
서 서민 속에서 나고, 자라고, 일하고, 그리하여 그 서민의 인정 속에서
생이 끝나기를 염원한다〉

　1979년 11월 3일 國葬(국장). 崔圭夏 대통령 권한대행이 故박정희의
靈前(영전)에 건국훈장을 바칠 때 국립교향악단은 교향시 〈차라투스트
라는 이렇게 말했다〉를 연주했다. 독일의 리하르트 슈트라우스가 작곡
한 이 장엄한 교향시는 니체가 쓴 同名(동명)의 책 서문을 표현한 것이
다. 니체는 이 서문에서 '인간이란 실로 더러운 강물일 뿐이다'고 썼다.

그는 '그러한 인간이 스스로를 더럽히지 않고 이 강물을 삼켜 버리려면 모름지기 바다가 되지 않으면 안 된다'고 덧붙였다. 박정희는 지옥의 문턱을 넘나든 질풍노도의 세월로도, 장기집권으로도 오염되지 않았던 혼을 자신이 죽을 때까지 유지했다. 가슴을 관통한 총탄으로 등판에서는 피가 샘솟듯 하고 있을 때도 그는 옆자리에서 시중들던 두 여인에게 "난 괜찮으니 너희들은 피해"란 말을 하려고 했다. 병원에서 그의 屍身을 만진 의사는 "시계는 허름한 세이코이고 넥타이 핀은 도금이 벗겨지고 혁대는 해져 있어 꿈에도 대통령이라고는 생각하지 못했다"고 한다.

소박한 정신의 소유자는 잡념과 위선의 포로가 되지 않으니 사물을 있는 그대로, 실용적으로, 정직하게 본다. 그는 주자학, 민주주의, 시장경제 같은 외래의 先進思潮(선진사조)도 국가의 이익과 민중의 복지를 기준으로 하여 비판적으로 소화하려고 했다. 박정희 주체성의 핵심은 사실에 근거하여 현실을 직시하고 是非(시비)를 국가 이익에 기준하여 가리려는 자세였다. 이것이 바로 實事求是(실사구시)의 정치철학이다. 필자가 박정희를 우리 민족사의 실용—자주 노선을 잇는 인물로 파악하려는 것도 이 때문이다.

金庾信(김유신)의 對唐(대당) 결전의지, 세종대왕의 한글 창제, 광해군의 國益 위주의 외교정책, 실학자들의 實事求是, 李承晩(이승만)의 反共(반공) 건국노선을 잇는 박정희의 조국 근대화 철학은 그의 소박한 인간됨에 뿌리를 두고 있다.

박정희는 파란만장의 시대를 헤쳐 가면서 榮辱(영욕)과 淸濁(청탁)을 함께 들이마셨던 사람이다. 더러운 강물 같은 한 시대를 삼켜 바다와 같은 다른 시대를 빚어낸 사람이다. 그러면서도 자신의 정신을 맑게 유지했던 超人(초인)이었다. 그는 알렉산더 대왕과 같은 호쾌한 영웅도 아니고 나폴레옹과 같은 電光石火(전광석화)의 천재도 아니었다. 부끄럼 타는 영웅이고 눈물이 많은 超人, 그리고 한 소박한 서민이었다. 그는 한국인의 애환을 느낄 줄 알고 그들의 숨결을 읽을 줄 안 土種(토종) 한국인이었다. 민족의 恨(한)을 자신의 에너지로 승화시켜 근대화로써 그 한을 푼 혁명가였다.

自主人(자주인) 박정희는 실용—자주의 정치 철학을 '한국적 민주주의'라는 그릇에 담으려고 했다. '한국적 민주주의'란, 당시 나이가 30세도 안 되는 어린 한국의 민주주의를 한국의 역사 발전 단계에 맞추려는 시도였다. 국민의 기본권 가운데 정치적인 자유를 제한하는 대신 물질적 자유의 확보를 위해서 國力을 집중적으로 투입한다는 限時的(한시적) 전략이기도 했다.

박정희는 인권 탄압자가 아니라 우리나라 역사상 가장 획기적으로 인권신장에 기여한 사람이다. 인권개념 가운데 적어도 50%는 빈곤으로부터의 해방일 것이고, 박정희는 이 '먹고 사는' 문제를 해결함으로써 다음 단계인 정신적 인권 신장으로 갈 수 있는 길을 열었다. '먹고 사는' 문제를 해결하는 것이 정치의 主題라고 생각했고 이를 성취했다는 점이 그를 역사적 인물로 만든 것이다. 위대한 정치가는 상식을 실천하는 이다.

당대의 대다수 지식인들이 하느님처럼 모시려고 했던 서구식 민주주의를 감히 한국식으로 변형시키려고 했던 점에 박정희의 위대성과 이단성이 있다. 주자학을 받아들여 朱子敎(주자교)로 교조화했던 한국 지식인의 사대성은 미국식 민주주의를 民主敎(민주교)로 만들었고 이를 주체적으로 수정하려는 박정희를 이단으로 몰아붙였다. 물론 미국은 美製

(미제) 이념을 위해서 충성을 다짐하는 기특한 지식인들에게 강력한 지원을 아끼지 않았다. 그러면서도 미국은 냉철하게 박정희에 대해선 외경심 어린 평가를, 민주화 세력에 대해선 경멸적인 평가를 내리고 있었음을, 그의 死後 글라이스틴 대사의 보고 電文에서 확인할 수 있다.

박정희는 1급 사상가였다. 그는 말을 쉽고 적게 하고 행동을 크게 하는 사상가였다. 그는 한국의 자칭 지식인들이 갖지 못한 것들을 두루 갖춘 이였다. 자주적 정신, 실용적 사고방식, 시스템 운영의 鬼才, 정확한 언어감각 등. 1392년 조선조 개국 이후 약 600년간 이 땅의 지식인들은 사대주의를 추종하면서 자주국방 의지를 잃었고, 그러다 보니 전쟁의 의미를 직시하고 군대의 중요성을 계산할 수 있는 능력을 거세당하고 말았다. 제대로 된 나라의 지도층은 文武兼全(문무겸전)일 수밖에 없는데 우리의 지도층은 문약한 반쪽 지식인들이었다. 그런 2, 3류 지식인들이 취할 길은 위선적 명분론과 무조건적인 평화론뿐이었다. 그들은 자신들과는 차원을 달리하는 선각자가 나타나면 이단이라 몰았고 적어도 그런 모함의 기술에서는 1류였다.

박정희는 日帝의 군사 교육과 한국전쟁의 체험을 통해서 전쟁과 군대의 본질을 체험한 바탕에서 600년 만에 처음으로 우리 사회에 尙武정신과 자주정신과 실용정치의 불씨를 되살렸던 것이다. 全斗煥 대통령이 퇴임한 1988년에 군사정권 시대는 끝났고 그 뒤에 우리 사회는 다시 尙武·자주·실용정신의 불씨를 꺼버리고 조선조의 파당성·문약성·명분론으로 회귀하려는 움직임을 보이고 있다. 이 복고풍이 견제되지 않으면 우리는 자유통일과 일류국가의 꿈을 접어야 할 것이다. 한국은 이승만, 박정희, 전두환, 노태우 네 대통령의 영도 하에서 국민들의 평균 수

준보다는 훨씬 앞서서 一流 국가의 문턱까지 갔으나 3代에 걸친 소위 文民 대통령의 등장으로 성장의 動力과 국가의 기강이 약화되어 제자리 걸음을 하고 있다.

1997년 IMF 관리 체제를 가져온 外換위기는 1988년부터 시작된 민주화 과정의 비싼 代價였다. 1988년에 순채권국 상태, 무역 흑자 세계 제4위, 경제 성장률 세계 제1위의 튼튼한 대한민국을 물려준 歷代 군사정권에 대해서 오늘날 국가 위기의 책임을 묻는다는 것은 세종대왕에게 한글 전용의 폐해 책임을 묻는 것만큼이나 사리에 맞지 않다.

1987년 이후 한국의 민주화는 지역 이익, 개인 이익, 당파 이익을 민주, 자유, 평등, 인권이란 명분으로 위장하여 이것들을 끝없이 추구함으로써 國益과 효율성, 그리고 국가엘리트층을 해체하고 파괴해 간 과정이기도 했다. 박정희의 근대화는 國益 우선의 부국강병책이었다. 한국의 민주화는 사회의 좌경화·저질화를 허용함으로써 박정희의 꿈이었던 강건·실질·소박한 국가건설은 어려워졌다. 한국의 민주화는 조선조적 守舊性을 되살리고 사이비 좌익에 농락됨으로써 국가위기를 불렀다. 싱가포르의 李光耀는 한국의 민주화 속도가 너무 빨라 法治의 기반을 다지지 못했다고 비판했다.

박정희는 자신의 '한국적 민주주의'를 '한국식 민주주의', 더 나아가서 '한국형 민주주의'로 국산화하는 데는 실패했다. 서구 민주주의를 우리 것으로 토착화시켜 우리의 역사적·문화적 생리에 맞는 한국형 제도로 발전시켜 가는 것은 이제 미래 세대의 임무가 되었다. 서구에서 유래한 민주주의와 시장 경제를 우리 것으로 소화하여 한국형 민주주의와 한국식 시장경제로 재창조할 수 있는가, 아니면 民主의 껍데기만 받아들여 우상 숭배의 대상으로 삼으면서 선동가의 놀음판을 만들 것인가, 이것이 박정희가 오늘날의 우리에게 던지는 질문일 것이다.

　조선일보와 月刊朝鮮에서 9년간 이어졌던 이 傳記 연재는 月刊朝鮮 전 기자 李東珚 씨의 주야 불문의 충실한 취재 지원이 없었더라면 불가능했을 것이다. 아울러 많은 자료를 보내 주시고 提報를 해주신 여러분들께 감사드린다. 이 책은 박정희와 함께 위대한 시대를 만든 분들의 공동작품이다. 필자에게 한 가지 소망이 있다면, 박정희가 소년기에 나폴레옹 傳記를 읽고서 군인의 길을 갈 결심을 했던 것처럼 누군가가 이 박정희 傳記를 읽고서 지도자의 길을 가기로 결심하는 것이다. 그리하여 그가 21세기형 박정희가 되어 이 나라를 '소박하고 근면한, 자주독립·통일된 선진국'으로 밀어 올리는 날을 기대해 보는 것이다.

2007년 3월
趙甲濟

⑥ 한 운명적 인간의 裸像

20

제18장 危機의 봄

제19장 제5대 대통령선거

제20장 對外개방전략

제17장

내부 균열:
정보부 권력의 肥大化

朴正熙

정보부 권력의 肥大化

1962년에 들어서면서 김종필 부장이 지휘하는 중앙정보부는 박정희 의장의 충실한 두뇌와 손발이 되어 국정의 전반에 영향력을 행사하고 있었다. 일상적인 정보·수사업무 이외에도 1963년 민정이양에 대한 준비작업, 헌법개정, 공화당의 母體(모체)인 재건동지회 비밀조직, 워커힐 건설, 증권투기, 새나라 자동차 건설을 주도하고 있었다. 단순한 정보기관이 아니라 '정부 안의 또 다른 정부' 였다. 정보부의 이런 獨走(독주)는 김종필에 대한 반대세력의 도전을 부른다.

김종필과 함께 중앙정보부 창립을 지휘했던 石正善(석정선)은 5·16 쿠데타의 씨앗이 된 整軍(정군)운동을 김종필과 함께 주도했던 육사 8기 출신의 정보장교였다. 김종필과 함께 강제예편당한 그는 5·16 거사에는 발을 빼 일부 주체세력으로부터는 '배신자' 란 비난을 듣기도 했었다. 김종필은 정보부대, 첩보부대 경험이 많은 그를 데려다가 정보부 창설에 참여시켰다. 정보부에 대한 구상은 5·16 전에 이미 김종필의 머릿속에 들어 있었다. 김종필은 박정희의 참모들 중 혁명이 성공한 뒤 권력구조를 어떻게 만들어 나라를 끌고 갈 것인가에 대한 정리된 구상을 갖고 있던 거의 유일한 인물이었다.

그는 최고회의, 내각, 경제기획원, 국민운동본부, 정보부를 5대 핵심 기관으로 想定(상정)했다. 정보부의 역할은 혁명과업이 제대로 수행되지 않을 때 이를 조정, 통제, 司正(사정)하는 일이었다. 정보부는 처음 4국 3실로 출발했다. 총무국(1국), 해외정보국(2국), 수사국(3국), 교육발전국(5국) 그리고 통신실, 감찰실 및 비서실. 정보부를 창설한 육사 8기 출신 정보장교는 김종필(부장), 徐廷淳(서정순·기획운영 차장), 李永根(이영근·행정관리 차장), 姜昌鎭(강창진·총무국장), 석정선(해외정보국장·뒤에 정보차장보), 高濟勳(고제훈·수사국장), 崔英澤(최영택·교육발전국장·뒤에 주일 대표부 참사관) 등이었다. 이들은 수사에는 경험이 없었다.

석정선은 "우리가 잘 모르는 수사인력을 모으는 과정에서 문제 인물들이 정보부로 많이 들어왔습니다. 나중에 정보부가 권력남용과 인권탄압으로 怨聲(원성)을 사게 되는 하나의 요인이 되었지요"라고 했다. 정보부의 수사국은 헌병, 범죄수사대, 방첩대, 경찰에서 뽑아온 사람들로 구성되었다. 석정선은 "우리는 정보, 첩보부대에만 근무하여 수사 인맥을 잘 몰랐습니다. 권력의 향방에 촉각이 곤두선 사람들이 여러 명 우리 쪽에 합류했습니다"라고 했다. 일제시대의 사상경찰인 特高(특고) 형사 출신으로서 광복 후에는 경찰과 특무대에서 국내 정치사건을 다루면서 고문과 조작을 감행했던 수사관들도 더러 묻어왔다.

석정선은 정보부가 '정부 안의 또 다른 정부'로 커진 것은 상황이 그렇게 만든 면이 크다고 했다.

"정권은 잡았는데 뭘 어떻게 할 것이냐 했을 때 모두들 김종필만 쳐다보는 입장이었습니다. 나중에는 시행착오를 겪은 뒤 훌륭한 관리자가 되었습니다만 당시엔 박정희 의장을 포함해서 수많은 주체세력 인사들이 김종필과 정보부에 묻고 답을 구하는 형편이었습니다.

혁명 정부가 사법, 행정, 입법을 장악하고 있으니 이 3부의 실무자들도 자신들이 알아서 해야 할 것까지 책임회피를 위해서 정보부에 문의해 오는 판이었죠. 예컨대 1964년 도쿄에서 열릴 올림픽에 대비한 남북한 단일팀 구성문제로 북한과 대화할 경우, 정보부에서 전략을 세우고 人選(인선)까지 해주어야 움직이는 거예요. 정보부가 전문 인력을 가진 것도 아니고 해서 자연히 기구를 확대하고 인재를 모을 수밖에 없었습니다."

정보부장 직속으로 정책연구실이란 일종의 싱크 탱크가 생겼다. 이를 조직한 사람은 강성원(뒤에 공화당 국회의원) 소령이었다. 육군종합학교 출신인 그는 김종필 중령의 보좌관으로 근무했던 경력이 있어 혁명 뒤 김종필 부장 직속으로 특명사안을 맡고 있었다.

강성원이 연구실 위원들 23명을 구성했다. 그는 "각 분야에서 최고란 정평이 나 있는 인물들을 골라 모셔왔다"고 했다. 최규하, 김학렬, 김정렴, 尹天柱(윤천주), 김성희, 김운태, 이종극, 鄭範模(정범모), 윤태림 같은 쟁쟁한 인재들이었다.

강성원은 "최규하 씨의 경우 자유당 때 외무차관을 지내 민주당 때는 공민권이 제한된 상태에서 쉬고 있었다. 공직 再就任(재취임)을 보장해 주기로 약속하고 모셔왔다"고 했다. 이 연구실의 행정 책임자로는 학구적인 崔永斗(최영두) 준장이 임명되고 강성원은 사무국장이 되었다. 미래의 대통령, 부총리, 대통령 비서실장, 장관들을 망라한 이 연구실은 정부 각 부처에서 질문해오는 문제에 대책을 제시해 주고 중요정책에 대해서 전문적인 견해를 제공하거나 독자적인 대안을 냈다.

이렇게 되니 4개국 중심으로 출발한 정보부 조직도 커지게 되었다. 석정선은 조직을 6개국으로 늘리고 서정순 기획운영차장 산하에 두면서 반으로 쪼개 3개국은 정보 분야를 담당케 했고, 나머지 3개국은 보안 분야를 담당토록 했다. 정보차장보는 석정선, 보안차장보는 吳鐸根(오탁근·검찰총장 역임)이 맡았다. 이영근 행정관리차장은 공화당 사전조직을 지원하기 위해 중정부장 특별보좌관으로 자리를 옮겼다. 이같은 기구 개편안을 설명하는 자리에서 석정선은 김종필에게 이런 건의를 했다고 한다.

"이 구조는 혁명기간에 한시적인 것이 되어야 한다. 군정이 끝날 때 CIA와 FBI처럼 분리하자. 수사 분야는 내무부로 보내고 정보 분야는 대통령 직속으로 두어 국제적 수준의 정보기관을 만들자."

김종필 부장도 이 건의안에 전폭적으로 同調(동조)했다고 한다. 석정선은 "김종필이 공화당을 창당하고 정보부를 떠날 때 이 계획대로 정보, 수사 두 분야로 분리시키고 나왔어야 했는데 그땐 이미 그럴 힘을 잃고 있었다"고 아쉬워했다. 이로써 정보부(그 뒤의 안기부, 국가정보원)는 정보와 수사기능을 함께 가진 권력기관으로 이어져오면서 인권 탄압, 정치사찰 등 많은 비난을 받아 對北(대북)안보나 해외활동 기능까지도 평가절하되는 딜레마에 처하게 된다.

석정선 정보차장보 산하 정보 분야의 3개국 중 제1국은 정보수집, 제2국은 정보분석, 제3국은 통신정보의 임무를 담당했다. 오탁근 보안차장보 산하의 보안 분야 3개국은 '4'자를 피해 제5국부터 제7국까지 명칭을 부여하고 각각 기획보안정보, 특수정보활동, 홍보심리전을 담당케 했다.

정보부 출범으로 비로소 국가정보기관이 국내외 정보를 체계적으로 수집, 분석하여 정부의 유관 부처에 제공하는 업무를 시작하게 되었다. 정보분석은 5명을 한 팀으로 하는 전문 팀을 여러 개 만들어 운용했다. 세분된 분야에 관한 국내외 정보를 수집하여 정보철을 만들도록 하니 5

~6개월 뒤에는 요원들이 자기 분야의 전문가가 되어 있었다. 中東(중동) 어느 국가에서 쿠데타가 발생할 것이란 예측이 적중하는 일도 있었다. 정보를 축적하면 사태의 흐름을 일관되게 파악하고 예측하는 것이 가능하다는 사실이 확인되었다.

재건동지회

정보부가 초창기부터 통신실을 부장직속으로 두고 통신감청에 크게 의존하게 된 것은 정보부 창립주도자들이 한국전쟁 기간 중 미군으로부터 항공사진정보와 통신정보 등 기술정보의 중요성에 대해 깨우친 바가 컸기 때문이다. 항공사진정찰로써 敵地(적지) 도로의 평균 차량통행량을 알아 두었다가 이 통행량이 갑자기 증가하면 며칠 뒤에는 반드시 대공세가 있다는 판단이 가능하게 되었다. 전쟁 중 북한에서 암호를 만든 사람이 월남했다. 미군은 이 사람을 통해서 암호체계를 파악한 뒤 적군(인민군과 중공군)의 암호를 해독하는 기계를 만들어 자동적으로 암호를 풀었다. 일선 부대가 이동할 땐 유선에서 무선으로 전환하는데 이때 통신을 감청할 수 있었다.

박정희 입장에서 정보부는 아주 편리한 기관이었다. 중대한 國事(국사)를 비밀리에 처리하는 데도 안성맞춤이고 분파주의로 갈등하는 최고회의를 감시, 견제하여 권력을 안정시키는 데는 매서운 채찍이었다. 박정희로서는 조카사위인 김종필 부장의 인간성 덕분에 정보부의 힘이 너무 세어져 자신을 위협할 위험을 걱정하지 않아도 되었다. 정보부는 권력자뿐 아니라 일반 행정부서에게도 행동지침을 만들어주고 제시하는

軍政(군정)의 방향타이기도 했다. 정보부장 보좌관으로 있다가 뒤에 공화당 사전조직의 실무지휘자가 되는 강성원은 "그때의 김종필은 정치인으로 현란한 변신을 한 뒤의 모습과는 판판이었다"고 회고한다.

"對面(대면)만 해도 국가개조에 대한 열기를 느낄 수 있었고 사심 없이 國事(국사)에 몰두하고 있었습니다. 엄청난 결정들을 담담하게 또 대담하게 내려가면서 상황을 끌고 나가는 모습은 그야말로 革命兒(혁명아)의 한 전형이었지요. 그때는 곰탕 이상의 식사는 미안해 할 정도로 검소하고 순수했습니다."

김종필의 정보부는 1962년 봄 민정이양 계획을 만들어 최고회의에서 박 의장에게 보고했다. 박정희는 "송요찬 내각수반을 불러 같이 듣자"고 했다. 석정선이 군정기간에 대해서 1안, 2안, 3안 하면서 보고하는데 갑자기 宋 수반이 고함을 빽 질렀다고 한다.

"5년이 뭐야? 10년 이상은 해야지."

석정선이 바라보니 박정희 의장은 웃음을 띤 표정으로 宋 수반의 무릎을 만지면서 "2년 안도 좋습니다"라고 하더란 것이다. 1963년에 민정으로 이양한다는 정치일정을 발표한 1961년 8월 12일 이후에 박정희는 혁명공약대로 한때는 군에 복귀할 생각도 했다. 그는 김종필에게 친필서신을 보내 '혁명주체세력이 군에 복귀한 뒤에도 썩어빠진 舊정치인이 아닌 깨끗하고 유능한 정치세력이 정권을 잡을 수 있는 방안을 연구해보라'고 했다.

김종필 부장은 이 서신을 강성원 소령에게 보여주면서 연구검토해 보고서를 올리라고 지시했다. 강성원은 '주체세력이 선거에 참여하여 직접 정권을 잡지 않으면 구정치인의 집권을 막을 수 없다'는 결론을 내려

김종필 부장에게 보고했다. 박정희는 1961년 가을쯤에는 자신이 대통령 선거에 출마할 결심을 하게 된다.

강성원은 김종필의 지시를 받아 혁명주체가 참여할 정당의 조직방안을 연구하기 시작했다. 1961년 말 강성원과 동료 정지원 소령은 김종필에게 정당 조직안을 보고했다. 이들이 구상한 정당은 당이 국회의원보다 優位(우위)에 서는 구조였다. 당이 정책을 결정하면 국회의원들은 그 정책에 따라야 한다는 것으로 사무국의 권한이 院內(원내)보다 강력한 것이었다. 강성원은 "이런 방법만이 파벌싸움만 일삼고 국익에 대해서는 무관심한 파당적 정당의 약점을 극복하는 것이다"라고 생각했다. 김종필은 이 계획서를 받더니 표지에다가 '8·15 계획'이라고 썼다. 공화당 사전 조직 공작은 그 뒤 '8·15 계획'이라 불리게 되었다.

1962년 초부터 공화당 사전 조직이 시작된다. 책임자는 정보부 행정차장 이영근. 김종필 부장과는 육사 8기 동기 사이로서 평양 醫專(의전) 출신의 꼼꼼하고 철두철미한 성격. '독일병정'이란 별명을 가진 사람이다. 그 아래서 조직부장이 된 사람이 강성원이었다. 그는 윤천주 고려대 교수를 훈련부장, 윤주영 〈조선일보〉 편집국장을 선전부장에, 서인석 〈뉴욕 타임스〉 서울 특파원을 조사부장에 영입했다. 관리부장은 정보부에서 옮겨온 정지원.

강성원은 "지금 사람들이 그때 왜 공화당을 최고회의 위원들에게도 비밀로 하여 조직했느냐고 비판하는데, 만약 알리고 했더라면 당이 되지도 않았을 것이다. 서로 주도권을 잡으려 싸움박질을 했을 것이고 그러다가 보면 惡貨(악화)가 良貨(양화)를 구축하고 구태의연한 정치꾼들 차지가 되었을 것이다. 비밀로 조직에 착수했기 때문에 깨끗하고 유능한 인재들을 많이 모을 수 있었다. 점조직이라 하는데 끈이 달리지 않은, 즉 파벌이 없는 순수한 인물이란 점에서 점조직이었다. 지금 돌이켜 보아도 그때 우리가 모았던 인재들이 박정희 시대 정치 엘리트의 주체로서 나름대로 활동하게 된 것이 대견스럽다"고 회고했다.

김종필 부장은 박정희 의장에게 가칭 재건동지회 조직안을 보고하면서 "이 작업은 최고회의 위원들에게도 알리지 않고 제가 책임지고 하겠습니다"라고 했을 때 박정희는 이를 묵인했다. 그런데 군·검·경 합동수사본부장인 육군 방첩부대장 김재춘 준장이 정보부 요원 강성원과 정지원 등 몇 명이 서울시내에서 여러 사무실을 옮겨 다니면서 수상한 활동을 한다는 정보를 박정희 의장에게 보고해 온 것이다. 反(반)혁명모의일 가능성도 있다는 것이었다. 朴 의장은 대수롭지 않다는 듯이 말했다.

"나도 그런 움직임이 있다는 보고를 받고 있는데 별것 아닌 것 같소. 더 자세히 알아보고 처리할 것이니 나에게 맡겨두시오."

다음날 朴 의장이 부르더니 "어제 보고한 내막을 알아보니 특수 임무를 수행하고 있는 요원들이라는 것이 확인되었소. 더 수사할 필요는 없겠소" 라고 했다.

金在春의 内査 보고

육군방첩부대장 金在春(뒤에 중앙정보부장 역임)은 그러나 강성원 그룹의 수상한 움직임에 대한 内査(내사)를 중단하지 않았다. 金在春에게는 계속 보고가 올라오고 있었다.

▲강성원, 정지원을 중심으로 한 7명이 충무로 1가 사보이호텔 옆 카

네기홀 2층에 사무실을 냄. 영입대상 각계 인물 50명 추려내고 종로 2가 뒷골목 제일전당포 건물로 옮김. 건물 2, 3층을 빌어 '동양 화학주식회사'로 위장함.

▲ '동양화학주식회사'로 위장한 정보부 정당조직팀은 간부급 인사 영입 시작. 〈뉴욕 타임스〉서울특파원 서인석, 국민대 강사 이호범, 서울문리대 교수 황성모, 대학 강사 李用男(이용남), 민의원 의장 비서관 申光淳(신광순), 증권거래소 이사장 대리 朴東燮(박동섭), 연세대 강사 朴東潤(박동윤), 〈경향신문〉논설위원 蘇斗永(소두영), 〈경향신문〉논설위원 張龍(장용) 영입.

▲1962년 3월에는 관리부, 조직부, 조사부 설치. 사무실을 부서별로 분리. 관리부 사무실은 종로 2가 제일전당포 건물 사용. 사무총장은 이영근(정보부 행정차장), 관리부장 정지원, 조직부 사무실은 제일전당포 건너편 건물에 입주. 조직부장은 강성원. 조사부장은 을지로 2가에 사무실 마련, 서인석 부장. 영입인원 100명 육박.

군·검·경 합동수사본부장 김재춘 육군 방첩부대장에게 올라온 이런 보고 가운데는 '낙원동 춘추장을 1년간 전세 내어 특수 정치교육을 하는데 그 방법이 공산당의 남파간첩 밀봉교육과 흡사하다'는 과장된 보고도 있었다. 가족에게는 말할 것도 없고 훈련생끼리도 접촉할 수 없도록 비둘기집처럼 칸막이를 하고 요강까지 가지고 들어가 방안에서 볼일을 본다는 식이었다. 이런 교육에는 간첩이 관계하고 있을 것이라면서 黃泰性(황태성)의 이름이 새삼 거론되었다.

춘추장은 자유당 시절의 정치깡패 林和秀(임화수)의 집이었다. 대지 300평에 양식과 한식을 혼합한 80평의 이 건물은 임화수의 몰락 후 한

때 고급 요정으로 쓰였다. 여기서 재건동지회 요원 교육을 맡은 사람은 훈련원장 윤천주(문교부 장관 역임) 고려대 교수였다. 윤천주는 '황태성 관련설이니 남파간첩과 같은 밀봉교육 운운'은 터무니없는 이야기라고 했다. 재건동지회 부산지부 책임자로 뽑혀 춘추장에서 교육을 받았던 芮春浩(예춘호·공화당 사무총장 역임)도 같은 증언을 하고 있다. 윤천주에 따르면 교육은 5일간의 합숙—단체—강연식이었다고 한다.

1962년 6월 김재춘은 입수된 정보를 종합하여 박정희 의장에게 보고했다.

"다른 사람들에게는 정치활동을 금지시켜놓고 비밀리에 이런 정치활동을 하고 있다는 것은 바람직하지 않습니다. 각하, 장차 혁명군이 민정에 참여하여 정권을 잡겠다는 것입니까, 아니면 김종필 정보부장이 단독으로 하는 것입니까?"

"그게 무슨 소리야? 나는 전혀 모르는 소리인데. 철저히 조사해서 보고하시오."

박정희는 자신이 김종필 부장에게 허가한 재건동지회 비밀조직을 모른 척하고 김재춘 방첩부대장에겐 '철저조사' 지시를 내린 것이다. 이때만 해도 혁명주체세력 안에서 민정에 참여해야 한다는 데 합의가 이루어지지 않은 상태인 것은 물론이고, 겉으로는 '양심적이고 참신한 정치인에게 정권을 넘겨주고 군에 복귀한다'는 것이 공식적인 對(대)국민 약속으로 되어 있었다.

김재춘 합동수사본부장 겸 방첩부대장은 군·검·경을 지휘하여 재건동지회 조직의 활동에 대한 내사를 계속했다. 이를 알게 된 중앙정보부도 대응책을 취해 양쪽 요원들은 충돌을 빚기도 했다. 金炯旭(김형욱·

중앙정보부장 역임), 吉在號(길재호·공화당 사무총장 역임) 등 육사 8기 최고위원들이 찾아와 "왜 혁명동지끼리 이러느냐"고 대들기도 했다고 한다. 김재춘은 "무슨 소리인가. 혁명공약대로 해야지" 하고 원칙론을 앞세웠다. 김재춘은 중앙정보부가 공수단 출신 차지철 대위(당시 정보부 감찰실 소속)를 팀장으로 하는 특공조를 자신의 주변에 배치하여 위협을 하고 있는 데 화가 났다.

〈나(김재춘)는 박병권 국방장관, 김종오 육군참모총장, 김동하 최고회의 재경분과위원장, 金振暐(김진위) 수도방위사령관, 유양수 최고회의 외무국방위원장, 柳炳賢(유병현) 장군, 朴泰俊(박태준) 장군 등에게 이런 사실을 알리고 대책을 세워야 한다고 역설했다. 그들은 한결같이 김종필의 독주를 개탄하면서 이런 일을 막아야 한다는 데 뜻을 같이 했다. 혁명주체가 두 조각이 난 것은 바로 김종필계의 민정참여 추진파와 혁명공약 준수파의 대립이 본격화되면서이다.

우리는 수시로 김종오 총장 관사에서 만나 그동안 입수된 정보를 토대로 사태를 분석하고 대처 방안을 모색하였다. 중앙정보부 행정관 강성원 등이 재무부와 농협 등에 압력을 가하여 거액의 국고금을 동원, 증권시장을 조작하여 거액을 만들어 그 일부를 재건동지회에 제공하고 있다는 사실도 낱낱이 보고되었다(미발표 회고록)〉

김종필을 핵심으로 하는 육사 8기 출신 영관장교들은 군 내부에서 연대장, 작전참모 등 실병 지휘자 그룹을 형성하고 있었고 5·16 쿠데타에서는 두뇌 그룹으로 등장했다. 이들은 박정희란 恒星(항성)의 가장 가까운 궤도에서 돌고 있는 衛星(위성) 그룹이었다. 이들처럼 혁명에 주도적으로 관여하지는 못했지만 계급이 높은 장성 그룹은 하급자인 김종필 그룹의 독주에 기분이 대단히 상해 있었다. 김종필 그룹은 민정참여 쪽이었고 장성그룹엔 군 복귀파가 많았다. 이런 식으로 갈려진 두 세력의 갈등을 폭발 직전으로 몰고 가 김종필 부장에게 최초의 위기를 가져온 것은 증권시장 조작사건이었다.

박정희·김종필 혁명주체의 도덕성에 타격을 가하고 정권을 흔들어 놓게 되는 1962년 증권조작사건은 尹應相(윤응상·1997년 5월 29일 작고)이란 매우 흥미 있는 인물이 主演(주연)한 드라마였다. 1916년생인 그는 황해도 해주 출신이었다. 독학으로 일본 중앙대학 법학부를 졸업했다. 광복 뒤 서울에 정착한 그는 귀금속상을 했다. 교제 범위가 넓은 그는 6·25 전쟁 중에 쌍용그룹 창립자 金成坤(김성곤)이 세운 동양통신의 전무, 발행인으로 일하기도 했다. 당시 한국군의 실력자이던 원용덕 헌병사령관, 김창룡 특무부대장과도 친했다. 윤 씨는 강원도 속초가 전쟁 전엔 전기가 보급되었는데 수복된 뒤엔 촛불 신세를 면하지 못하는 것을 보고는 私債(사채)를 빌려 미군용 발전기를 구입하여 전기를 공급하고 동해전기㈜를 설립했다.

1955년 그는 동해전기를 李東根(이동근) 경향여객 사장에게 넘기는 대신 한일증권을 인수함으로써 증권업계에 뛰어들었다. 그 뒤 6년간 윤 씨는 증권시장(당시는 주로 국채를 거래했다)에서 떼돈벌이와 파산을 거듭하는 파란만장한 생활을 하면서 증권시장의 생리를 體得(체득)해갔다.

증권투기

증권파동의 주역인 윤응상은 5·16 직후에도 증권투기의 실패에 따른 고소사건으로 재판을 받으면서 용산의 셋집에서 살고 있었다. 1961년 8월 12일 박정희 의장이 2년 뒤 정권을 민간인에게 이양한다는 발표를 한 직후 그는 정보부 정책연구실 행정관 강성원 소령에게 연락하여 충무로 다방에서 만난다. 그 전에 강성원 소령은 윤 씨의 친척을 통해서 윤 씨를 만났고 윤 씨가 고소당한 사건을 잘 풀어준 인연이 있었다. 윤 씨는 김종필 부장의 정치참모인 강 소령에게 대뜸 이런 말을 했다고 한다.

"군정에서 민정으로 정권이양을 하는 데는 적어도 100억 환 정도의 정치자금이 들 거요. 돈 있는 사람들은 죄다 부정축재 혐의로 묶여 있으니 누가 이권에 관계없이 돈을 내놓겠소. 그래서 하는 말인데 내가 증권시장에서 100억 환을 만들어 줄 테니 석 달 동안 7억 환만 융통해주시오."

강성원은 "나는 돈에 대해선 무식하다"면서 다음날 같이 근무하는 정지원 소령을 데리고 나왔다. 정 소령은 재건동지회 비밀조직 사무국의 관리부장이 될 사람으로서 재정을 맡게 되어 있었다. 이후 강, 정, 윤 세 사람은 증권투자 작전을 세우기 시작한다. 증권거래소와 가까운 서울 명동의 메트로호텔에 연락처를 정해두고 강성원은 홍 회장, 정지원은 박 사장으로 위장했다. 넉 달 동안의 준비작업 끝에 윤응상은 1962년 1월에 日興證券(일흥증권)과 統一證券(통일증권)을 설립했다. 자본금은 각 5,000만 환.

윤 씨는 정지원을 통해서 자본금을 융통했다고 말했다. 이 돈이 어디에서 나왔느냐가 문제인데 강성원은 지금 이런 증언을 하고 있다.

"정보부의 돈을 가져다 쓴 것도, 國庫(국고)를 축낸 것도 아닙니다. 농협이 갖고 있던 주식을 빌려와 운영자금 代用(대용)으로 썼습니다. 즉, 당시엔 결제기일에 여유를 두는 先限(선한)이란 일종의 선물거래를 하고 있었는데 이 거래의 보증금으로서 매매대금의 일정비율을 證據金(증거금)이라 하여 양측이 미리 내기로 되어 있었습니다. 5억 환어치 정도의 농협주식을 이런 증거금 대용으로 썼고 돈을 번 뒤 주식을 되돌려주었습니다.

물론 재무부와 한국은행에 대해서 제가 정보부의 힘을 빌려 압력을 행사한 것은 사실입니다. 증권투자로 한 20억 원(200억 환)을 벌어 재건동지회 조직에 썼습니다. 그래서 정보부 돈은 일절 쓰지 않았습니다. 이 증권투자 계획을 김종필 부장에게 보고할 때 증권시장의 활성화를 기한다는 것을 명목으로 내세웠습니다. 그러면서 재건동지회(공화당 전신)를 조직하는 데는 돈을 일절 대주지 않아도 된다고 했으니 그분이 무슨 일을 하는지 짐작은 했으리라 생각합니다."

김종필의 설명은 이와는 다소 다르다(1986년 12월호 〈월간조선〉 인터뷰).

"공화당을 조직하는 데는 돈이 그렇게 많이 들지 않았습니다. 누군가 '4대 의혹사건'(편집자 註-워커힐 건축사건, 증권조작사건, 새나라 자동차 공장 건설사건, 파친코 사건)이란 이름을 붙였지만 거기서 돈이 흘러 들어갔다고 하는데 사실 조직단계의 돈은 내가 관장하고 있던 기관의 자금으로 썼습니다. 내가 이 말을 않고 있으니까 자꾸 협잡질해서 정당 만들었다고 하는데 나는 맹세코 그런 돈이 흘러들어왔는지 어땠는지 몰라요. 내가 정부 돈으로 정당을 창당한 것도 혁명이란 것을 생각하면 이해가 될 것이오."

"증권사건에 관한 한 나에게도 책임이 있습니다. 내가 듣기엔 증권가를 활성화시키기 위해서 그러한 바람을 넣어야 하겠다는 데서 출발한 거로 압니다. 거기서 돈을 번 사람이 어느 정도 기증을 했는지 나는 잘 모릅니다."

"돈이 들어온 건 사실이군요?"라고 월간조선 기자가 묻자 김종필은 "어느 정도 관련이 있었죠"라고 시인했다.

정보부 요원으로부터 든든한 자금 및 권력의 뒷받침을 확보한 증권 조작의 鬼才(귀재) 윤응상은 1962년 초 자신의 증권회사를 통해서 大證株(대증주·대한증권거래소 주식)를 사들이기 시작했다. 액면가 50전이던 대증주는 1환 17전으로 거래되고 있었는데 윤 씨의 買入(매입) 작전으로 곧 2환선을 넘었다. 윤 씨는 5억 5,000만 주를 사들였을 때 팔아버렸다. 강성원, 정지원은 윤 씨의 첫 솜씨에 감명을 받았다. 그들은 적극적으로 윤 씨를 지원하기 시작한다.

당시 증권시장에 上場(상장)된 주식은 은행주, 韓電株(한전주), 米倉株(미창주·미곡창고주식회사, 대한통운의 전신), 證金株(증금주·증권금융주식회사) 등 10여 개 종목에 지나지 않았다. 윤응상은 증권시장의 규모를 늘리는 것이 증권시장 활성화로 떼돈을 버는 前提(전제)조건이라고 인식했다. 윤 씨가 주목한 것은 금융조합연합회 청산위원회가 가지고 있던 한전주 12만 8,000주였다. 금융 조합을 모체로 만들어진 농업은행은 5·16 혁명 뒤 농협에 합병되었다. 농협이 금융조합청산위원회를 관장하고 있는 것을 알고 강성원은 농협 부회장 權炳鎬(권병호)를 찾아갔다. 강 소령은 국방부 총무국장 출신인 권병호에게 말했다.

"증권시장을 육성시키기 위해서 필요하니 한전주를 우리가 지정하는 업체에 넘겨주십시오."

"지금 한전주의 값이 맞지 않아서 처분할 때가 아닙니다. 회장이 계신

데 제가 어떻게 그런 일을 마음대로 할 수 있나요?"

강 소령은 일단 물러났다가 농협 회장 吳德俊(오덕준)을 찾아갔다. 오덕준은 감독부서인 농림부의 허가가 있어야 한다고 했다. 강성원은 농림부 장관 張坰淳(장경순)이 김종필 부장과 사이가 좋지 않다는 것을 잘 알고 있었다. 그래서 재무부 장관의 승인으로 代替(대체)하는 방안을 추진했다. 천병규 재무부 장관은 '경제개발 계획에 필요한 자금을 동원하기 위해서는 증권시장의 활성화가 필요하다는 생각이 앞서 한전주 매각을 승인했는데 윤응상 씨는 재무장관의 허가를 받았다는 것을 가지고 농림부 장관의 허가를 생략했다'고 했다(회고록 《천마초원에 놀다》).

정보부의 위세를 업은 윤응상은 이렇게 하여 한전주 12만 8,000주를 1주당 1만 5,813원(액면가 1만 환)에 일흥증권을 통해서 수의계약으로 매입했다. 당시 시세와 비슷한 가격이었다.

그때 증권시장에 상장된 한전주는 10만여 주에 지나지 않았다. 윤응상은 그보다 많은 12만 8,000주를 갖고 있다는 것을 비밀에 부치고는 상장된 한전주를 사 모으기 시작하여 값을 올리는 작전에 착수했다. 2월 말에 한전주의 시세는 2만 환대, 나중에는 6만 환대로 올랐다. 비로소 증권시장에 대한 시중의 관심이 高潮(고조)되고 돈이 몰려들기 시작했다. 3월 중 증권시장의 거래약정대금은 344억 환으로서 2월의 4배였다.

증권시장의 붕괴

1962년 5월 증권거래소는 거래가 폭발적으로 늘어나자 代行(대행) 결제자금을 마련하기 위해서 40억 환을 증자하기로 하고 그 가운데 5억 환을 공모했다. 이때 증권거래소 주식, 즉 대중주는 액면 가격이 5전인데 그 70배인 35환선에 거래되고 있었다. 증권거래소는 주당 14환의 프리미엄을 붙여서 일반인을 대상으로 주식청약을 받았다. 인파가 몰리기 시작했다. 청약 전날 밤 증권회사와 은행 주변의 여관방은 지방에서 올라온 사람들로 만원이었다. 증권시장도 활성화시키고 그 틈을 타서 합법적으로 재건동지회 창당 자금을 마련한다는 정보부 측과 증권투기사 윤응상의 구상은 증권시장을 뜨겁게 달구는 데까지는 성공한 것이다.

증권회사들이 매도 측과 매수 측으로 나뉘어 일대 공방전을 펼치는 데 따라 주식값은 무섭게 치솟았다. 3월 말 9환 20전이던 대중주가 한 달 뒤에는 당일결제거래에서 42환 50전, 선물거래(보통거래 또는 청산거래)에서는 60환으로 올랐다. 4월에는 거래액이 1,180억 환에 이르렀다. 그 가운데 1,020억 환은 결제를 나중에 하는 보통거래였다. 현금과 현물의 뒷받침이 없는 이른바 空買(공매)도 성행했다.

무턱대고 거래약정을 한 뒤 증거금(보증금)만 내놓고는 결제 당일까지 정산하지 않는 금액이 4월 17일 현재 22억 6,000만 환에 달했다. 증권거래소는 주식을 판 사람이 결제예정일에 주식현물을 가져오면 매수인이 잔금을 치르지 않더라도 매도인에게 대행결제를 해주게 되어 있었다. 결제약속이 이행되지 않는 경우가 많아 증권거래소의 대행결제 자금이 달리기 시작했다.

증권거래소는 재무부에 20억 환의 융자를 신청했다. 20억 환은 금융기관 대출 한도액을 초과하는 액수였다. 4월 18일 금융통화위원회는 증권거래소가 증자를 통해서 20억 환을 갚겠다고 하는 약속을 믿고 한도 외 융자를 승인했다. 그 열흘 뒤 증권거래소는 또 다시 30억 환의 추가 융자를 요청했다. 당시는 통화개혁을 앞두고 있을 때였다. 정부에선 대사를 앞두고 증권시장이 마비되면 큰일이라고 생각했다.

4월 28일 금융통화위원회는 격론 끝에 추가 융자도 승인해주었다. 정부는 이제 증권시장의 인질이 되어버렸다. 5월의 주식 거래는 드디어 2,510억 환에 달했다. 지난 6년간의 총 주식거래액 2,740억 환과 맞먹는 거래액이었다. 주식의 騰落(등락)이 심하니 거래 약정을 해놓고 결제를 하지 않는 매수자가 늘어났다. 5월 말을 앞두고 매수자가 결제를 못해서 증권거래소에서 대신 지불해야 할 금액이 691억 환에 달했다. 이중 60%는 보증금으로 받아놓은 적립 증거금으로 충당한다고 해도 230억 환의 융자가 긴급히 필요하다고 했다.

금융통화위원회는 5월 30일 회의를 열고 융자건을 승인했다. 그런데 이 돈이 풀려나가도 증권거래소에 의한 대행결제는 완결되지 못했다. 다시 100억 환이 모자란다고 아우성이 일었다. '결제자금이 바닥났다'는 소문이 돌면서 주식값은 곤두박질쳤다.

그러는 사이 증권시장은 월말 대행결제를 다하지 못해 파탄이 나고 말았다. 증권시장이 부도가 난 것이다. 천병규 재무장관은 박정희 의장, 송요찬 내각수반, 유원식 최고위원과 협의한 뒤 6월 1일 금융통화위원회를 또 다시 소집했다. 유원식 최고회의 재경위원이 참석하여 "내가 전책임을 지겠으니 긴급 융자를 승인해주시오"라고 강권했다. 증권파동의 중심인물인 강성원도 회의장에 나가서 정보부의 위세를 과시했다. 금융통화위원회는 100억 환의 추가 지원을 승인했다. 이 돈으로 5월 말에 결제기일이 도래한 주식거래대금을 겨우 지불할 수 있었다. 6월 4일 증권시장은 개장되었으나 거래가 거의 이루어지지 않았다. 문제는 6월에 결제기일이 도래하는 약 392억 환의 거래약정액이었다.

송요찬 내각수반은 6월 5일 재무부 장관에 내린 지시각서를 언론에 공개했다. 송 수반은 이 각서에서 '재무장관에게 여러 번 경고했음에도 불구하고 재무부는 적절한 조치를 취하지 않았음은 물론이고 정확한 보고를 상부에 올리지 않았다'고 힐책하고 파동을 일으킨 책임자의 처벌을 지시했다. 박정희 의장도 6월 7일 송요찬, 천병규, 유원식을 불러 대책을 논의했다. 이 지시에서 그는 6월 말까지 결제 기한이 도래하는 주식거래를 해지시키도록 지시했다.

金鍾泌, 몰리다

박정희 의장의 지시에 따라 증권거래소는 약정가격의 약 3분의 3을 해지가격으로 정하고 6월 결제 도래분의 거래를 모두 무효화시켰다. 6월 10일 통화개혁으로 증권시장은 휴장에 들어갔다. 수많은 사람들이 증권파동으로 떼돈을 벌고 떼돈을 날렸다. 증권시장이란 것은 믿을 수 없는 투기판이란 인상을 국민들에게 주게 되었다. 증권시장이 제대로 기능하기까지는 10년을 기다려야 했다.

6월 16일 박정희 의장은 송요찬 내각수반, 김종필 정보부장, 천병규 재무장관, 유원식 위원을 불러 대책을 논의했다. 송요찬은 천 장관을 비난했다.

"근자에 들어서 재무장관이 상황을 제대로 보고하지 않았을 뿐 아니라 지시를 해도 따르지 않았습니다."

千 장관은 정면에서 반박했다.

"송 수반은 증권파동이 일어나고 통화개혁에 대한 비판적 여론이 대두하니 책임을 회피하려고 하는 것 같습니다. 兩者(양자)가 국사를 둘러싸고 상하분쟁을 일으켜 정부의 위신을 추락시켰으니 一刀兩斷(일도양단) 하십시오."

박정희 의장은 이날 송요찬 내각수반, 천 재무장관의 사표를 수리한다고 발표했다.

이틀 뒤 박정희 의장은 자신이 잠정적으로 내각수반을 겸임하고 재무장관에는 金世鍊(김세련)을 임명했다. 송요찬이 천병규 장관을 질책한 것은, 천 장관을 조종하고 있다고 본 김종필 부장에 대한 간접적인 비난에 다름 아니었다. 천병규 장관은 '혁명세력 내부가 "한덩어리의 바위"가 아니라 수 개의 분파로 대립되어 있다는 것을 알게 되었고 민간 각료는 자주력이 없는 일개의 사무적 기능에 불과하다는 것을 알게 되었을 때는 이미 때가 늦었다'고 회고했다.

송요찬 수반은 통화개혁과 증권파동에 주도적으로 참여한 적이 없었다. 그런 그가 유원식과 김종필이 벌여놓은 일에 책임을 지는 모습으로 퇴진하였으니 가슴속엔 원한이 쌓일 만도 했다. 1년 뒤 그는 반격으로 나온다.

한편 김종필 중앙정보부장은 재건동지회 비밀조직 및 증권파동으로 허점이 노출되면서 이주일 최고회의 부의장, 김동하 재경위원장으로 대표되는 함경도 세력과 김종오 육군 참모총장, 김재춘 합동수사본부장(육군 방첩부대장)의 군부세력으로부터 도전을 받는다. 6월 말 김재춘은 김종오와 함께 박정희 의장을 찾아가 그동안 수집한 정보부의 월권행위를 낱낱이 보고했다.

"군·검·경 합동수사본부장인 저에게까지 무장한 특공대를 따라 붙여 겁을 주는데 일반 국민들에게는 어떤 행패를 부리겠습니까. 강제수사를 해서라도 정보부에 대해서 국민들이 가진 의혹을 풀어주어야 합니다."

김종오 총장도 "하루빨리 민심을 수습하는 조치를 취하여야겠습니다"라고 거들었다. 박 의장은 "알았어!"하고는 다시는 말이 없었다. 두 사람은 물러나올 수밖에 없었다. 다음날 박정희 의장은 김재춘에게 전화를 걸어 김종오 총장과 함께 최고회의로 들어오라고 했다. 박 의장은 두 사람 앞에서 이런 말을 꺼냈다.

"김재춘 장군이 중앙정보부를 좀 맡아주어야겠소. 이 혼란한 상황을 수습할 사람은 당신밖에 없다고 생각해서 각별히 부탁하는 것이오."

김재춘은 자신의 귀를 의심했다고 한다. 김종필과 관계된 문제에 대해서는 항상 소극적이던 박 의장이 이런 결단을 내린 배경이 궁금했다.

"그럼 김종필 부장은 어떻게 하시고요?"

"그 사람은 복잡한 문제가 해결될 때까지 현직에서 물러나 의장 보좌관으로 있도록 하지."

김재춘은 의아한 마음을 금할 수 없었다. 의혹사건의 배후책임자로 김종필 부장이 꼽히고 있고 자신이 정보부장이 되면 김종필까지 수사대상으로 삼아야 할 것인데 과연 거기까지 생각하여 이런 인사를 결심한 것인지. 다음날 김종오 총장과 김재춘 본부장은 다시 박 의장에게 불려갔다.

"김재춘 장군, 어제 내가 모처럼 부탁한 정보부장 이야기는 좀 어렵게 되었소."

"어렵게 되다니요?"

"그게 말이오…."

박정희는 생각을 바꾸게 된 배경을 설명해 주었다고 한다. 간밤에 최고회의 안의 육사 8기 출신 소장파들이 자신을 찾아와 밤새도록 설득하더란 것이다.

"그렇게 하시면 그러지 않아도 新黨(신당) 문제로 곤경에 빠져 있는 김종필 부장을 매장하는 결과가 됩니다. 후임에 김재춘을 앉히면 사태는 걷잡을 수 없이 악화되어 혁명주체세력은 와해되고 맙니다. 절대로 안 될 말씀입니다."

"각하! 우리는 한 배를 타고 항해하고 있습니다. 공동운명체입니다. 서로 치고받는 일이 있어서는 안 됩니다."

金鍾泌의 위기탈출

박정희 의장이 육군방첩부대장 김재춘 준장을 중앙정보부장으로 구두 발령했다가 하루 만에 번의했다는 김 씨의 증언은 사실에 가깝다. 당시 정보부 6국장이던 全在球(뒤에 유정회 국회의원)에 따르면 김종필 부장 경질설이 전해지자 정보부 국·실장들은 워커힐의 한 밀실에서 회합을 갖고 김 부장과 동반사퇴하기로 결의했다고 한다.

김형욱, 길재호 등 최고회의 내 8기생 그룹은 함경도 인맥 등 反(반)김종필 세력을 무마시키기 위해 하나의 타협안을 만들었다고 한다. 김종필을 정보부장 자리에 유임시키는 대신에, 부정축재조사단의 부정사건을 파헤쳐 이주일 부의장으로 대표되는 함경도 세력에 타격을 가한 전재구 국장을 경남도 지부장으로 내려 보낸다는 안이었다.

전재구 국장은 그 전해에 부정축재처리위원장 이주일 최고회의 부의장의 보좌관인 양 모 대령이 부정축재를 조사 중 함경도 기업인들로부터 뇌물을 받은 사건을 수사한 책임자였다. 김종필 부장은 이 사건을 好材(호재)로 삼아 최고회의 내 함경도 인맥의 기를 죽였다는 평을 듣고 있었다.

1962년 7월 10일 김재춘은 육군방첩부대장 자리를 육사 5기 동기생인 정승화 준장에게 물려주고 在廳(재청) 최고위원이란 한직으로 밀려났다. 재경위원장 김동하는 외무국방위원장으로, 재경위원장엔 유양수 외무국방위원장이, 문교사회위원장엔 김용순 최고위원이 임명되었다. 내각수반엔 김현철 경제기획원장이, 경제기획원장엔 김유택 前(전) 재무장관이, 상공장관엔 유창순(뒤에 국무총리 역임)이 임명되었다.

박 의장은 또 혁명주체의 원대복귀에 찬동하던 金聖恩(김성은) 해병대사령관을 예편시키고 金斗燦(김두찬) 소장을 중장으로 승진시켜 후임으로 임명했다. 金信(김신) 공군 참모총장도 예편되고 장성환 소장이 중장으로 승진되어 후임이 되었다. 이런 대폭적인 인사는 박정희 의장이 일단 김종필 세력에게 재신임을 준 것으로 이해할 수 있다. 이는 육사 8기 그룹을 중심으로 한 민정참여파의 승리이기도 했다.

1962년 7월 23일 주한 미국대사 새뮤얼 버거는 이른바 '컨트리 팀'(Country Team)의 한국정세 분석결과를 러스크 국무장관에게 올렸다. '컨트리 팀'이란 한국에 주재하는 미국 정부 각 기관, 즉 대사관, 미군, 원조기관의 대표들 모임을 가리킨다.

〈최악의 위기는 지났다. 박정희 의장은 김종필 부장을 보호하기로 결심했다. 김종필의 영향력은 박 의장의 견제에 의해서 제한되고 있으나 아직도 군사정부의 실력자임은 분명하다. 김종필은 경쟁자들을 완벽하게 장악하려는 노력을 포기하지 않고 있어 앞으로도 분규는 계속될 것이다. 박정희 의장은 어느 편도 들지 않으려 애쓰고 있다. 그는 김종필-反金(반김) 세력 모두의 지지가 필요하기 때문이다. 박 의장은 지금 아주 전통적인 분파주의와 직면하고 있다. 이 분파주의는 지연, 학연에 뿌리를 두고 있으며 개인적인 감정에 좌우되고 있다〉

주한 미국대사 새뮤얼 버거의 보고서는 이런 요지로 계속된다.

〈분파주의는 관료적 이기주의를 확대시키고 있다. 최고회의, 내각, 정보부는 자신들의 업무 관할권 문제를 놓고 싸우고 있어 이것이 분파주의를 더 부채질하고 있다. 당파싸움은 한국인의 민족성에 뿌리를 박고 있으며 박정희와 그의 정권에 계속 악영향을 끼칠 것이다. 박 의장은 자신의 권력을 유지하고 행사하기 위해서 이런 분파주의를 억누르면서 동시에 김종필-반김 세력의 균형을 유지하지 않으면 안 되는 입장이다.

최근의 권력투쟁으로 김종필과 젊은 대령들은 우위를 확보한 것으로 보이지만 함경도파 등도 그 세력을 온존하고 있다. 이 정권의 업적과 권위는 부정의 폭로, 거기에 대한 반격, 엉터리 자문, 경제후퇴, 정보부의 탄압, 쿠데타 모의 같은 단어들이 상식화되면서 큰 손상을 입었다. 그럼에도 우리는 박정희를 계속 지지하면서 그가 직면한 문제들에 대한 이해심과 그의 지도력에 대해 자신감을 보여주어야 할 것이다.

박정희는 우리로서는 최선의 희망이며 그가 있어야만 민간정부로의 평화적인 정권이양이 순조롭게 이루어질 것이다. 다행히도 경제위기와 권력투쟁의 소용돌이 속에서도 군부는 정부와 유엔군 사령부에 충성하고 있어 이것이 사태의 안정에 기여하고 있다. 미국은 파벌 싸움에 직접 개입해서는 안 된다. 그러나 김종필의 권력 남용이 우리로서 참을 수 없을 정도가 된다면 우리는 그에 반대하는 쪽을 지원해야 할 것이다〉

1962년 7월 27일 새뮤얼 버거 주한 미국대사는 러스크 국무장관에게 올린 보고서에서 또 다시 김종필 정보부장을 어떻게 견제할 것인가에 대해서 구체적인 건의를 한다. 이때부터 주한 미국의 對韓(대한) 정책, 그 중심부에는 김종필의 영향력을 약화시키는 것이 중요 목표로 설정된다.

〈내각수반(김현철)과 경제각료들은 우리에게 협조적인데 문제는 김종필 정보부장이다. 박정희 의장은 두 번이나 정보부의 업무는 고유한 정보업무에 국한시키겠다고 약속했으나 실천되지 않고 있다.

KCIA는 아주 이상한 구조를 갖고 있다. 제1부는 통상적인 기능을 하고 있지만 제2부는 정치, 경제, 입법, 홍보 업무에 관련한 기능을 하고 있다. 제2부의 인력은 방대하다. 우리는 이 부서엔 접근이 되지 않고 있다. 요원들의 상당수는 과거에 공산주의자였거나 좌익 활동을 한 前歷(전력)을 갖고 있으며 극단적인 反美(반미)성향을 보이고 있다.

최근 김종필 부장은 우리 대사관의 정치담당 참사관과 대화하면서 우리가 그를 (정보업무 이외의 업무에 대해서는) 대화창구로 삼는 것을 거부한 데 대하여 반감과 울분을 표시했다. 그는 말하기를 "내가 이 정부의 진짜 실력자이며 정책입안자이다. 버거 대사와 직접적이고 정기적인 대화를 갖고 싶다는 뜻을 전해달라"고 했다. 그는 또 "내 권한을 약화시키려는 최고회의의 사람들을 손볼 것이다"고 했다〉

미국의 離間전략

새뮤얼 버거 주한 미국 대사는 딘 러스크 국무장관에게 올린 1962년 7월 23일자 보고서에서 아주 묘한 이야기를 하고 있다.

〈김종필 부장은 지난 3월 나와 만난 자리에서, 또 한 번은 7월에 우리 대사관 직원과 만난 자리에서 말하기를 "나는 '혁명'(즉 그는 혁명을 자신의 권력과 동의어로 쓰고 있음)을 보위하는 것이 꼭 필요하게 된다면 박정희를 쓰러뜨리는(Toppling) 일을 포함해서 무슨 일이든지 할 것이다"고 말한 적이 있다.

한편, 우리는 지난 두 달 동안 우리가 취한 조치에 대해서 한국 정부 안에서 불만이 있다는 소문을 듣고 있다. 김종필은 '미국 사람 몇 명'을 손볼 것이라고 말했다는 이야기도 있다. 또 다른 소문은 박정희가 정일권 주미 한국대사에게 편지를 보내 버거 대사를 소환시키도록 공작하라고 지시했다는 것이다. 정일권 대사는 '그런 일은 불가능하고 만약 그렇게 하도록 명령한다면 나는 사임하겠다'고 대답했고 박정희는 '없던 일로 하자'고 했다는 것이다. 나는 이런 루머의 신빙성에 대해서 확인할 입장이 아니지만 그들이 나를 PNG(Persona Non Grata=기피인물)로 선언할 것을 검토한 적은 있다고 본다〉

1962년 8월 5일 딘 러스크 국무장관은 버거 대사에게 훈령을 보내 對韓(대한)정책 지침을 전달한다. 러스크 장관은 먼저 '우리는 박정희나 박정희가 선택한 인물이 앞으로 수년간 한국의 지도자가 되는 상황을 받아들일 각오를 해야 한다'고 했다. 그는 '박정희는 이 나라가 필요로 하는 지도력을 발휘할 수 있는 유일한 인물이다'면서 '그는 지능, 비전,

접촉의 범위, 강력함, 개인적 평판, 권력의 행사(특히 군부에 대해서)에 있어서 충분한 자질을 갖고 있다'고 평했다. 러스크는 '우리는 박정희를 묵시적으로 지원하면서 이런 지원을 이용하여 그가 우리가 원하는 방향으로 행동하도록 유도해야 한다'고 했다.

러스크 장관은 또 金鍾泌 정보부장의 영향력을 약화시킬 방도에 대하여 길게 설명했다. 그는 '근대국가에서는 첩보조직과 비밀경찰의 우두머리가 동시에 핵심 정책수립자이자 제2인자여선 절대 안 된다는 사실을 명백히 하라'고 지시하면서 '김종필 부장이 駐日(주일) 대사로 나가는 식으로 정치현장을 떠나는 것이 바람직하다'고 했다.

러스크는 이어서 '박정희 의장에게 제1인자와 측근의 차이를 설명해 줄 필요가 있을 것이다'고 권고했다. 그는 '제1인자는 국정의 모든 분야에 대해서 최종적인 법적 조치를 할 권한을 갖고 있는 데 대하여 측근은 주어진 임무만 수행하는 존재이다. 만약 이러한 구분이 애매해지면 제1인자의 권력은 약화된다. 따라서 김종필이 전문 분야에만 전념하는 것이 필수적임을 박정희에게 설명하는 것이 좋겠다'고 충고했다.

정보부 제6국은 국내 정보 수집과 특명 사건 수사를 맡았다. 특별활동국이라 불린 6국의 국장은 방첩대 출신 육사 8기생 전재구였다. 그는 정보부가 워커힐 위락시설 건설과 새나라 자동차 공장 건설까지 지휘하고 있는 것이 불만이었다. 그는 이 두 사업을 관장하고 있던 동기생 石正善 제2국장을 찾아갔다.

"석 국장. 우리나라는 지금 제1차 경제개발 5개년 계획에 들어갈 외화를 구하기 위해 기업인들이 외국에 나가서 구걸하다시피하고 있어. 우리가 갖고 있는 적은 외화나마 집중적으로 경제개발에 써야 할 거야. 그런데 새나라 자동차 건설이다, 워커힐 건설이다 해서 외화를 낭비하고 있는 것은 무슨 일인가 말이야."

石正善은 당당하게 설명했다.

"전 국장, 모르는 소리 하지 마. 새나라 자동차는 일제자동차를 수입해서 파는 것이 아니라 자동차 조립시설만을 일본에서 가지고 오게 돼 있어요. 자동차 한 대를 조립하는 데 약 5,000개의 부속품이 필요한데 몇 가지만 일본에서 수입하고 대부분은 국내에서 생산하기로 했어. 그래서 수십 개의 부품공장에 견본을 주고 제작이 가능한가를 점검했더니 결과가 좋단 말이야.

조립공장을 중심으로 한 수십 개의 부품공장이 일어나고 공업기술이 획기적으로 발전하게 되면 실업자도 많이 구제될 수 있단 말이야. 워커힐 공사는 임야 52만 평방미터에 미군용 위락시설을 만드는 것인데, 이게 완공되면 연간 200만 달러의 외화를 벌 수 있어. 미군 5만 명이 일본에 가서 달러를 몽땅 쓰고 돌아오는데 이 돈을 잡아야지."

전재구는 석정선의 박식한 이야기에 설득당했다. 오히려 자신의 단견이 부끄러웠다. 그러나 1년 뒤 전재구는 '역시 그때 내 생각이 옳았구나' 하는 쪽으로 판단이 바뀐다.

김종필 정보부장은 1961년 9월에 유엔군 전용위락시설인 '희망촌(Hope Town)'을 건설하는 계획을 짜 박정희 의장의 결재를 받았다. 이 계획이 워커힐 건설로 확대된 계기는 1961년 10월 10일 臺灣(대만)의 건국기념일인 쌍십절 행사로 거슬러 오른다. 김종필 정보부장은 석정선 국장과 함께 장개석 총통의 초청을 받아 대만을 방문했다. 장개석은 자신을 예방한 김종필 부장 일행에게 경고 겸 충고를 했다.

"젊은 여러분들을 보니 혁명동지 같은 느낌이 듭니다. 혁명을 해본 노인으로서 충고를 한마디 할까 합니다. 혁명을 한 사람은 대개 불행해집니다. 혁명을 한 사람은 하루에 한 번씩 자신을 혁명하지 않으면 안 되니 이게 얼마나 힘든 일입니까."

쌍십절 기념 파티에서 김종필 일행은 초청되어 온 멜로이 미 8군 사령관을 만났는데 그는 이런 말을 하는 것이었다.

"한일회담에서 한국의 청구권 요구가 너무 강경한데 어떻게 좀 잘 풀수 없을까요. 제가 한국 정부를 도와드리고 싶은 일이 있습니다. 주한미군 장병들이 휴가 때는 일본에 가서 돈을 쓰고 오는데, 한국에 위락시설이 생기면 휴가를 여기서 보내도록 유도할 수 있습니다."

워커힐 공사

김종필 정보부장은 워커힐 건설을 석정선 2국장에게 맡겼다. 광나루를 내려다보는 언덕에 이승만 대통령의 별장이 있었다. 이곳에서 박정희는 송요찬 내각수반, 김종필 부장, 석정선 국장과 함께 모임을 가진 적이 있었는데 즉석에서 이 자리가 좋다는 결정을 내렸다. 석 국장은 金壽根(김수근)을 비롯한 우리나라의 대표적인 건축 설계사 여섯 명을 모아서 "우선 외국의 유명한 관광시설을 한번 둘러본 뒤 소신껏 설계해 달라"고 했다.

정보부는 이들에게 해외여행 경비를 대주고 해외 현지에서 한국 공관의 협조를 받도록 주선해 주었다. 정보부는 전 조선호텔 지배인 丁海稷(정해직), 교통부 관광국장 김세준을 고문으로 영입하고 2국 1과장 林炳

柱(임병주) 중령을 이사장 겸 건설사무소장으로 임명했다. 건설 부지에 들어 있는 땅의 상당부분은 함경도 재벌 薛卿東(설경동) 소유였다. 중앙 토지수용위원회는 토지수용령을 발동했다.

건설예산 56억 환은 정부예산 16억 환을 비롯, 주택공사, 서울시, 한전 등에서 대출받아 집행하기로 했다. 건설부와 교통부의 기술요원과 복역수들도 공사에 동원되었다. 막강한 권력기관이 건설을 지휘하니 일은 일사천리로 진행되었다. 1962년 2월 25일에 착공해, 열 달 만인 12월 27일에 완공. 삼환건설의 崔鍾煥(최종환) 사장을 비롯한 미 8군 공사 유경험업자들이 워커힐 공사에 많이 참여했다. 워커힐 공사의 약 70%를 맡았던 최종환 사장은 현장에 살다시피 하면서 공사를 감독했다. 호텔 객실 등에 쓰이는 문 손잡이, 화장실 변기, 가구 등은 모두 수입했다.

워커힐 건설은 최초의 국제수준 호텔과 공연장을 만드는 공사였으므로 건설 회사들은 이를 통해서 신기술을 많이 배우게 되었다. 한국민속관 건설에서 시도된 철근콘크리트造(조) 丹靑(단청) 공사는 콘크리트로써 목재의 질감을 살린 것으로 그 뒤 국내에서 유행하게 된다. 전자 광선 감지에 의한 자동 개폐문, 회전무대, 중앙집중식 냉난방, 에스컬레이터, 실내 볼링장 설치도 최초의 경험이었다.

워커힐 공사는 우리나라 건축계의 중대사건이었을 뿐만 아니라 현대적인 관광산업을 도입하게 되는 최초의 계기가 되었다. 정부는 1962년 6월 26일 워커힐을 관리할 회사로서 국제관광공사를 세웠다. 관광공사는 워커힐을 비롯하여 대한여행사, 반도·조선호텔도 인수하여 정부주도의 관광산업 진흥에 나섰다. 1963년의 외국인 관광수입은 151만 4,000달러, 이 가운데 주한 유엔군의 공헌도는 약 81%였다.

이 광나루 위락단지에 6·25 전쟁 때 8군 사령관이었던 워커 장군의 이름을 따서 작명을 한 것은, 이 공사의 자문역을 맡았던 정해직의 발상이었다. 다른 빌딩에도 더글러스 맥아더 장군의 이름에서 따온 더글러스館(관) 등 한국과 관련 있는 미군 장성들의 이름을 붙였다. 개막식도 거창했다. 재즈의 대가 루이 암스트롱이 8만 달러의 출연료를 받고 와서 공연했다.

워커힐 공사 현장소장이었던 정보부 2국1과장 임병주 중령은 主(주)시공자인 삼환의 최종환 사장에게 "공사를 잘해주신 보답으로 상을 드리고 싶은데 뭐 원하는 것이 있으면 말씀해주십시오"라고 했다. 최 사장은 "건설업자에게 소원이 있다면 공사를 많이 할 수 있게 되는 것 이외에 무슨 소원이 있겠습니까. 소원이라기보다 부탁이 있다면 여권 세 개만 내 주십시오"라고 대답했다. 이 여권으로 해외공사 受注(수주)상담에 나섰고 삼환은 해외 건설시장 개척의 선구자 역할을 하게 된다.

1963년에 들어와서 김종필이 권력투쟁에 휘말려 외유하면서 그 후임 정보부장으로 임명된 김재춘은 이른바 4대 의혹사건을 조사, 워커힐 공사 관련자 수명을 횡령 등의 혐의로 구속했다. 그러나 정치 자금을 조달했다든지 구조적인 대규모 부정은 발견되지 않았다.

석정선에 따르면 새나라 자동차 공장에 손을 댄 것도 워커힐 건설처럼 경제 발전이란 의욕이 앞서다 보니까 담당자가 누가 되었든 우선 돈벌이가 될 만한 공장을 만들어놓으면 될 것이 아닌가 하는 생각에서 추진한 것이라고 한다. 정치자금 조달을 목적으로 했다든지 하는 주장은 모략이고, 일을 하다 보니까 무리가 생겼으며 이는 과욕과 경험부족 때문이란 설명이다.

1961년 10월 대만의 쌍십절 행사에 참석했다가 멜로이 미 8군 사령관으로부터 워커힐 건설 제의를 받았던 김종필, 석정선은 歸路(귀로)에 도쿄에 들렀다. 이케다 총리와 만나 한일정상회담 개최에 합의한 김종필과 석정선은 자동차 조립 공장 건설에 대한 탐색을 하기 시작한 다. 정보부 창설 참여자인 최영택 참사관의 안내를 받으면서 석정선은 도요타, 닛산 등 자동차공장들을 견학했다. 거류민단 부회장 출신의 실업인 朴魯禎(박노정)이 김종필 부장에게 자동차 조립공장 건설에 出資(출자)할 뜻을 밝혔다.

당시 우리나라에 국산 자동차가 없었던 것은 아니다. 1955년 서울 을지로 2가 공터에서 천막을 치고 자동차를 조립하던 시발자동차(대표 최무성)가 미제 지프 '실린더 헤드'만을 국산화하고 차체는 조립하여 시발자동차로 내놓았다. 4기통 엔진, 트랜스미션, 액셀러레이터 등은 미제 중고품을 재생한 것이었다. 시발자동차는 시발택시회사까지 설립하여 300대의 택시를 움직이기도 했다. 자유당 정부가 1956년에 등록 차량을 폐차하지 않고는 增車(증차)를 못 하도록 하는 운송사업 규제조치를 취함으로써 시발자동차는 3,000대 생산으로 그쳤다(당시 한국의 자동차 보유대수는 약 2만 8,000대).

1962년 1월 29일 조선호텔에서 있었던 새나라 자동차 주식회사 발기인 창립총회에는 7인의 발기인이 소개되었다. 5·16 쿠데타에 자금을 댔던 南相沃(남상옥·타워호텔 회장 역임), 김종필의 형 金鍾珞(김종락·당시 한일은행 전무), 석정선이 발기인에 포함되어 있었다. 10억 환의 자본금 가운데 3억 환은 박노정이 대고 나머지는 김종락이 전무로 있던 한일은행에서 융자받기로 했다. 설립 과정에서부터 정치성을 띤 이 회사는 운영에서도 권력의 뒷받침을 많이 받았고, 이것이 이 회사의 短命(단명)을 재촉했다.

JP와 DJ의 因緣

김종필 부장의 중앙정보부가 1961년 5월부터 1963년 1월 사이에 활동한 기록은 명암이 엇갈리지만 그 뒤에 기관차처럼 대한민국호가 달리게 되는 궤도를 깔았다는 점에 대해서는 異見(이견)이 없다. 박정희 최고회의 의장의 충실한 머리와 손발이 된 김종필과 정보부는 근대화의 사령탑이 될 권력구조와 경제발전의 기반이 된 여러 제도를 만들고 굳히는데 있어서 때로는 제안자로서 때로는 감독자로서 활동했다. 미국인들을 어리둥절하게 만든 정보부의 이런 국정 중심적 역할을 가능하게 한 가장 중요한 요인은 정보부가 군·검·경의 수사권을 독점·통제함으로써 권력을 집중시킬 수 있었기 때문이다.

권력집중의 필연적인 폐해는 남용과 부패이다. 정보부도 예외일 수 없었다. 정보부 6국장으로서 정치사건들을 많이 수사했던 전재구는 이렇게 말했다.

"계엄령 하라는 것을 악용하여 군인들과 정보부 직원들이 사감을 갖거나 또는 누구의 청탁을 받고서 무고한 사람들을 잡아들이는 일이 있었습니다. 억울한 사람을 풀어주면 며칠 뒤에 다른 수사기관에 의해서 또 붙들려 오기도 했습니다. 정보부 직원만 되면 운전사까지도 수사권을 행사하려고 하는 분위기였습니다. 누구를 잡아넣어달라는 진정서도 산더미처럼 들어와 쌓였습니다.

구속된 사람들을 조사했더니 한 스무 명은 자신이 무슨 죄로 어느 기관에 의하여 붙들려왔는지도 모르고 있었습니다. 이들을 불러서 석방시킬 때 저는 1만 원씩 주면서 '재수 없다고 생각하고 정보부에 대해서 악감정을 갖지 말아달라'고 부탁하기도 했지요."

전재구는 이런 실태를 김종필 부장에게 보고했다. 金 부장은 직원들을 집합시켜놓고 "앞으로 중요사건 수사에서 6국장 승인 없이는 연행해선 안 된다. 정당간부, 기업체 부장급 이상, 언론계 간부 등을 연행할 때는 6국장의 승인을 받으라. 위반하면 엄벌한다"고 경고했다. 이 무렵 곤욕을 치른 이가 金大中(김대중·전 대통령) 전 민주당 대변인이었다.

그는 1961년 5월 13일에 있었던 강원도 인제 보궐 선거에서 당선되었다. 1954년 이래 네 번의 선거에서 한 번은 등록취소를 당하고 세 번은 낙선한 끝의 감격적인 당선은, 그러나 사흘 뒤의 군사혁명으로 국회가 해산되는 바람에 무효가 되고 말았다. 쿠데타 며칠 뒤 김대중은 경찰에 연행되어 형무소에 수감되었다. 검사가 당 공금의 횡령혐의, 容共(용공) 혐의에 대해 조사했으나 별다른 사실이 확인되지 않자 석 달 만에 석방되었다.

그는 1962년 5월 10일 이희호와 결혼한 직후 또 다시 정보부에 연행되어 마포 교도소에 수감되었다. 김대중은 민주당 정권 때 민선 서울시장이었던 金相敦(김상돈), 조직부장 曺仲瑞(조중서)와 함께 反혁명 모의란 혐의로 조사를 받았지만 혐의가 벗겨져 6월 24일에 석방되었다.

이런 정치적 수사의 전결권을 갖고 있던 김종필 정보부장은 특별활동국 전재구 국장에게 "석방하기 전 김대중 씨를 불러 풀려나면 혁명과업에 협조하도록 설득하라"고 말하더란 것이다. 전재구 국장은 "만나보니

達辯(달변)인 김대중 씨가 주로 이야기를 하고 나는 듣는 입장이 되었습니다. 국정에 대한 충고를 많이 했는데 경청할 만한 내용이라 한 시간 이상 대화를 나누었죠"라고 기억한다.

박정희 의장의 기자들에 대한 시각은 5·16 이후 好轉(호전)된 경우이다. 군사혁명 전 박정희는 기자들에 대한 경멸감 섞인 적대감을 드러낸 적이 많았다. 이런 시각은 권력을 잡은 뒤 부실 언론기관 및 사이비 기자 정리로 나타났다. 그러나 정권이 안정된 뒤부터는 언론을 국정의 동반자로 여기게 된다.

박정희는《우리 민족의 나갈 길》이란 저서에서 이렇게 썼다.

〈행정적 민주주의는 정부가 하는 일에 대하여 국민의 정당한 비판과 건의를 봉쇄하는 것이 아니라 오히려 이것을 환영하며 국민의 여론 앞에 정부의 업적을 심판받고 정부의 잘못이 시정되어 나가는 방향으로 되어야 할 줄로 안다〉

요컨대 정권의 정당성이나 정권 담당자에 대한 비판을 제약하되 정책에 대한 비판은 허용하고 여론을 수렴하는 것을 '행정적 민주주의'라고 표현한 것이다. 야당이 없는 상황에서 그런 건설적 비판을 할 기관은 언론뿐이었다. 계엄령 하의 군정이었지만 행정에 대한 비판은 허용되었고 특종을 좇는 기자들과 군정 당국자들의 갈등은 계속되었다.

1962년 5월 12일 〈경향신문〉 金景來 최고회의 출입기자는 建軍(건군) 이래 처음으로 군사고문단이 월남에 파견되었다고 보도했다. 1면 머리에 실린 이 기사는 '군사고문단의 역할은 월남군이 공산게릴라들을 소탕하는 데 조언을 하는 것이 될 것'이라고 했다. 이 기사는 세계 언론이 일제히 인용·보도하는 국제적 특종이 되었다.

김경래 기자는 5월 10일 오후 최고회의 건물 3층에서 평소 눈인사를 하는 정도의 사이인 최고위원 한 사람을 만났다. 그는 눈시울이 불그레했고 자못 긴장된 표정이었다. 김경래는 넘겨짚었다.

"어디 먼 데 가시는 길 아닙니까. 혹시 월남 같은 데…."

"월남은 무슨 월남? 난 지리산에 간다오."

"요즘 지리산엔 공비도 없는데 거긴 뭣 하러 갑니까."

한때 공비토벌작전에도 참여한 적이 있는 그 최고위원은 "절대 비밀이야! 김 기자가 눈치 챈 모양인데 우리가 출발하기 전에 기사가 나가면 큰일 나"라고 말하곤 쏜살같이 사라졌다. 김 기자는 그 길로 충정로 1가 월남대사관으로 달려가서 고문단의 파견 사실을 확인한 뒤 기사를 썼다.

5월 13일 오전 金 기자는 편집부국장과 함께 수사관들에 의해 최고회의로 연행되었다. 이들이 이후락 공보실장에게 이끌려 들어간 곳은 의장실이었다. 김경래는 먼저 박정희 의장 손에 무엇이 들려 있는지 살폈다고 한다. 권총일까, 아니면 회초리 같은 지휘봉일까. 다행히도 박 의장은 맨손이었고 표정도 그다지 험상궂지 않았다.

군대복귀 포기 선언

"그런 기사를 쓸라카면 우리에게 사전 연락이라도 해야지… 덮어놓고 쓰면 되겠어?"

이렇게 말한 박정희 의장은 담배연기를 한 모금 세차게 내뿜은 후 악수를 청했다. 〈경향신문〉의 특종기자 김경래는 속으로 '살았다'고 생각했다. 박 의장은 "거기 앉으시오"라고 敬語(경어)를 썼다.

"의장님, 죄송합니다. 제가 이 기사를 보도한 것은 국민의 자존심과 젊은이들에게 의연한 긍지를 심어주기 위한 동기가 깔려 있었기 때문입니다."

"그게 무슨 뜻이오?"

"국군의 건아들이 단군 이래 처음으로 외국 땅에서 침략군을 상대해서 싸우러 간다는 사실은 얼마나 장하고 거룩한 일입니까."

"임자의 심중은 충분히 알겠어. 그러나 그곳에 파병된 장병들의 안전을 위해서 쉬쉬해온 것이 아닌가."

李厚洛 실장이 재빨리 한마디 거들었다.

"각하, 선발대는 이틀 전에 무사히 월남에 도착했다고 합니다."

박정희 의장은 여비서가 슬며시 갖다 놓은 엽차를 가리키면서 마시라고 권했다. 그리고 본격적인 심문을 시작하는 것이었다.

"누구에게 들었소? 월남파병 얘기를…."

"각하, 신문기자는 취재원을 밝힐 수 없습니다. 이는 마치 처녀가 정조를 잃는 것과 같습니다."

"그래도 내게만은 밝혀줘야 하지 않겠소. 누가 그런 비밀을 누설했는지 알아야 대책을 세울 것 아니오."

"실은 월남파병 소식을 처음 캐낸 곳은 월남대사관입니다. 그곳 1등 서기관을 만났더니 그 친구가 자랑삼아 귀띔해줍디다."

김경래는 진짜 취재원을 보호해주기 위해서 파병사실을 확인만 해준 월남대사관을 끌어들인 것이다.

"그 친구들 형편없구먼. 그토록 극비에 부치기로 한 것을 일방적으로 터트리다니. 그러니 나라가 그 모양 그 꼴이지."

이것으로 박정희는 '취재원 캐기'를 중단했다. 김경래 기자는 2주 간 최고회의 출입을 금지당했다.

　기자들과 박정희의 사이를 살벌하게만 만들지 않았던 것은 최고회의 이후락 공보실장의 재치와 개방적 태도였다. 주미 대사관 무관, 국방부 중앙정보부대장(일명 79부대)을 거쳐 육군소장으로 예편했던 그는 5·16 직후엔 한때 정보부에 구속된 적도 있었다. 김종필 부장의 배려로 석방된 뒤 英字(영자) 신문의 사장을 역임했던 그는 元忠淵(원충연) 공보실장의 후임이 되자 먼저 최고회의 본관 2층의 넓은 방으로 기자실을 옮겨주고는 자신의 집무실도 기자들에게 개방했다. 말을 더듬는 이후락은 기자들의 신랄한 비판에 대해서도 좀처럼 화를 내지 않고 받아 주었으며 우스갯소리를 많이 하여 분위기를 밝게 해주었다.

　"의장 각하께서는 조국근대화를 위하여…"라고 칭찬을 늘어놓다가도 쑥스러운 생각이 들면 "허허…캐사면서 고, 고, 고무적이다"라고 얼버무리기도 했다. 이후락 실장이 기자와 의장 사이에서 윤활유 역할을 하면서 박정희의 별명으로 돌기 시작했던 '박곰보', '박코프'란 말도 사라졌다. 기자들은 박 의장이 검은 안경을 낀 것을 보고는 "아마도 곰보일 거야"라고 하여 '박곰보'라 부르다가 이것이 '박코프'로 바뀌었던 것이다.

　1962년 7월 19일자 〈조선일보〉 조간 1면의 정치가십란 '聞外聞(문외문)'에는 이런 기사가 실렸다.

　〈박정희 최고회의 의장의 출장 예정이라는 게 3급 비밀이어서 좀체로 미리 알려지질 않지만 18일 강원도 지방 산업시설 시찰을 떠날 때는 경호원마저 시간을 맞추지 못할 정도로 감쪽같이 떠났다. 뒤늦게 안 기자들이 부랴부랴 뒤를 따라갔지만 그것과는 별도로 이후락 공보실장이 자청해서 특파원 노릇을 하고 나섰다. 그는 경비전화로 내무부를 중계하여 박 의장의 동정을 아침저녁으로 공보실에 보내오는가 하면 덧붙여서 가십 자료까지도 제공해주는 정도. 박 의장이 1군단에서 "요사이도 도망병이 있느냐"고 물으니 군단장은 "많이 줄었습니다"라고 대답하는가 하면 "옛날처럼 인사 청탁이 있겠지"하고 물으면 "전연 그런 것이 없습니다"라고 대답하더라는 게 '이 특파원'의 보도다〉

이 기사를 쓴 〈조선일보〉 정치부 宋基五(송기오) 기자는 전날 춘천까지 따라갔다가 박 의장 일행이 춘천에서 원주로 향하는 헬리콥터에 동승하려 했으나 이후락 실장이 제지하는 바람에 실패했었다. 19일 아침 원주에서 이 가십 기사를 읽은 이후락은 송 기자에게 말했다.

"거, 내 입장도 이해해주어야지. 당신만 태워주었다가는 뒤에 다른 기자들의 공격을 어떻게 감당하겠소?"

이후락은 원주에서 영월로 가는 기동차엔 송기오 기자를 태워주었다. 다른 기자들은 바로 영월로 가서 박 의장의 도착을 기다리고 있었다. 송기오는 쪽지를 써 차심부름을 하는 여승무원에게 맡겨 이후락 실장에게 전하도록 했다. 들어오라는 전갈이 왔다. 옷깃을 여미고 긴장하고 들어가니 박 의장은 송기오에게 자리를 권했다. 박태준 최고위원, 韓信 내무장관, 민기식 1군사령관도 함께였다.

송기오가 시찰소감을 물었다.

"당신이 더 잘 보았지 않소?"

박 의장은 車窓(차창) 밖을 바라보면서 산비탈까지 농민들이 개간한 것을 가리키면서 "저런 것을 신문에 써서 국민들에게 알려주시오"라고 했다. 그는 덧붙여 말했다.

"왜 우리나라 사람들은 정치 이야기만 즐겨 하는지 몰라. 옛날 중국 고사에 맞는 신을 신은 사람은 신 신은 것조차 모르지만 큰 신이나 작은 신을 신은 사람은 자꾸 이 신, 이 신 하면서 신 이야기를 들먹인다고 하지 않소. 우리나라 사람들이 정치이야기를 잘 하는 것도 그처럼 옛날 정치가 잘못된 것이기 때문이라 이해할 수 있지만, 특히 신문이 그것을 부채질하는 느낌이 있더군요."

이런 자연스런 대화를 통해서 박정희는 송기오에게 중요한 한마디를 했다. 자신의 去就(거취)에 대한 질문에 대답하는 형식으로 한 말이었다.

"정권이양 후에 군복을 입고 군에 돌아갈 생각은 없습니다. 좋든 싫든 정치에 관여한 몸인데 순수성을 지녀야 할 군에 내가 다시 돌아간다는 것은 맞지 않는 일이라고 생각합니다."

李萬燮 기자

송기오 기자가 "그러면 정치로 나가시겠다는 말씀입니까"하고 물었다. 박정희는 "생각해본 일이 없다"고 잘라 말했다. 그러면서 "나의 거취문제에 대해서는 어제 밤에 1군단 사단장들과도 이야기했다"고 설명했다.

"민기식 1군 사령관 숙소에서 만난 사단장들이 '민정이양 후에 다시 부패하면 어떻게 하시겠습니까' 하고 질문을 하기에 나는 '여러분들이 그것을 막아야 하고 또 부패하는 경우라도 여러분이 있으니 나는 믿음직하다'고 말했소."

이 발언은 박정희가 민정에 참여할 뜻임을 최초로 내비친 것으로 7월

19일자 〈조선일보〉 1면 머리에 '원주-영월 차중에서 본사 기자와 단독 회견'이란 설명과 함께 특종으로 보도되었다. 이 회견기에서 박정희는 헌법개정에 대해서 "대통령이 한 번에 한 해 중임할 수 있게 규정하여 그 조항을 고칠 수 없도록 해야 할 것이다"라고 했다. 그는 또 "국민들이 차기 대통령 출마를 원한다면 받아들일 것인가"란 질문에 대해서는 "전혀 생각해본 적이 없다"고 말했다. 그는 한 걸음 더 빠진다.

"나와 같은 군인은 국가가 위급할 때 일시적으로 필요한 사람일지는 모르나 모든 것이 정상화되고 질서가 잡힌 다음에는 우리 같은 사람이 정계에 나온다는 것은 국가 장래를 위해 이롭지 않다는 것을 잘 알고 있습니다."

민정이양 시기에 대통령에 출마하기로 결심하고 이미 공화당의 전신인 재건동지회를 비밀리에 조직하고 있을 때인데도 박정희는 이런 정치적 발언을 하고 있었다. 그 자신이 이미 정치인으로 변신하고 있었던 것이다. 그러니 '다음 대통령은 정치를 잘 아는 정치인 중에서 선택하는 것이 옳은 것으로 안다'는 발언도 言中有骨(언중유골)의 의미를 지닌 것이었다.

박정희 의장은 9월 7일엔 담화문을 통해서 '본인과 최고위원들의 거취문제는 결정된 바 없다'고 했다. 그 13일 뒤 김현철 내각수반은 대전지역을 시찰하던 중 기자들과 만나 私見(사견)이란 전제 아래 "박정희 의장의 대통령 출마는 당연하다"고 말했다. 김 수반은 또 "강력한 추진력을 가진 박 의장의 출마를 권고하고 싶다"고 덧붙였다. 김현철이 비록 사견이란 조건을 달았지만 이 말은 박정희의 심중을 의도적으로 전달한 것임이 분명했다.

10월 30일 이후락 공보실장은 朴 의장의 대통령 출마를 기정사실로 만드는 발언을 한다. 즉, 朴 의장이 최근 최고위원들에게 연구·검토하여 보고하도록 지시한 것이 있다고 했다. '의장 자신을 포함한 최고위원들이 명년 선거에 군복을 벗고 출마할 것인가, 아니면 예편한 뒤 출마할 것이냐에 대한 의견 수렴'이란 것이었다.

군사정권과 언론의 관계가 '적대적'인 시각에서 출발했다가 동반자 관계로 호전된 것을 상징하는 사람이 〈동아일보〉 정치부 李萬燮(이만섭) 기자였다. 이만섭은 5·16 직후 윤보선 대통령이 기자회견에서 "혁명정부는 조속히 정권을 민간에 이양해야 한다"라고 말한 것을 보도했다는 이유로 구속되어 두 달간 육군형무소에 갇혀 있다가 석방되었다. 그는 잠시 주일특파원으로 가 있다가 귀국하여 최고회의를 출입하게 되었다. 군사정부의 실력자 김종필 정보부장과 처음 만났을 때 이만섭 기자는 대들었다.

"김 부장이 일본 잡지 〈문예춘추〉에 쓴 글을 읽어보니 5·16 전에 나라와 군이 부패했는데 그 원인 중 하나가 신문기자 때문이라고 했더군요. 김 부장, 이럴 수 있습니까. 소수 사이비 기자들의 문제를 가지고 기자 전체를 평가하고 더구나 외국잡지에 그런 걸 쓸 수 있단 말입니까? 당신들은 권총으로 나라를 사랑했지만 우리 언론인들은 붓으로 나라를 사랑해 왔습니다. 나라 사랑하는 방법이 권총과 붓이란 차이밖에 없는데 그렇게 기자 전체를 매도하다니…."

김종필은 웃으면서 "이 기자의 말씀에 충분히 이해가 갑니다. 잘못된 점이 있다면 내 사과하지요"라고 선선히 말했다. 이만섭은 '막강한 힘을 가진 사람이 구차스럽지 않고 솔직한 데가 있어 좋은 인상을 받았다'고 한다.

1962년 10월 10일 이만섭 기자는 동해안 화진포에서 해병대 상륙작전 훈련을 참관한 박 의장 일행을 취재하다가 특종욕심이 생겼다. 박 의장이 참관 뒤 해군함정 편으로 울릉도로 향한다는 정보를 입수하고 그 배에 미리 들어가 함장실에서 기다리고 있었다. 박 의장은 민기식 1군 사령관, 李孟基(이맹기) 해군 참모총장, 이후락 공보실장들을 데리고 선장실로 들어오다가 이만섭과 마주쳤다.

이만섭이 "〈동아일보〉의 이만섭 기잡니다"라고 인사하자 박 의장은 "아, 그래? 그런데 요즘 신문이 문제야. 신문은 선동만 해요. 쌀값이 오르면 신문이 1면 톱으로 '쌀, 쌀, 쌀값 폭등'하고 주먹만 한 활자로 보도하니 쌀값이 더 오르지 않소. 신문이 그렇게 해서야 되겠소?"하고 퍼붓다시피 했다.

"그게 그렇지 않습니다. 쌀값이 오르면 위정자들이 그런 현실을 알고 적절한 대책을 세우라는 것이지 결코 선동의 의미가 있는 게 아닙니다. 그리고 사실보도야말로 신문의 사명이 아니겠습니까?"

박 의장은 계속 못마땅한 표정을 지었고 옆에 있던 장성들도 박 의장의 말에 한마디씩 거들었다. 이만섭은 지지 않고 반격했다.

"저는 윤보선 대통령이 이야기한 것을 사실대로 보도했는데도 잡혀 갔습니다. 혁명정부의 언론정책엔 분명히 문제가 있습니다."

"아, 그래요? 그건 뭔가 잘못된 것 같소."

"그렇습니다. 그건 분명히 잘못된 일이었습니다."

박 의장은 미안했던지 그 뒤론 입을 다물었다. 어두워서 울릉도 道洞(도동) 항구에 박 의장이 도착하니 島民(도민)들이 횃불을 밝혀들고 기다리고 있었다. 울릉도에 국가원수가 방문한 것은 이 날이 처음이었다.

친위쿠데타 사주說

박정희 의장 일행은 朴昌圭(박창규·대구시장 역임) 울릉군수 관사에 묵고 〈동아일보〉 이만섭 기자는 대륜중학교 후배 집에서 잤다. 다음날 박 의장 일행은 시찰을 마치고 해변가 다방에서 국수를 시켜 점심으로 때우고 있었다. 그 다방으로 이만섭이 들어왔다. 박정희는 이만섭 기자를 불러 옆자리에 앉힌 뒤 국수를 같이 먹자고 했다. 박정희는 국수를 먹으면서 말했다.

"어제는 내가 좀 심하게 이야기한 것 같아 미안하오."

"뭘요. 그럴 수도 있지요."

이만섭은 무섭고 차가운 인상의 권력자 입에서 나온 너무나 겸손하고 솔직한 이 말에 그동안 쌓였던 감정이 녹아버리는 것을 느낄 수 있었다고 한다.

이날 박정희는 위험한 고비를 두 번 넘겼다. 도동 항구에서 작은 경비정을 타고 먼 바다에 떠 있는 본선으로 떠나려고 할 때 풍랑이 심했다. 경비정은 흔들리다가 전복될 뻔했다. 위기를 감지한 이맹기 해군 참모총장이 "바다로 뛰어내리자"고 했다. 그때 풍랑은 더욱 거세어져 배를 해안에서 멀리 밀어내고 있었다. 전송 나왔던 島民(도민)들이 아우성을 치면서 밧줄을 던져 겨우 경비정을 해안으로 끌어당길 수 있었다. 해안 가까이 갔을 때 박 의장을 비롯한 승선자들이 한 사람씩 바다로 첨벙 첨벙 뛰어내렸다. 다행히 수심은 사람의 키를 넘지 않았다.

바닷물에 흠뻑 젖은 박 의장 일행은 산을 넘어 건너편 학동 항구로 이동하게 되었다. 그쪽 바다가 조용하다는 것이었다. 박정희는 이만섭 기자의 손을 당겨 함께 걸으면서 어민들의 애환과 농촌의 피폐상에 대해서 많은 이야기를 했다. 무뚝뚝한 박 의장이 너무 인간적으로 따뜻한 이야기를 하니 이 기자로서도 딱딱한 정치이야기를 꺼낼 수 없었다고 한다.

학동 항구에서 경비정을 타고 본선에 다다랐을 때 또다시 풍랑이 거세게 일었다. 박 의장은 밧줄로 묶어 만든 줄사다리를 타고 본선에 오르는데 파도가 덮쳤다. 박 의장은 비틀거렸고 하마터면 미친 듯이 출렁이는 바다 속으로 떨어질 뻔했다. 이만섭은 "만약 그 자리에서 박 의장의 신변에 어떤 일이 발생했더라면 이 나라의 운명도 그날의 파도만큼이나 심하게 바뀌었을 것"이라고 추억하고 있다. 박 의장은 "이래서 국가 원수가 한 번도 울릉도를 방문한 적이 없는 모양이야"라고 말했다. 이만섭 기자는 박 의장 일행이 모두 기진맥진해 있어 단독 인터뷰를 갖지 못했다. 의장과의 인터뷰는 포항에서 서울로 올라오는 특별기동차 안에서 이루어졌다.

10월 12일자 〈동아일보〉 조간 1면 머리에 실린 인터뷰 기사에서 박정희는 舊정치인과 언론을 신랄하게 비판했다. 박 의장은 "혁명 후 1년 반이 지났으나 구정치인 중 한 사람도 과거를 반성하는 사람이 없고 그 대부분은 정부를 헐뜯는 짓을 일삼고 있다"고 했다. 그는 "구정치인들이 지금도 다방 같은 데서 정치를 하고 있는 것도 알고 있고 그것을 법으로 다스릴 수도 있으나 그들이 반성하기를 좀더 두고 본다"고 했으며 "우리나라 언론이 아직도 부정확하고 무책임하며 국가의 이익을 무시하는 과거의 폐습에서 벗어나지 못하고 있다"고 말했다. 박정희 의장은 또 "정치정화법으로 정치활동이 묶여 있는 구정치인들을 선별적으로 구제할 계획이 없고 헌법개정을 위한 국민투표를 앞두고 계엄령을 해제할 생각도 없다"고 강경하게 말했다.

이즈음 박정희의 머리를 지배한 주제는 민정이양을 이용한 집권연장이었다. 박정희 의장은 5·16 전야, 신당동 자택에서 혁명공약 문안을 검토할 때 김종필이 써온 초안에다가 제6항을 덧붙였다. '이와 같은 우리의 과업이 성취되면 참신하고도 양심적인 정치인들에게 정권을 이양하고 군은 본연의 임무로 돌아간다'는 내용이었다. 이 항목에 김종필은 반대했다. 박정희는 군부가 국정에 개입했다가 복귀한 뒤에도 계속해서 현실정치에 영향력을 행사하는 터키나 버마식 통치를 구상하고 있었다. 직접 국가를 운영해보면서, 그리고 권력에 대한 한국인의 본성을 체험하면서 박정희는 정권을 일단 이양하면 영향력을 유지한다는 것이 불가능하다는 것을 切感(절감)했다.

군부 내 민정참여파와 반대파의 갈등은 김종필파와 반김파, 함경도 인맥과 경상도 인맥의 불화와 겹쳐 극심한 내부 분열현상을 보여주었다. 박정희는 어떻게 하면 민정참여 지지 쪽으로 군부를 몰아갈 것인가로 고민하면서 동시에 엄청난 음모를 구상했다는 증언이 있다.

崔周鍾(최주종)은 5·16 때는 광주 31사단장으로서 혁명주체세력의 일원이었다. 만주군관학교와 일본육사에서 박정희보다 1년 늦게 공부했던 그는 강직하고 청렴결백한 성품으로 해서 박정희와 매우 친했다. 집안끼리도 교유가 잦았다. 다섯 살 위인 박정희를 형님처럼 모시고 있던 최주종은 혁명 직후 의정부 8사단장으로 전보되었다. 최주종은 수도권을 방어하는 핵심 사단장으로서 침대 밑에 권총을 두고 자기도 했다. 최고위원을 겸하고 있었던 그는 정치에는 관심을 두지 않고 사단 운영에만 전념했다. 그의 참모장이었던 이가 白行傑(백행걸) 대령이었다. 준장으로 예편한 뒤 무역전시관(KOEX) 이사장을 역임한 바 있는 백행걸은 회고록《미완성의 성취》에서 이런 비화를 소개했다.

〈내가 그의 참모장으로 부임하기 얼마 전 그는 대통령 권한대행을 겸하게 된 박정희 의장의 부름을 받고 밤중에 청와대로 갔던 일이 있었다고 한다. 그때 그 자리에서 박 의장은 군정 연장의 명분을 얻기 위하여 사전에 짜인 각본에 의한 '친위 쿠데타'를 일으켜달라는 지시 겸 부탁을 하였다.

박 의장에 의하여 구상된 쿠데타 계획은 최주종 장군이 지휘하는 제8사단 병력이 친위 쿠데타 부대로 출동하면 제5사단(당시 경기도 포천 일동에 주둔)으로 하여금 진압시키고, 쿠데타 주모자 역할을 맡은 최 장군은 체포 후 우선 안전하게 미국으로 빼돌렸다가 추후 책임지고 재등용을 보장한다는 내용이었다. 그러나 그는 생명의 위협을 무릅쓰고 비장한 각오로 이 지시를 단호히 거절하면서 더 이상 군이 정치에 이용되는 일이 있어서는 안 된다는 것을 역설하였다고 한다〉

朴正熙의 편지

기자는 '박 의장이 최주종 8사단장을 불러 친위쿠데타를 일으켜달라는 주문을 했다'는 요지의 글을 회고록에 남긴 백행걸 장군에게 그 근거를 물었다. 백 장군은 박정희 시대가 끝난 뒤 최주종 장군(1998년 작고)으로부터 직접 들었다고 했다. 기자가 "최주종 장군은 믿을 만한 분이냐"고 했더니 백 장군은 "작년에 타계하여 대전 국립묘지에 묻힌 그분의 묘비명을 내가 썼다"는 말로 대답을 대신했다.

〈이 나라가 낳은 한 위대한 참 군인이 이곳에 고이 잠들다. 원리 원칙을 존중하고 정직과 청렴과 결백을 생활신조로 한평생 명예와 신의 속에 살면서 결코 불의와 타협하지 않은 그는 전형적인 직업군인의 귀감. 그의 숭고한 가치관은 두고두고 후세를 위한 존귀한 길잡이가 되리라〉

백행걸 전 무역전시관 이사장은 박정희가 최주종 장군에게 그런 부탁을 한 것은 자신이 8사단 참모장으로 부임한 1962년 5월 24일 전이라고 증언했다. 최주종 장군의 부인 李惠正(이혜정) 여사도 생전에 남편으로부터 '친위 쿠데타' 이야기를 들은 적이 있다고 확인해주었다.

"박 장군께서 그런 제의를 하기에 그분은 잠시 생각할 시간을 달라고 한 뒤 한 시간쯤 있다가 못 하겠다고 하셨답니다."

최주종이 박 의장에게 불려갈 때의 참모장은 金麗林(김여림·육사 9기, 육군 준장 예편) 대령이었다. 김 씨는 "1962년 4월쯤인데 최주종 장군이 박 의장을 만나고 나와서 아무 말 없이 한동안 심각한 표정으로 있었던 기억이 난다"고 했다. 최주종 장군은 '박정희에 의한 친위 쿠데타 敎唆說(교사설)'을 지어낼 만한 사람이 결코 아니라는 것이 대체로 그를 잘 아는 이들의 이야기다. 문제는 時點(시점)이다. 박 의장이 이런 엄청난 구상을 털어놓았다는 1962년 4월은 겉으로는 박정희 체제가 안정되어 있는 듯이 보일 때였으나 안으로는 군부의 갈등이 심화되고 있을 때였다. 1962년 6월 9일 주한미군 사령관 멜로이 대장이 렘니처 미 합참의장에게 보고한 비밀전문이 있다.

〈지난 몇 달 동안 쿠데타 계획에 대한 소문과 보고가 쏟아지고 있다.

육·해·공군의 여러 부대들이 쿠데타 소문과 관련하여 언급되고 있다. 대부분의 경우 이런 소문의 신빙성을 확인할 수 없다. 몇몇 소문은 조작된 것이지만 몇몇 소문은 근거가 있는 것 같다. 이런 소문이 있다는 것 자체가 한국군의 불안정을 상징한다. 정보부는 꾀를 내어 함경도 인맥의 가장 강력한 멤버 중 한 사람인 朴林恒(박임항) 중장을 1군 사령관에서 물러나게 하는 데 성공했다. 이렇게 하여 권력균형의 추가 김종필 쪽에 유리한 방향으로 기울었다〉

함경도 출신인 최주종 장군은 박임항으로 대표되는 함경도 군맥의 일원으로 분류되어 왔다. 박정희가 최주종에게 친위 쿠데타를 교사했다면 그 목적은 권력안정과 민정참여에 걸림돌이 되는 함경도 군맥을 숙청하는 명분을 만들기 위한 것이었을 가능성이 높다. 그 1년 뒤인 1963년 3월에 박정희는 反혁명 사건을 조작하여 함경도 군맥을 숙청하고 군정연장을 발표한다.

박정희는 최주종의 거절로 1962년에는 실현되지 않았던 구상을 마음속에 묻어두고 있다가 1963년에 들어서 反김종필 세력의 도전으로 막다른 골목으로 몰리자 그 구상을 써먹은 것이 아닐까 하는 의구심이 들기도 한다. 재미있는 것은 1963년 3월의 함경도 인맥 숙청 때 최주종 장군은 박임항, 김동하(해병사단장 출신), 朴蒼岩(박창암·혁명검찰부장) 등 함경도 장성과 함께 反혁명 혐의로 구속되었다는 점이다. 대구 5관구사령관으로 근무 중이던 그가 육군방첩대에 구속되자 박정희 내외와 친하게 지내온 아내 이혜정은 호소편지를 써 들고 장충동 의장 공관으로 달려가 박정희를 만나려 했다. 경호계장으로 근무하던 육사 11기 출신 李相薰(이상훈·전 국방장관) 소령이 이 씨를 알아보았다.

최주종이 육사 생도대장일 때 당시 이상훈 중위는 훈육관으로 근무한 적이 있었기 때문이다. 이 소령은 이 여사의 편지를 받아 목욕하고 나오는 박 의장에게 전했다. 몇 분이 지났을까 박 의장이 인터폰으로 李 소령을 불렀다. 박 의장은 어느 새 썼는지 편지와 금일봉을 건네주면서 쌀한 가마를 갖고 최 장군 집에 갖다 주라고 지시했다. 이상훈의 기억에 따르면 박정희는 다음날 김재춘 당시 정보부장을 부르더니 "최 장군을 풀어주라"고 지시하더란 것이다.

박정희가 이혜정 여사에게 보낸 편지는 남아 있다. 그 全文(전문)은 이러하다.

〈惠送(혜송)해주신 信書(신서)는 감사히 拜讀(배독)하였습니다. 今般(금반)사건으로 얼마나 심려가 많으실까 마음 아프게 생각할 따름입니다. 본인은 이 시간에도 최 장군이 설마 그러한 사건에 관련이 되었으리라고 믿고 싶지 않습니다만은 타 연루자들의 진술과 방증이 있다 하여 수사기관에서 조사가 종료될 때까지는 당분간 참아주셔야 할 줄 사료되오니 과히 염려마시고 趣移(추이)를 보시기 바랍니다. 여러 가지 복잡한 정국수습이 단락을 지으면 본인이 직접 최 장군을 한 번 만날까 하고 있습니다.

금년 正初(정초) 이래 여러 동지들과 친구들로부터 배신과 이탈을 당하니 허무한 감이 들 뿐이오나 이것 역시 본인의 부덕의 소치라고 자탄을 금할 수 없습니다. 20全年間(전년간)의 同窓(동창)이요 후배로서 누구보다도 신뢰하던 최 장군이기에 본인의 心痛(심통) 또한 비할 바 없습니다. 진심으로 신에게 빌고 싶은 마음은 최 장군만은 이 사건에 직접 관련이 없다는 사실이 판명되기를 원할 따름입니다. 너무 걱정하지 마시기를 바라오며 약소하나마 생계에 보태어 쓰시기 바라고 가정에 곤란 지사가 계시오면 직접 말씀해주시기 바랍니다.

3월 29일 朴正熙 拜〉

최주종 소장은 곧 무혐의 처분을 받고 풀려나 부산의 군수기지사령관 으로 부임했다. 박정희는 그 뒤로도 항상 崔 장군에게 미안한 마음을 가 지고 잘해주려 했다고 전한다.

金鍾泌의 미국 방문

미국 高官(고관)들은 한국인들과의 비공식적인 대화나 잡담까지도 보 고서로 만들어 돌려보고 보존한다. 그런 류의 보고서 하나가 흥미롭다. 1962년 10월 9일 丁一權(정일권) 주미대사는 백악관을 방문하여 케네디 대통령을 만나게 되어 있었다. 정 대사가 면담을 기다리면서 백악관 안 보담당 보좌관 케이슨과 나눈 15~20분 정도의 대화를 케이슨은 보고서 로 만들었다.

〈그는 개인적으로 이야기하고 싶다고 말했다. 그는 미국을 방문하게 되어 있는 김종필 정보부장에 대해 이야기하면서 다가오는 (민정이양) 선거에 김 부장이 간섭할지도 모른다는 우려를 나타냈다. 정 대사는 김 부장이 오면 국무장관이나 부통령이 그를 만나 비공식적으로, 그러나 단도직입적으로 선거개입 공작의 위험성에 대해서 경고하는 것이 좋을 것이라고 했다. 그는 김종필 부장의 越權(월권)에 대해서 되풀이해서 우 려를 표시했다. 정 대사는 김종필이 중위일 때의 인연에 대해서도 설명 했다. 정일권 대사는 또 자신이 한국의 대통령 후보가 되고 싶다는 희망

을 밝혔다〉

미국 측은 10·26 사건 직후까지 박정희의 후계자 후보로서 정일권을 꼽는 일을 계속했다. 신중한 정일권은 한 번도 그런 야심을 드러낸 적이 없다. 이 보고서가 그의 야심을 짐작하게 하는 아마도 유일한 기록일 것이다. 정일권은 케네디 대통령과 15분간 면담했다. 케네디 대통령은 9월 12일자 박정희 의장의 친서에 대한 답장을 전해주려고 정일권 대사를 부른 것이다. 케네디가 이런 이례적인 행동을 취한 이유는 박정희 의장이 자신의 친서를 정일권 대사가 직접 대통령에게 전달하지 않았다고 불만이란 정보가 미국 측에 들어왔기 때문이다.

케네디 대통령을 만난 정 대사는 "한일 국교정상화 이후 미국이 한국에 대한 지원임무를 일본 측에 떠넘기지 않을까 우려한다"고 했다. 케네디 대통령은 "한국은 경제적으로 너무나 나쁜 상태에 있으므로 미국의 지원에다가 일본의 지원을 보탤 필요가 있다"면서 "그러나 일본은 절대로 미국 측의 對韓(대한) 군사지원까지 떠맡지 않을 것이다"라고 안심시키려 했다. 케네디 대통령은 "이 말을 꼭 박 의장에게 전해주길 바란다"라고도 했다.

이즈음 정일권은 케네디 대통령이 맥콘 미 CIA 부장 초청으로 방미하는 김종필 부장을 꼭 만나줄 것을 간청하러 다니는 苦役(고역)을 치르고 있었다. 김종필 측으로부터 대통령과의 면담을 성사시키라는 압력을 받고 있었기 때문이다. 10월 15일 정일권 대사는 윌리엄 P 번디 국방차관보를 찾아가 "김종필 부장이 (대통령이 안 되면) 부통령이라도 만날 수 있도록 해주었으면 좋겠다"고 말했다.

번디 차관보가 남긴 메모에 따르면 정일권은 "김 부장은 일본과의 국교정상화에 열쇠를 쥔 사람이다"고 말했다는 것이다. 번디 차관보는 '정일권 대사는 심한 스트레스를 받고 있는 것 같았으며 (김 부장은) 순전히 과시용으로 부통령과 만나려고 하는 것 같다'는 논평을 달았다. 다음날 6·25 전쟁 때의 미 8군사령관 밴플리트 장군은 케네디 대통령에게 편지를 보내 김종필 부장과 꼭 만나줄 것을 건의했다. 밴플리트는 '김 부장은 한국의 실력자이며 사실상의 총리이자 박정희 의장의 심복이므로 각하께서 면담해주시길 간청한다'고 했다.

10월 22일 케네디 대통령은 안보담당보좌관 맥조지 번디를 통해서 밴플리트 장군에게 답을 전하게 했다. 대통령은, 자신은 김 부장을 만날 수 없지만 국무장관, 국방장관, CIA 부장에게 지시하여 김 부장과 양국 간의 모든 문제를 진지하게 논의할 수 있도록 했으며 동생인 로버트 케네디 법무장관도 만날 수 있게끔 조치했다고 했다. 이때 케네디 대통령을 비롯한 고위층은 소련과 핵전쟁을 각오하고 쿠바 미사일 철거를 요구하는 대결을 벌이고 있을 때였다. 그런 가운데서도 김종필에 대해서는 거의 국가원수 급의 배려를 계획하고 있었다.

10월 15일 버거 주한 미국대사는 러스크 국무장관에게 '김종필 부장은 일본에서 오히라 외상과 중요한 회담을 하고 미국에 도착할 것이므로 국무장관이 만나주는 것은 찬성이나 대통령이나 부통령과의 면담에는 강경하게 반대한다'고 했다. 버거 대사는 '김 부장은 내가 군사정부에 반대한다고 확신하고 있다. 따라서 국무장관께서는 증권파동 등 부정적인 화제를 피하고 농촌개혁, 반공태세의 강화 등 성공작에 대해서 평가해주길 바란다'고 했다. 버거 대사는 또 '군인들이 군복을 벗고 출마하는 것은 무방하지만 선거에서 군부는 중립을 지켜야한다는 점을 강조해줄 것을 건의한다'고 했다.

김종필 정보부장은 일본에 들러 이케다 총리 및 오히라 외상과 요담한 뒤 10월 23일 워싱턴에 도착했다. 그는 비록 미국 CIA 부장의 초대를 받고 왔으나 국무, 국방, 상무, 법무장관을 비롯하여 합참의장, 국제개발처(AID) 처장 등 광범위한 요인들과 요담했다. 10월 26일 김종필 부장이 케네디 정부의 실력자인 로버트 케네디 법무장관을 방문했을 때는 일종의 기 싸움도 벌어졌다. 케네디 장관은 김종필을 소파에 앉게 하고는 자신은 집무책상 위에 다리를 얹어놓고 비스듬히 의자에 기대어 김 부장을 오만하게 내려다보는 자세를 취하더라고 한다. 화가 난 김 부장도 소파에서 몸을 뒤로 젖혀 천장을 바라보고만 있었다고 한다. 로버트 케네디는 싱긋이 웃으면서 다가오더니 "귀하는 나이가 몇인가"하고 물었다.

김 부장이 "1926년 생이오"라고 하니 케네디 장관은 "내가 한 살 아래이군요"라고 하면서 이야기를 부드럽게 풀어나갔다는 것이다. 김 부장은 10월 29일 러스크 국무장관과 만났다. 이 시기는 쿠바 미사일 위기가 소련의 양보로 절정을 넘기던 때였다. 이날 한국 측에선 정일권 대사가 배석했고 미국 측에선 해리먼 극동문제담당 차관보와 버거 대사의 특별보좌관 니콜러스 A. 나시오스가 배석했다. 나시오스는 김종필 부장을 안내하려고 따라온 미 CIA 서울지부장이었다. 이 회담의 주제는 한일회담이었다. 김 부장은 도쿄에서 있었던 이케다, 오히라와의 요담에 대해서 상세하게 설명했다.

獨島 폭파론

1962년 10월 29일 김종필 정보부장-딘 러스크 미 국무장관 회담에서 김 부장은 도쿄에서 있었던 오히라 외상과의 요담 내용을 이렇게 설명해갔다.

"청구권 금액에 대해서 오히라 외상은 12년에 걸쳐 총 3억 달러를 지불하겠다고 했어요. 나는 12년은 너무 길고 청구권을 3억 달러 이상, 그리고 차관을 보태어 총 6억 달러는 되어야 한다고 주장했습니다. 이에 대해 오히라는 3억 달러도 자신의 생각이지 총리와 합의하지 않은 것이라면서 총액 6억 달러는 비현실적이라고 했습니다. 나는 한국의 反日(반일)감정 때문에 6억 달러는 최소한의 액수라고 했어요. 오히라는 3억달러라도 배상금으로 불러선 안 된다고 했습니다. 그는 '독립축하금'이라 부르면 어떻겠느냐고 제안했어요. 나는 6억 달러는 되어야 한다면서 이 총액에 배상금이 포함되어 있다는 것을 우리 국민들이 알게 된다면 굳이 배상금이란 말을 쓰지 않을 수도 있겠지만 이 문제는 정부와 논의해볼 것이라고 했습니다."

러스크 장관과의 요담에서 김종필 부장은 독도 문제에 대한 대화도 소개했다.

"독도문제는 근자에 일본 측이 새롭게 제기한 것입니다. 나는 총체적인 합의가 달성될 때까지는 이 문제에 대한 논의가 연기되어야 한다고 주장했어요."

러스크 장관은 "독도는 어떤 섬인가"라고 물었다. 김종필은 "갈매기들이 배설물을 떨어뜨리는 장소"라고 말한 뒤 이렇게 설명해갔다고 한다

(1962년 10월 29일자 미국 측 회담록).

"나는 일본 측에 대해 독도를 폭파시켜버리자고 제안했습니다."

러스크 장관은 "나도 그런 생각을 했다"고 말했다. 김종필 부장은 "오히라 총리는 내 말을 별로 재미있어 하지 않았다. 그는 사회당이 이 문제로 자신을 猛攻(맹공)할 것이라 걱정했다"고 말했다. 김종필 부장은 또 "이케다 총리를 만나보았더니 그는 모든 문제는 외상이 아니라 자신이 결정할 것이라면서 장기저리 정부차관을 1억 5,000만 달러 이상으로 증액하면 6억 달러 선까지 맞출 수 있을 것이라고 하더라"고 전했다.

독도 문제에 대해서 김종필은 이케다 총리에게 "일본은 국제사법 재판소에 이 문제를 제소하는 길밖에 해결책이 없다고 보느냐"고 물었다고 했다. 이케다 총리는 "대중의 관심이 식을 때까지 이 문제에 대한 논의를 연기해야 할 것이다"고 대답했다는 것이다.

독도 문제에 대해서 러스크 장관에게 한 김종필 부장의 설명은 그가 오히라 외상과 1차 회담을 가진 직후 裵義煥(배의환) 수석대표에게 구술한 기록과 조금 차이가 있다. 이 기록에는 독도문제에 대해 '오히라 외상이 이 문제를 국제사법재판소에 제소하는 데 한국이 응해 달라고 하였음. 김 부장은 이 문제는 한일회담과는 별개문제이므로 국교정상화 후 시간을 가지고 해결하자고 말하였음'이라 되어 있다. '총체적인 합의가 달성될 때까지 연기'와 '국교정상화 후 시간을 가지고 해결'의 차이이다. 어느 쪽이든 독도 문제란 영토문제를 논의의 대상으로 삼을 수 있다는 여지를 남긴 것이다.

더구나 일본 측이 남긴 이 1차 김종필-오히라 회담록에는 '김종필 부장이 청구권의 명분과 독도문제의 국제사법재판소 제소에 대해 양해하였다'고 적혀 있었다. 독도 문제에 대한 우리 정부의 입장은 '이 문제는 한일회담의 대상이 될 수 없다'는 것이었다.

김 부장의 독도 폭파론은 전후의 맥락으로 보아 공식적인 제의가 아니라 機智(기지)를 발휘한다고 한 발언임을 알 수 있다. 김종필 총리의 측근인 방송작가 金石野(김석야)가 쓴 《실록·박정희와 김종필》에 따르면 김종필의 발언은 이러했다는 것이다.

"독도 문제가 한일 두 나라 사이에 장애가 된다면 해결방법이 있긴 있습니다. 제가 한국에 돌아가서 독도를 한국공군의 연습장으로 삼도록 하겠습니다. 공군기를 동원하여 며칠간만 폭격하면 독도는 영원히 지도상에서 없어지고 말 겁니다. 그리고 우리는 후세에 대한 변명을 위해서 '독도는 일본 측에서 한일회담의 미끼로 사용하기 때문에 지구상에서 완전히 없애버렸다'고 기록에 남기겠습니다. 그러면 우리 두 사람의 이름도 한일 두 나라에 영원히 남게 되겠군요."

미 국무부가 김종필의 방미 결과를 평가하여 주한 미국대사관으로 보낸 전문에는 미국 측이 민족주의자로 규정하여 그 동안 많은 견제를 해온 김종필 부장에 대해 가지고 있던 비판적인 시각을 그대로 드러내고 있다.

〈그는 미국에 도착한 뒤에도 미국 고관들과의 추가적인 면담약속을 요구하거나 실제로 면담하곤 했다. 그는 늘 사진사를 데리고 다녔다. 선전활동에 대단한 신경을 쓴 것으로 미루어 서울에 돌아가면 이를 정치적으로 이용할 것 같다. 그는 특히 로버트 케네디 장관과 함께 사진을 찍지 못했다는 점을 아쉬워했다. 우리는 법무장관이 사인한 사진을 주한 미국대사관을 통해서 보내주기로 했다〉

11월 8일, 김종필 부장은 귀국길에 호놀룰루에 들러 입원 중인 이승만 전 대통령을 문병했다. AP통신은 김 부장이 '매우 형식적이며 싸늘한 분위기 속에서 이승만 박사를 방문했다'고 보도했다. 김 부장은 이승만 박사가 '고국으로 돌아올 만한 건강상태에 있지 않은 것으로 생각한다'고 말했다.

이날 박정희 의장은 김 부장에게 11월 12일로 예정된 오히라 외상과의 회담에 임하는 정부의 기본입장을 긴급훈령 형식으로 하달했다. 박 의장은 이 훈령에서 구체적인 지침을 주었다.

첫째, 청구권 금액을 '독립축하금'이나 '경제협력자금'으로 하겠다는 것은 받아들일 수 없다.

둘째, 순수 변제액과 무상원조의 合(합)이 차관액보다 많아야 하며 그 총액은 6억 달러이어야 한다. 지불기간은 1안을 6년 이내, 2안을 6~10년 사이로 하라.

셋째, 독도문제를 다시 제기하는 경우엔 이것이 한일회담의 현안이 아님을 지적하고, 한국민에게 일본의 對韓(대한) 침략의 경과를 상기시킴으로써 회담 분위기를 硬化(경화)시킬 우려가 있음을 지적할 것.

金-오히라 메모

11월 10일 미국방문을 마치고 도쿄에 도착한 김종필 정보부장은 배의환 주일대사로부터 오히라 외상과의 정치회담에 임하는 우리 측 입장에 대해 설명을 들었다. 한일회담의 가장 큰 난관을 돌파하게 만든 김종필-오히라 담판에 대해서 극단적인 평가가 엇갈린다. 김종필 부장의 기지와 배짱에 의해서 청구권 금액을 그 정도로 올려 받을 수 있었다는 것이 하나이고, 김종필의 독주에 의해서 불리한 조건으로 합의했다는 주장도 있다. 김종필-오히라 합의는 오랫동안 진행되어오던 한일간 실무자 협상의 연장선상에서 타결된 것으로 보아야 한다. 이 합의가 김종필 부장의 영웅적(또는 매국노적) 행동의 결과라고 보는 것은 외교를 너무 개인사적인 입장에서 이해하는 것이 될 것이다.

배의환 한일회담 수석대표는 1962년 9월 17일 외무장관에게 보낸 〈입장 조정 건의서〉에서 이미 이런 예측을 하고 있었다.

〈지금까지의 교섭결과, 비공식 접촉을 통한 타진의 결과, 그리고 미국측 및 기타의 결과를 종합하여 보면 일본 측이 정치회담에서 취할 최종선은 많아야 2.5억(무상)+2.5억(차관)=5억(달러)를 생각하고 있는 것으로 판단되는 바, 우리 측으로서는 이를 용납하지 않는 방향으로 이끌어가야 할 것이며 따라서 예비절충의 각 단계에서 제시되는 액수를 우리 측에 유리하도록 하여야 할 것이다〉

11월 12일 일본 외무성에서 있었던 김종필 부장-오히라 회담에서 두 사람은 유명한 '김-오히라 메모'를 남기게 된다. 그 요지는 이러했다.

〈일본은 무상으로 3억 달러를 10년간에 걸쳐 한국에 지불한다. 일본은 유상(해외경제협력기금)으로 2억 달러를 10년에 걸쳐 한국에 지불한다. 그 조건은 7년 거치, 20년 분할상환이며 이자는 연 3.5푼으로 한다. 일본은 또 수출입은행을 통해서 1억 달러 이상의 민간 차관을 한국에 제공한다〉

두 사람은 이런 요지의 각서를 작성하여 양국 수뇌에 제출하고 결심을 받기로 약속했다. 회담을 마친 두 사람은 기자들에게는 비밀합의에 대한 언급을 피한 채 '1차 회담 때보다 진전이 있었다', '한일회담을 내년 봄까지는 마무리 짓고 조인·비준하도록 하자는 데 뜻을 같이했다'는 정도로 이야기했다.

이 '김-오히라' 각서는 한일 회담의 돌파구를 마련하기는 했으나 많은 문제점도 남겼다. 우선 우리가 청구권이라 부르는 이 배상금의 명칭 문제였다. 일본 측은 '독립축하금' 또는 '경제협력자금'이라 부르자고 했고 박정희 의장은 김종필에게 '청구권에 대한 변제 내지 보상으로 지불된 것이라는 점을 납득시킬 수 있는·표현이 되어야 할 것이다'고 긴급 훈령을 보냈다. 그럼에도 김종필 부장은 오히라와의 회담에서 이 호칭에 대해서 분명한 대답을 끌어내지 못했다. 김종필은 오히라 외상에게 '한일 간의 청구권 문제를 해결하고 한일 간의 경제협력을 증진시키기 위하여…', '한국 정부는 이상의 조치로써 한일 양국 간의 청구권 문제가 해결된 것으로 간주한다'란 대목을 조약문에 넣자고 했으나 오히라 외상은 전문가에게 검토시키겠다고 한 발을 뺐다.

11월 22일에 열린 한일 실무자 회담에서 일본 측은 한국 측의 제안을 거부했다. 한국에 지불하는 돈을 청구권이라 명시하면 국회에서 금액이 과다하다는 시비가 일어나고 在(재)한국 일본 재산은 어떻게 하느냐, 이북에 관한 부분은 어떻게 하느냐는 등 시끄럽게 된다는 것이 일본 측의 반론요지였다. 일본 측은 '한일양국의 국교가 정상화되었고 청구권 문제가 해결되었다'는 식으로 하자는 제안을 했다. 이번엔 한국 측이 거부했다. 이 밖에도 양국 간의 이견 차이는 컸다.

한국 측은 과거의 양국 간 부당한 조약과 협정의 폐기를 명문화해야 한다고 주장했고, 일본 측은 이미 무효화된 사실을 우호조약을 체결하는 마당에 굳이 명시할 필요가 있느냐고 반대했다. 한국 측은 또 '대한민국 정부가 한반도의 유일한 합법정부'라는 유엔결의문의 정신을 따를 것을 요구하였으나 일본 측은 한국을 '휴전선 이남만을 관할하는 정부'로 이해하려고 했다. 재일한국인의 법적 지위와 대우문제를 놓고도 지루한 협상이 계속된다. 1963년에 들어서 김종필 부장이 '자의반 타의반'의 외유를 떠나고 박정희 의장이 정치적 도전을 받게 되자 일본 측은 협상에 열의를 보이지 않게 된다.

'김-오히라 담판'이 있던 날 김종필 부장은 도쿄를 방문 중이던 인도네시아의 수카르노 대통령을 제국호텔로 찾아가 50분간 要談(요담)했다. 이 자리에서 김 부장은 수카르노 대통령의 방한을 요청했고, 수카르노는 다음해 10월 이전에 방문할 뜻을 밝혔다. 수카르노도 김 부장을 초청했다. 당시 제3세계 비동맹국가 그룹의 중심인물이던 수카르노는 다음 해 반둥에서 열리는 아시아-아프리카 블록 회의에 한국을 초청해달라는 김 부장의 요청을 승낙했다. 수카르노는 자원개발에 한국이 참여해줄 것과 경제개발에 필요한 자재를 인도네시아에서 사달라고 당부했다.

이 회담을 주선한 사람은 崔桂月(최계월·코데코 그룹 총회장)이었다. 최계월은 전후 일본에서 한 노인을 만나 친해졌는데 그가 바로 명치유신의 막후 조정자인 사카모도 료마의 양자 사카모도 나오미치(원래는 조카)였다. 최계월은 이 노인의 소개로 일본 자민당의 실력자들과 인간적으로 깊은 교분을 갖게 된다. 오노, 사토, 후쿠다, 후나다 등 자민당 본류의 親韓(친한) 인맥과 친하게 된 그는 인도네시아와도 인연이 있었다.

최계월은 일본을 자주 오가던 네덜란드령인 이리안자야의 민족지도자들과도 친했다. 이 지도자들이 이리안자야를 네덜란드로부터 독립시켜 국가를 만들 것인가, 인도네시아와 합칠 것인가로 갑론을박하고 있을 때 최계월은 인도네시아와 합병하도록 설득해준 적이 있었다. 최계월 덕분에 일본은 인도네시아에 대한 전쟁보상금의 부담을 줄일 수 있었고, 최계월은 수카르노와 친분을 갖게 되었으며 김종필과의 파격적인 요담도 성사시킬 수 있었다. 나중에 최계월은 한일 회담의 막후에서 중요한 일을 하게 되고 인도네시아 산림개발과 석유개발에 투자하여 큰 사업을 벌인다.

自主와 主體

1962년 11월 16일 최고회의는 방미-방일여행을 마치고 돌아온 김종필 정보부장 환영 만찬을 가졌다. 이 자리에 참석했던 김윤근 최고위원 (5·16 때 김포 해병여단장)에 따르면 金 부장은 능란한 話術(화술)로써 이런 설명을 하더란 것이다.

"일본에 가서 자민당 지도자들을 만나보았습니다. 자민당에는 자칭 8개 사단이란 파벌이 있었습니다. 이 파벌은 이해가 일치되면 뭉치고 이해가 상반되면 갈라지는 것이었습니다. 이 파벌을 많이 연합시킬 수 있는 파벌의 보스가 자민당의 총재가 되고 국무총리가 되는 제도로 당이 운영되고 있었습니다. 한마디로 평해 일본의 자민당은 전근대적인 정당이었습니다. 우리가 만드는 정당은 당내 파벌이 없는, 당 총재를 중심으로 뭉쳐서 일사불란하게 운영되는 정당입니다."

이 무렵 박정희-김종필은 '조국 근대화'와 '민족중흥'이란 말을 만들고 이를 실천에 옮길 국가 엘리트 중심의 정치세력을 창조하려고 했다.

두 사람은 이른바 舊민간정치 세력을 私黨(사당)으로 규정했다. 그리하여 한국인의 민족성에 깊이 뿌리를 박은 파당성과 분열성과 私益(사익)지향성을 극복할 수 있는 國益(국익)지향의 공당을 건설하려 하고 있었다. 그런 공당의 조직원리로서는 당이 일단 결심하면 국회의원은 이를 정치판에서 실천하는 임무에 충실해야 하고 이를 위해선 당의 사무조직과 원내(국회의원들)조직이 분리되어야 한다고 해서 '2원 조직'으로 불리기도 했다.

뜻은 좋았지만, 공화당의 전신인 재건동지회를 비밀리에 조직하는 데 드는 자금 마련을 위해 정보부가 조작한 증권파동은 공당의 조건인 도덕성에 타격을 주었고, 주체세력의 내분 격화는 군부 엘리트 또한 분열성과 파당성으로부터 자유로울 수 없다는 점을 보여주었다.

1962~1963년 사이에 박정희가 처절하게 경험하게 되는 한국 정치의 분열상과 파당적 생리는 그로 하여금 대중정치를 경멸·기피하게 만든다. 결국 그의 행태는 정치에서 통치로, 시끄러운 민주적 절차에서 역사를 마주 한 고독한 결단으로 기울게 된다. 박정희는 당파성과 분열성의 근본원인을 사대주의 전통에서 찾아냈다. 그는 이 사대성을 극복하기 위해서 민족주체성과 자주국방을 강조하게 된다.

재미있는 것은 북한의 김일성도 연안파, 소련파, 남로당파의 도전에 시달리다가 이들을 종파주의로 몰아 숙청한 뒤에는 主體(주체)란 말을 앞세워 전체주의를 강화해갔다는 점이다. 박정희·김일성 두 사람은 정권의 내부분열을 극복하는 과정에서 자주(박정희)와 주체(김일성)란 같은 화두에 도달했다. 1972년 7·4 공동성명을 전후하여 김일성을 만났던 이후락 당시 정보부장은 이런 요지의 농담을 했다고 한다.

"자주, 주체 등 주석께서 하시는 말씀을 들어보면 우리 박 대통령 각하께서 하시는 말씀과 꼭 같은데 혹시 두 분끼리 비밀접촉이라도 하고 있는 것 아닙니까?"

자주와 주체를 추구하는 두 사람의 방법은 정반대였고 이로써 오늘날의 남북한 격차가 예정되었다. 김일성은 혁명적 열정을 동원하여 자체 자원만으로써 체제를 건설하는 자력갱생의 방법을 채택했고 박정희는 국민들의 물질적 욕망을 활용하는 한편 이를 해외의 자원(시장과 자본)과 결합시키는 대외 개방적 국가발전 전략을 추구했던 것이다.

1962년 말 박정희는 여전히 분주했다. 제1차 경제개발 5개년 계획의 추진, 울산공업센터 건설, 외자도입, 국민재건운동, 한일회담, 1년 앞으로 다가온 민정이양과 집권연장을 준비하기 위한 헌법개정 및 재건동지회 조직 등등. 박정희는 공화당 사전조직에 대해선 김종필에게 맡겨두고 최고 위원들에게도 비밀에 부쳤으나 헌법개정은 공개적으로, 또 민주적으로 하도록 했다. 헌법개정의 실무책임자는 최고회의 법사위원장 李錫濟(이석제) 대령이었다. 그는 영관장교 시절 생활고를 견디지 못하여 전직을 위한 고시 공부를 한 덕분에 주체세력 인사들 가운데 법률에 가장 밝은 사람이 됐다.

박정희 의장은 미국 측이 헌법개정의 방향을 궁금하게 생각하고 있음을 알았다. 마침 이석제 위원장이 提案(제안)을 했다.

"미국 사람들을 안심시켜줄 겸 해서 미국 헌법학자들을 초청해 자문역으로 씁시다."

박정희가 승낙하자 이석제는 하버드 대학의 루퍼트 에머슨 교수와 뉴욕 대학의 길버트 플랜츠 교수를 초빙했다. 플랜츠 교수는 후진국 정부의 비교연구가 전공인 학자여서인지 한국의 실정에 매우 동정적이었다. 그는 "미 CIA가 나에게 간섭을 많이 한다"고 불평하면서도 "한국이 근대화에 성공하려면 일본 모델을 참고하는 것이 좋을 것"이라고 충고했다.

"수백 년에 걸쳐 점진적으로 근대화를 이룩한 서구 모델보다는 일본의 압축적인 근대화 전략이 유효할 것입니다. 다만 일본은 아시아에서 너무 앞서 나가고 있으므로 한국이 성공하면 다른 아시아 국가들이 따르기 쉬운 이론적 모델을 만들 수 있을 것입니다."

당시 일본 자민당의 헌법조사위원장이던 나카소네(뒤에 총리 역임)의 원도 이석제를 찾아와 한국의 헌법개정 방향에 대해서 다섯 시간이나 꼬치꼬치 캐묻고 갔다. 주한 미국대사관의 하비브 참사관(뒤에 주한대사)도 자주 이석제 위원장의 사무실에 와서는 이 조항은 어떻고 저 조항은 어떻고 하는 식으로 노골적인 干與(간여)를 계속했다고 한다. 화가 난 이석제는 어느 날 정색을 하고 하비브에게 말을 걸었다.

"당신은 그 동안 질문만 해댔으니 나도 이제는 질문할 권한이 있다고 생각하는데…."

"뭐든지 하시오."

"미국 대사관이 그렇게 한가한 곳입니까. 참사관이 일개 육군 장교를 감시하러 다닐 정도로?"

"한국 군사정부의 움직임이 워낙 미묘하고 중요해서 그러니 양해하시기 바랍니다."

"당신은 매일같이 내 방에 출근하다시피 하여 헌법개정안을 한 조항한 조항씩 캐내가고 있는데, 하비브 참사관, 당신은 지금 한국 땅에서 미국 헌법을 만들고 있소."

그날 이후 하비브는 나타나지 않았다고 한다.

헌법 개정

1962년 9월 23일부터 30일까지 전국 도청소재지에서 헌법개정에 대한 공청회가 있었다. 10월 31일에 헌법개정안 완성, 이어서 최고회의(국회 역할을 하고 있었다) 가결. 12월 17일에는 국민투표, 약 79%의 찬성. 새 헌법은 12월 26일에 공포되었다. 4년 중임의 대통령중심제와 국회 單院制(단원제), 강력한 정당정치를 골자로 하는 이 헌법내용에 대해서는 비민주적이란 시비가 없었다. 이 헌법개정 과정은 가장 모범적인 사례로 꼽힌다. 1980년대에 직선제로의 개헌을 주장하던 김대중 총재도 '간단하게 말하면 제3공화국 헌법으로의 복귀를 요구한다'고 할 정도였다.

헌법조문의 축조심의에 참여했던 최고위원 김윤근에 따르면 대통령 임기의 '단임'과 '4년 중임'을 놓고 격론이 오갔다는 것이다. 한 위원은 "현직 대통령이 출마하면 공무원과 경찰이 과잉충성하게 되어 있다"면서 "임기를 연장하더라도 중임은 막아야 한다"고 주장했다고 한다.

박정희의 입장에서는 3공화국 헌법에 '중대한 실수'가 하나 있었다. 과거 헌법에는 대통령과 장관 등이 직무집행에 있어서 헌법과 법률을 위반했을 때의 탄핵소추 의결 조건을 '국회의원 50인 이상 발의에 재적의원 3분의 2 출석과 출석의원 3분의 2 찬성'으로 엄격하게 규정했었다. 개정헌법은 이를 '30인 이상의 발의에 재적의원 과반수의 찬성'으로 대통령과 장관들에 대한 탄핵소추를 의결하여 탄핵심판위원회(위원장 대법원장)로 넘길 수 있고 의결을 받은 자는 탄핵결정이 날 때까지 그 권한행사가 정지되도록 했던 것이다.

만약 야당이 국회의 과반수 의석을 차지하면 여당 출신 대통령을 쉽게 탄핵의결할 수 있다는 의미이다. 박정희 의장은 개정헌법이 공포된 다음에 이 조항을 발견하고 화를 냈으나 떠나간 버스를 향해 손 흔들기였다. 이 조항은 1969년에 3선 개헌을 허용하는 헌법개정을 할 때 '대통령에 대해서는 국회의원 50인 이상의 발의와 재적의원 3분의 2 이상 찬성으로 탄핵소추를 발의할 수 있다' 로 개정되었다.

개정헌법 제4조는 新設(신설)된 것인데 '대한민국은 국제평화의 유지에 노력하고 침략적 전쟁을 부인한다' 란 내용이다. 前(전) 헌법에는 '대한민국은 모든 침략적인 전쟁을 부인한다. 국군은 국토방위의 신성한 의무를 수행함을 사명으로 한다' (제6조)로 되어 있었다. 즉, 해외에 파병할 때는 국군의 설치목적과 위배될 가능성이 제기되었다. 박정희는 당시 월남파병을 생각하고 있었는데 어느 날 헌법개정의 실무책임자 이석제 법사위원장이 찾아와서 문제를 제기했다.

"각하, 6·25 때 유엔의 16개국이 군대를 보내서 우리를 도와주었는데 반대 상황에서 우리도 군대를 해외에 보낼 수 있습니다. 그래서 국제평화를 위해서 파병이 가능하도록 조문을 만들었습니다."

박정희는 이 조항에 대해선 심각한 표정을 지었다. 그는 "생각할 시간을 좀 주시오"라고 했다. 몇 시간을 혼자서 골똘히 생각하던 박정희는 이석제를 불러들여 "해외파병이 가능하도록 하시오"라고 지시했다. 이렇게 하여 그 3년 뒤 우리 국회가 월남파병을 의결할 때 '헌법위반' 논쟁을 피할 수 있었다.

제3공화국 헌법은 또 국회의원 후보는 소속 정당의 추천을 받아야 출마할 수 있도록 함으로써 무소속 출마를 봉쇄했다. 국회의원은 임기 중 黨籍(당적)을 이탈하거나 변경한 때 또는 소속 정당이 해산될 때는 의원직을 상실하도록 규정했다. 정당정치를 강화하기 위한 목적에서였다.

1962년 12월 6일을 기해 계엄령이 해제되고 17일의 국민투표로 헌법 개정안이 확정된 후 20일부터는 대통령선거법과 국회의원선거법의 개정 작업이 시작되었다. 12월 23일 워커힐 준공식에 참석했던 최고회의 위원들은 한국관에서 가칭 재건당의 비밀 창당작업을 지휘해온 이영근 정보부 차장으로부터 보고를 들었다.

"당 총재를 중심으로 해서 일사불란하게 움직이는 정당을 만들기 위해서 사무당원 우위의 이원제 정당을 만들었습니다."

"혁명주체 위주의 군인 출신 정당이라는 평을 안 듣기 위해서 신경을 써야 했습니다. 그래서 정치에 때 묻지 않은 덕망 있는 인사를 선택해서 당을 조직했습니다."

"파벌이 없는 정당을 만들기 위해서 自薦他薦(자천타천)의 정치지망생은 한 사람도 입당시키지 않았습니다."

"국회의원이 되려는 혁명주체에게는 비례대표제 국회의원이라는 길을 열어 놓았습니다."

비밀 창당작업에서 소외되어 불만이 쌓여 있던 많은 최고위원들이 들고 일어났다.

"그게 무슨 소리야! 사무국 당원들이 국회의원을 통제하겠다는 거야?"

"모든 일을 김종필이 마음대로 하겠다는 거야, 뭐야?"

"우리들 보고 김종필의 시녀 노릇을 하라는 이야기지?"

이런 말들이 오고가면서 축하연은 난장판이 되고 말았다. 冬眠(동면)하던 정치가 민정이양의 계절을 만나서 깨어나기 시작하던 시점에 주체세력 내부는 금이 가고 있었다.

문제의 재건동지회 조직은 박정희-김종필-이영근-강성원 라인에서 주도했다. 김종필 부장은 정책연구실 행정관 강성원 소령에게 일을 맡기면서 창당작업의 바람막이를 해줄 사람으로서 육사 8기 동기인 이영근 정보부 차장을 지명하여 사무총장으로 내보냈다. 강성원은 정치활동이 금지된 기간에 혁명주체세력이 사전조직을 해야 하는 이유에 대해서 이런 논리를 내놓았다.

"정치활동이 再開(재개)되면 아마추어들인 우리는 구정치인들에게 이길 수 없습니다. 그 전에 준비를 해야 합니다."

私黨과 公黨

참신한 정치세력을 만들기 위해서 사전조직이란 반칙을 하게 된 혁명정부는 더욱 큰 반칙을 또 하게 된다. 증권파동을 일으켜 거액을 남기고 이를 창당자금으로 쓴 것이다. 김포 해병여단장 출신 최고위원 김윤근의 기억에 따르면 김종필 정보부장은 증권파동으로 웅성거릴 때 최고위원들이 어떻게 된 일이냐고 질문하자 대수롭지 않다는 듯이 답했다고 한다.

"새 정당을 조직하려니까 돈이 많이 듭니다. 정당을 만드는 데 국고금을 쓸 수는 없지 않습니까. 그래서 증권시장에서 조달하여 쓴 것입니다.

원래 증권시장은 투기꾼들이 모이는 곳 아닙니까. 재미 보는 사람도 있고 손해 보는 사람도 있게 마련이지요. 이 방법은 제2차 세계대전 중 미국 CIA가 부족한 공작비를 보충하는 방법으로 썼는데 우리도 그 방법을 모방해보았습니다."

김윤근은 증권 파동의 피해액이 얼마인지 모를 때라 반론을 제기할 수 없었다고 한다. 1963년 3월 28일 미국 백악관 안보회의가 케네디 대통령에게 올린 한국 정세보고서엔 '김종필이 한국 역사상 최대규모의 증권조작을 통해서 2,000만~3,000만 달러를 벌었다'고 쓰여 있다. 이 증권파동의 중심인물인 정보부 행정관 강성원도 "그때 약 20억 원을 벌어 재건동지회 조직에 썼다"고 증언했다. 1인당 국민소득이 80달러이던 때의 20억 원은 국민소득이 100배가 된 요사이 돈 가치로는 약 2,000억 원이다. 그만한 돈이 사전 조직에 들어간 데다가 강력한 정보부가 조직활동을 지휘하니 유능한 사람들을 모으는 데는 어려움이 적었다.

이들을 합숙시켜 교육한 곳이 서울 종로구 익선동 낙원상가 근처에 있던 春秋莊(춘추장)이란 요정건물이었다. 교육진행을 맡았던 윤천주 고려대 교수는 이렇게 증언한다.

"후에 공화당 사무국 요원이 되는 이들은 거의가 정보부에서 뽑아온 사람들이었습니다. 깨끗한 사람들을 찾다 보니 교수, 교사, 공무원들이 많았습니다. 비자발적으로 온 사람들도 있었지만 순박하고 성실한 사람들을 잘 골랐다는 생각을 했지요. 교육은 1기에 20~30명씩 1주일간 했습니다. 저는 정치행태론을 강의했고, 한태연, 문홍주, 이종극 같은 학자들이 강사로 참여했습니다.

교육내용의 핵심은 5·16혁명 이념을 계승하여 어떻게 하면 조국 근대화를 이룩할 것인가, 그 방법론으로서 어떻게 하면 보스나 파벌중심의 사당이 아닌 국익 중심의 공당을 만들 것인가였습니다. 2원조직이라 해서 말이 많았지만 우리는 영국 보수당을 모델로 삼았습니다. 당에서 결심한 노선에 따라 국회의원들이 국회에서 활동하도록 통제하여야 국가이익이 도모될 수 있다고 생각했고 그러자니 사무국이 강력해져야 한다는 결론에 이른 것입니다. 사전조직이라 하지만 엄격하게 말하면 사무국 사전조직이었습니다. 사무국 요원은 국회의원으로 출마할 수 없다고 되어 있었습니다.”

재건동지회 사전조직의 실무책임자였던 강성원은 장교시절 미국에서 기획제도에 대해서 공부한 적이 있었다. 그는 동료 정지원 소령(정보부 차장 보좌관)과 함께 사전조직을 사실상 주도했다. 정 소령도 기획장교로 이름을 날린 사람이었다. 한국군이 미국에서 배워 온 기획과 조직의 경험이 정당조직에 활용된 경우이다. 강성원이 만든 재건동지회 ‘조직원리’에는 이런 내용이 들어 있었다.

〈1. 공공조직의 원리: 개인중심이나 인물에 대한 충성을 지양하고 공익을 위해 충성하도록 한다.

2. 점조직 원리: 파벌과 계보를 배제하고 이념중심으로 결속한다. 일체의 연계는 당의 기구를 통하도록 한다.

3. 핵심조직의 원리: 선거 때와 평상시 구별 없이 계속적인 조직 활동을 한다. 일선 당원들은 적극적인 사회참여를 통해서 국민들의 정치의식을 높인다.

4. 영도권 확립의 원칙: 지도체계를 단일화하여 운영과 관리는 신속을 원칙으로 한다.

5. 범국민적 조직: 선거구의 이익보다 전 국민적 복지를 추구하는 민족적 지도층을 형성한다〉

사무국 요원들에 대한 교육이 공산당식 밀봉교육이었다는 일부의 비난에 대해서 경남지역 사무국장 요원으로 뽑혀 올라왔던 예춘호는 '전혀 그런 일이 없었다'고 했다(회고록에서 인용).

〈5기생으로 교육을 받았는데 강의는 전원이 함께 받고 수업 후는 5~6명씩의 그룹별로 밤이 늦도록 토론과 의견교환을 나누며 사명감과 희망이 부푼 시간을 보냈다. 가르치는 사람이나 강의 받는 사람의 구별이 없었다. 오직 새 사회건설의 담당자로 선택된 자부와 긍지, 그리고 신념이 넘치고 있을 뿐이었다. 부산으로 돌아온 나는 새 사람이 되어 있었다〉

공화당의 초대 대변인이 되는 〈조선일보〉 윤주영 편집국장은 강성원으로부터 끈질긴 영입요청을 7개월간 거절하다가 1962년 12월에 입당을 승낙하고 춘추장에서 교육을 받았다.

그는 '거기에 모인 사람들이 하나같이 순수하고 열정적이며 엘리트인데 놀랐다'고 한다.

"그들은 조국 근대화, 굶지 않는 나라, 부강한 나라, 비생산적인 정쟁이 없는 나라를 만들겠다는 일념으로 뭉친 조직이었습니다. '5·16은 군인들이 일으켰지만 국민혁명은 우리가 한다.' '우리는 화분의 꽃이 되기보다는 거름이 되겠다'면서 일종의 독립운동하는 기분들이었습니다. 사무국에서 창안한 말이 '조국근대화'와 '민족중흥'이었는데 이것이 이들의 이념이었습니다. 국가건설을 이념으로 하여 이 정도의 집단이 만들어진 것은 아마도 우리 역사상 희귀한 사례일 것입니다."

통역장교 출신으로서 영자신문 〈코리아 리퍼블릭〉에서 기자로 일하던 朴日永(박일영)의 경우 재건동지회에 추천되어 사무국 요원이 되었다. 그는 서울시 조직담당이 되어 선거구마다 사무국장 요원을 찾아나서는 일을 했다. 용산구 사무국장 金得滉(김득황·내무차관 역임), 중구 사무국장에 朴仁珏(박인각·평남도지사 역임)이 발탁되었다. 박일영 자신은 〈합동통신〉 외신부 기자 張漢哲(장한철)을 추천했다. 장한철은 재건동지회에 들어간 뒤 〈합동통신〉 외신부에서 함께 일한 李泳禧(이영희·한양대학교 교수 역임) 기자를 추천했다. 李 기자의 이름은 조사부로 넘겨져 포섭대상에 올랐다.

權力과 知性

공화당 전신인 재건동지회 요원 포섭대상 명단에 오른 〈합동통신〉 외신부 이영희 기자는 〈워싱턴 포스트〉 비밀통신원으로도 일하면서 주로 한국 정치의 개혁을 소재로 하는 기사를 써 보내고 있었다. 어느 날 합동통신에 같이 근무하다가 〈동양통신〉으로 옮겨간 高明植(고명식) 기자가 찾아와 이 기자와 점심을 함께 한 뒤 그를 데리고 들어간 곳이 서울 중구 북창동 부근 재건동지회 조직 사무실이었다. 황성모 교수 등 아는 사람 얼굴들도 있었다. 이들은 이 기자에게 조직에 합류할 것을 강권했다. 이 기자가 거절하고 나오려고 하니 누군가가 "이 선생께서 우리 이야기를 다 듣고도 들어오시지 않으면 신상에 어려운 일들이 많이 생길 겁니다"라고 위협조로 말했다고 한다.

이영희는 그 뒤로도 끈질긴 입회 요청을 받아 재건동지회 사무실에 나가게 되었다. 〈뉴욕 타임스〉 서울 특파원 서인석(공화당 국회의원 역임)

은 그곳에서 조사부장으로 일하고 있었다. 서인석은 이영희의 경성공고 선배였다. 재건동지회 요원들은 이영희에게 '국제관계분석' 임무를 주었다. 이영희는 공화당 사전조직의 책임자인 육사 8기 김동환과 11사단에서 장교로 함께 근무한 인연이 있었다. 李 기자는 부탁받은 논문을 써준 뒤 김동환에게 "정치에는 적성이 맞지 않는다"면서 조직을 떠났다고 한다.

재건동지회 경남사무국장 요원으로서 조직 확대에 동분서주하던 예춘호는 1962년 말 조직 점검 차 부산에 온 김종필 정보부장과 김형욱 최고위원을 만났다. 김 부장은 호텔로 芮"春浩를 부른 뒤 네 시간 동안 여러 가지를 꼬치꼬치 캐물었다. 예춘호는 김 부장이 이지적이며 냉철하고 나이에 비해 침착하다는 인상을 받았다. 예춘호는 "5·16혁명의 불가피성은 인정하지만 군인들이 정치에 개입하는 것이 꼭 현명하다고 할 수 있겠는가"라고 말하면서 자신이 그리는 이상적인 사회상에 대해서 역설했다고 한다. 박정희 의장도 연말에 요원 교육장인 서울 낙원동 춘추장에 들러 한 20분간 보고를 듣고 갔다.

정치활동이 재개되는 1963년을 앞둔 시점에서 박정희와 김종필은 그들이 혁명공약에서 희망했던 '참신하고도 양심적인 정치인들'의 육성에 성공한 것 같았다. 재건동지회가 확보한 약 1,000명의 당 기간요원들은 능력이나 도덕성 면에서 인재집단이라 할 만했다. 뒤에는 反(반)박정희로 돌게 되는 비판적 지식인들도 이때는 혁명정부의 노선에 동감·동조하는 사람들이 적지 않았다. 우리 현대사에서 주로 갈등관계에 있었던 권력과 지성이 국가, 국민, 국익을 위해서 악수할 수 있는 분위기이기도 했다.

당시 한국 지식인 사회의 광장 역할을 하던 월간잡지 〈思想界〉 1961

년 3월호 券頭言(권두언)은 〈자유는 정치적 면에서 경제적, 사회적으로 확대되지 않으면 안 되며 그 물질적 기반으로서 힘찬 경제적 건설이 수반되어야 하고 그 정신적 토대로서 국민의 기강이 확립되어야 함은 물론이다〉라고 했다. 발행인 張俊河(장준하)의 記名(기명)이 들어 있는 4월호 권두언은 〈만일 현 국회와 정부가 더 이상 우유부단과 무능, 무계획을 일삼으면 本誌(본지)도 민족적 自活(자활)의 길을 개척하기 위해 가차 없는 투쟁을 전개하지 않을 수 없음을 또한 첨부해두는 바이다〉라고 했다.

5·16 혁명 직후에 나온 6월호 〈사상계〉 권두언은 이러한 논조의 연장선에서 사실상 군사쿠데타를 지지했다. 이 권두언은 〈정치생리와 사고방식에 있어서 자유당과 본질적으로 다를 것이 없는 민주당은 派爭(파쟁)과 이권운동에 몰두하여 귀중한 시간을 낭비하고 그 결과로 사치, 퇴폐, 패배주의의 풍조가 이 강산을 풍미하고 이를 틈타서 북한의 공산도당들은 내부 혼란의 조성을 백방으로 획책하여 왔다〉고 지적했다. 이어서 이글은 〈4·19 혁명이 민주주의 혁명이었다면 5·16 혁명은 부패와 무능과 무질서와 공산주의의 책동을 타파하고 국가의 진로를 바로잡으려는 민족주의적 군사혁명이다〉라고 해석했다. 그러면서도 이 권두언은 〈혁명정권에 권력이 집중되어 있기 때문에 권력남용을 막기 위해 만전을 기해야 할 것이다〉고 경고했다.

1961년 7월호 〈사상계〉에 실린 장준하의 기명 권두언은 〈공산당의 전체주의적 공포세력을 분쇄할 수 있는 최대의 사상적 무기는 민주주의적 자유의 善用(선용)에서 구해야 한다〉면서 〈혁명정부는 민주주의를 새로운 정신과 내용에서 복구시킬 일련의 방안을 준비할 것〉을 권고했다.

박정희도 '5·16 혁명은 4·19 의거의 연장이며 도의와 경제의 재건은 4·19 의거 때 품었던 염원이었다' (4·19 의거 2주년 기념사)라고 했고 '4·19 학생 혁명은 표면상의 자유당 정권을 타도하였지만 5·16 혁명은 민주당 정권이란 가면을 쓰고 망동하려는 내면상의 자유당 정권을 뒤엎은 것이다'고 썼다(《국가와 혁명과 나》).

3년 전 오스트레일리아 국립대학에서 〈박정희의 자주사상〉이란 제목의 논문으로 박사학위를 받은 김형아는 '4·19 이후 사상계 잡지를 매개로 하여 벌어진 한국 지식인들의 토론은 박정희의 통치이념 틀 형성에 큰 영향을 주었다'고 분석했다. 지식인들은 한국이 진정한 자주성을 확보하지 못하고 있으며 반공의 미명하에서 정치적 부패가 만연하고 기득권층이 정치를 좌지우지하고 있다는 자각에 도달하게 되었다고 했다.

이런 조국의 문제를 해결하기 위해서 지식인들은 민족주체성에 입각한 '강력한 지도력'과 '자유민주주의의 구현'을 갈망하게 되었다고 했다. 이에 반해 박정희는 강력한 지도력과 서구식 자유민주주의는 兩立(양립)할 수 없는 것으로 본 점에서 지식인들과 차이가 있었다. 박정희는 '민족 자주성과 경제발전의 확보'라는 목표에 대해서는 동의했지만 '서구식 민주주의가 문화적, 역사적 토양이 다른 한국에는 적합하지 않다'고 했고 '통일도 당장은 불가능하다'는 현실주의적 입장을 취했다.

결국 지식인들과 박정희 세력은 민족주의적 가치, 즉 자주성 있는 부강한 나라의 건설에는 동의했지만 그 달성 방법에 있어서는 이견이 있었다는 이야기이다. 군정기간 중엔 상당히 접근한 것으로 보였던 군부와 지식인들의 국가건설에 대한 視覺(시각)은 1963년에 정치의 계절이 열리면서 멀어지고 만다.

제18장

危機의 봄

朴正熙

한 운명적 인간의 裸像

1962년 12월 27일 박정희 의장은 최고회의 본회의실에서 1년 20일 만에 처음으로 공식 기자회견을 가졌다. 박 의장은 "바쁘다는 핑계로 자주 못 만나 미안하게 생각한다"고 말했으나 한 기자가 "최고위원들이 군복을 벗고 민정에 참여하면 그 얼굴이 그 얼굴이 아니냐는 말이 돌고 있다"고 하자 버럭 화를 냈다.

"그 얼굴이 그 얼굴이란 게 뭐요? 그런 엉터리 소리 하지 말라고 하시오."

박 의장은 자신의 출마에 관해서는 "黨命(당명)에 따르겠다"고만 말했다. 그는 또 "화폐개혁은 확실히 실패했습니다. 국민들에게 잘 전해 주십시오"라고 했다. 그는 "내자동원을 위해 화폐개혁을 하긴 했는데 뚜껑을 열어보니 뜻대로 되지 않았습니다. 정부는 그때부터 원상 복구시키는 데 애썼습니다. 누군가가 벌을 받아야 한다면 최고회의 의장이 받아야지 다른 사람이 받을 수는 없습니다"라고 말했다. 박 의장은 이 회견에서 대통령 선거는 1963년 4월 초순에, 국회의원 선거는 5월 하순에 치를 것이라고 말했다.

정치의 계절이 1년 7개월 간의 동면에서 풀려나는 1963년이 밝았다. 1월 1일자 신문에 일제히 실린 박정희 의장 회견 기사는 3일 전에 있었던 공동기자회견 내용이었다. 이 회견에서 박정희는 민주주의에 대해 주목할 만한 소신을 밝혔다.

"민주주의는 이상이고 목표라고 생각한다. 도달하는 길은 여러 가지가 있을 것이다. 서구식도 있고 자기식도 있으니까 가는 길은 다를 수 있다. 꼭 이 길이라야 한다는 불변의 길은 없다. 한국은 한국민의 현실에 맞는 방식을 택해야 할 것이다."

대한민국이 자유민주주의를 이념으로 하여 건국된 이래 그 민주주의를 주관적(또는 주체적)으로 해석한 바탕에서 '서구식 민주주의를 한국의 현실에 맞는 한국식 민주주의로 改造(개조)하겠다'고 선언하고 나선 사람은 박정희가 최초이자 최후의 인물이다. 민주주의를 至高至善(지고지선)한 신성불가침의 존재로 숭배하던 많은 지식인과 정치인들에게 박정희의 이런 태도는 무엄한 도전으로 받아들여진다.

이 무렵 박정희는 자신의 역사관, 혁명관, 국가관, 민주주의관을 담은 책을 내고 싶어 했다. 代筆者(대필자)로 천거된 사람은 자유당 국회의원을 지낸 朴相吉이었다. 1963년 1월 중순 박 의장은 한남동의 安家(안가)로 朴相吉을 초대하여 "저를 좀 도와주십시오"라고 부탁했다. 朴相吉은 '번거로운 말이나 완곡한 표현은 전혀 없고 간결, 소박한 딱 한마디 말'이었다고 기억한다. 얼굴을 쳐다보니 '眼光(안광)은 바위를 뚫을 듯한데 어딘가 피곤하고 憂愁(우수)가 스쳐가는 비장감 같은 게 엿보였다'고 했다. 그 며칠 후 밤 10시 박 의장은 박상길을 의장 공관으로 불러 본론을 털어놓았다.

"혁명인가 뭔가 했는데 국민들도 그렇고, 심지어 다리를 같이 넘은 자들까지도 정확하게 내 심정을 몰라주니…. 미국놈들도 그렇고, 접장인가 교수라는 자들도 무어 알아듣지 못할 소리들만 하고…. 가슴속에 있는 생각을 시원하고 정확하게 털어놓을 방법이 없을까요. 정치라는 게 이렇게 어려운 건지. 이놈 말 다르고 저놈 말 다르고 앞으로 그때그때 요긴한 대목에 의견을 좀 말해주십시오. 혁명이라고 하지만 헤이따이

(兵隊)만 가지고는 할 수 없는 일이지요. 도대체 舊정치인들 중에서 쓸 만한 사람은 누구입니까.”

이렇게 해서 박상길은 ‘우리는 어떻게 할 것인가’ 란 假題(가제) 하에 박정희의 생각을 정리하기 시작했다. 박상길은 저술의 핵심을 잡기 위해서는 박 의장과의 談論(담론)이 필요하다고 판단하여 무시로 대개의 경우 자정을 전후한 야반에 장충단 근처의 의장 공관을 방문하게 되었다고 한다. 박상길은 남산 아래 허름한 여관에 방을 잡고 써내려갔다. 200자 원고지 50장에서 100장 정도의 원고가 되면 의장 공관으로 직행하여 박 의장에게 들이밀고 읽어보도록 했다.

바로 이 전후가 격동의 절정기였는지라 차분히 앉아서 담론할 수 없었다. 가다가는 돌발적인 사태, 정치적인 難題(난제) 등이 등장하여 혹은 진지, 혹은 흥분, 혹은 격정적이 되는 등 의외의 경우가 많았다는 것이다. 박정희는 “지금 가난을 벗고 약소민족의 서러움을 벗지 못하면 언제 또 기회가 있겠습니까”라고 했고 “특권층의 당쟁, 세도가 나라를 말아먹었는데 해방이 되고 민주세상이 되었다는 마당에 또 특권층이 설치니 원…. 이 나라 백성들은 언제 햇빛을 봅니까”라고도 하면서 怒氣(노기) 띤 안광에 슬픔이 가득 차 있기도 했었다는 것이다. 박상길은 자신의 회고록 《나와 제3·4공화국》에서 이렇게 묘사했다.

〈이같은 일들은 한 민족국가의 운명을 거머쥔 한 영도자의 스스럼없는 裸像(나상)을 보는 데서 역사의 엄숙, 민족의 비애, 국가의 어려움을 가슴에 느낄 수 있었고, 이 절대한 파도와 맞선 한 운명적 인간의 순정, 정열, 비장, 결심 등을 그대로 읽을 수 있었다. 나는 영원히 확신하고 있다. 이 이후 이분의 이름으로 몇 권의 책이 나온 바 있지만 이

분의 철학·사상·정치·경제·문화·외교·사회관은 물론 하나의 인간으로서의 인생관에 이르기까지 이만큼 정확한 바는 없었다고 단언할 수 있다〉

나중에 《국가와 혁명과 나》란 제목으로 발간된 이 책의 맨 끝 장에서 박정희는 '가난은 본인의 스승이자 은인이다'라고 했다.

〈본인의 24시간은 이 스승, 이 은인과 관련 있는 일에서 떠날 수 없는 것이다. '소박하고 근면하고 정직하고 성실한 서민사회가 바탕이 된, 자주 독립된 한국의 창건'—그것이 본인의 소망의 전부다. 동시에 이것은 본인의 생리인 것이다. 본인이 특권계층, 파벌적 계보를 부정하고 군림사회를 증오하는 所以(소이)도 여기에 있을 것이라 생각된다. 본인은 한마디로 말해서 서민 속에서 나고, 자라고, 일하고, 그리하여 그 서민의 인정 속에서 생이 끝나기를 염원한다. 본인과 같은, '가난'이란 스승 밑에서 배운 수백만의 동문이 건재하고 있는 이상, 결코 쉴 수도 없고, 후퇴할 수도 없는 염원인 것이다〉

박정희는 마지막 장의 끝에다 '끝까지 읽어주셔서 감사합니다'란 인사말을 덧붙였다.

內紛

김종필 정보부장은 1963년 1월 5일 육군준장으로 전역한 뒤 9일 정보부장직을 김용순 최고위원에게 넘겨주고는 가칭 재건당(후에 민주공화당) 창당 작업을 공개적으로 지휘하기 시작했다. 김병로(전 대법원장) 등 민간 정치인들도 가칭 民政黨(민정당)을 중심으로 하여 창당에 나서고 있었다.

1월 8일과 9일 송요찬 전 내각수반이 처음으로 박정희-김종필 노선을 정면으로 공격하고 나섰다. 6개월 전 주체세력 내분에 휘말려 물러났던 그는 "박정희 의장과 최고위원들은 민정참여를 포기하고 예편해야 하며 국가는 이들의 공을 인정하여 우대해야 한다"고 자신의 소신을 밝혔다. 최고회의 이후락 공보실장은 즉각 반박했다.

"각하 드골식으로 해야 합니다. 개헌안 국민투표와 대통령 선거를 한데 묶어 각하가 20년은 집권하도록 해야 합니다' 라고 말하던 때가 언젠데 그런 이야기를 할 수 있습니까. 그는 3·15부정 선거 때도 군의 책임자로서…."

모든 위기가 그러하듯 5·16 주체세력의 위기도 내분으로 시작되었다. 1월 8일 박 의장은 직접 최고회의 간담회를 소집했다. 그는 화가 난 음성으로 내뱉었다.

"새 정당에 대해서 불만이 많은 모양인데 속 시원히 털어놓으시오. 어디 한번 들어봅시다."

김종필의 獨走(독주), 사무국 우위, 증권조작과 창당자금 문제 등에 대해서 불만들이 쏟아졌다. 온건한 김윤근은 "정치 지망생들이 입당추천을 부탁하는데 추천할 길이 없어 답답합니다. 당의 문호를 개방할 수 없습니까"라고 말했다. 박 의장은 이렇게 결론 내렸다.

"최고위원 중에 몇 사람이 먼저 들어가 고쳐야 될 것이 있으면 고치도록 합시다."

1월 16일 김동하(해병 사단장 출신), 김재춘(육군 방첩부대장 출신), 오정근(해병여단 대대장 출신), 이석제(최고회의 법사위원장), 姜尙郁(강상욱·육사 9기) 최고위원이 예비역에 편입되면서 최고위원 자격을 유지한 채 김종필의 당으로 들어간다.

김종필은 1월 11일 〈조선일보〉 기자와의 인터뷰에서 "우리 당은 자유민주주의를 지향하지만 그것은 빈곤 속에선 구현될 수 없다"고 말했다. 기자가 "빈곤 속에서는 자유민주주의가 있을 수 없고 자유민주주의로써는 빈곤에서 탈피할 수 없다는 모순, 말하자면 후진국이면서는 자유민주주의를 누릴 수 없고 자유민주주의를 누리자면 후진국일 수 없다는 모순이 생긴다"고 묻자 김종필은 이렇게 답했다.

"후진국에는 여러 가지 불만이 많다. 빈곤상태에서 국민들을 서서히 끌어올리면서 그 불만을 다른 데로 해소해나가는 길밖에 없지 않겠나. 불만을 해소하는 방법으로 '국민의 적을 만들어라' 는 사람도 있다. 우리는 25마일 바깥에 적을 두고 있는데도 국민의 적대의식은 희박해지고 있다. 국민의 적대의식을 강화하면서 빈곤을 해소해가는 길밖에 없지 않은가."

1월 14일 박정희 의장은 錢鎭漢(전진한) 등 야당 측 대표 세 사람과 만났다. 박 의장은 정치정화법 폐기와 조기선거 반대를 주장하는 이들의 요구를 거부했다. 박 의장은 이렇게 말했다.

"민주당이 공민권제한법을 만들었는데 이제 와서 그들이 정치정화법을 반대한다는 것은 모순이오. 따지고 싶으면 민주당에 가보아야 할 것이오. 정치금지에 묶여 있는 정치인들을 추가로 해제하고 싶지만 국민을 납득시킬 명분이 있어야 합니다. 요사이 나한테는 하루에도 수십 통의 진정서가 들어오는데 왜 구정치인들을 풀어주었느냐고 따지는 내용들이오."

1월 18일 김종필을 위원장으로 추대한 민주공화당 발기위원회는 조선 호텔에서 발기선언문을 발표했다. 발기문은 '자유민주주의의 새로운 실천으로서의 민족중흥'을 앞세우면서 '새 한국은 자주, 자유, 민주, 공화의 한국이다'라고 선언했다.

1월 19일 토요일 저녁 오치성, 朴圓彬(박원빈), 정세웅, 오정근, 김윤근 최고위원은 김동하 위원 집에 모였다. 이들은 공화당의 전면적 구조개편을 건의하기 위하여 개별적으로 박 의장을 만나기로 했다. 자신들의 뜻이 받아들여지지 않으면 사표를 내기로 약속했다. 다음날 신문에 김종필 위원장이 "공화당은 국민의 정당이다. 군인 출신을 특별히 우대하지 않는다. 비례대표에 기성정치인들을 많이 포함시키겠다"고 말한 기사가 실렸다. 이것도 최고위원들을 자극했다. 김종필 세력과 반대 세력 간의 갈등은 상당 부분 감투싸움의 성격을 띠고 있었다.

1월 21일 월요일 점심 때 최고회의 식당에서 석간신문을 읽던 김윤근 등 최고위원들은 깜짝 놀랐다. 김동하 위원이 사표를 내고 김종필과 공화당을 비판한 기사가 실린 것이다. 김종필에 대해 불만이 있던 최고위원들도 "할 말이 있으면 내부에서 조용하게 할 일이지 왜 신문에 먼저 터뜨린단 말인가"하고 분노하고 있었다. 1월 23일 최고회의 이후락 대변인은 최고회의와 공화당 측이 말썽 많은 사무국 우위의 공화당 2원조직을 일원화하는 등 4개항에 합의했다고 발표했다.

① 당 중앙 사무국은 당무회의 소속으로 한다.

② 도당 사무국은 도당 위원회의 한 기구로 한다.

③ 지구당 사무국은 폐지한다.

④ 사무당원제를 폐지하고 일반당원제로 통합한다.

이는 박 의장의 요구를 김종필이 당과 상의 없이 받아들인 것이었다. 윤주영 공화당 임시대변인은 '최고회의가 정당결성에 간섭하는 것은 본연의 임무가 아니다'면서 '전혀 사전 연락이 없었던 일방적 발표'라고 반격했다. 이날 최고위원들은 두 차례 회합하여 '김종필 위원장이 당 조직에서 물러날 것'을 요구하는 결의를 했다. 이들은 이 결의를 이주일 부의장을 통해서 박 의장에게 전달했다.

24일 오전 김종필 공화당 발기위원장은 윤주영 대변인을 통해서 최고회의와의 내분에 책임을 지고 당직에서 물러날 뜻을 공식적으로 밝혔다. 박 의장은 이날 오후 최고위원들을 불러 모았다. 그는 '최고회의는 공화당에 간섭하지 말 것, 전담 최고위원들을 제외한 모든 최고위원들은 공화당에 참가할 것' 등 6개항의 수습책을 지시했다.

군부의 JP 퇴진 압력

1963년 1월 24일 박정희 의장은 중개인을 통해서 새뮤얼 버거 주한 미국대사에게 최고회의 내의 파벌싸움을 해결하기 위한 방침을 다음과 같이 전했다고 한다(딘 러스크 미 국무장관에게 올린 버거 대사의 비밀보고 전문).

〈김종필은 여당에서 탈당하여 상당기간 외유를 한다. 反김종필 세력인 다섯 명의 최고위원들을 해임하기로 한 결정을 취소한다. 최고회의와 민주공화당은 분리한다. 박 의장은 하반기의 대통령 선거에 출마한다〉

다음날 버거 대사와 멜로이 미 8군사령관은 박정희와 김종필을 만나

보고서는 '어제 박정희 의장이 통보해온 계획대로 일이 진행되지 않고 있다. 김종필과 그에 대한 반대세력이 타협하지 않고 싸움을 계속한다면 무장충돌 가능성도 있다'고 워싱턴으로 보고했다.

25일 오후 국제호텔에서 공화당 발기위원회의 민간인 대표와 최고회의 대표들이 대좌하여 김종필의 발기위원장 사퇴 문제를 두고 격론을 벌였다. 김정렬(전 국방장관, 후에 국무총리 역임), 김재순(전 재무차관, 후에 국회의장 역임), 金昌槿(김창근, 뒤에 공화당 의원 역임) 등 민간인들은 김종필의 사퇴에 반대했고 오정근(뒤에 국세청장 역임), 李鐘根(이종근·뒤에 국회의원 역임), 曺昌大(조창대·뒤에 국회의원 역임), 趙南哲(조남철·뒤에 국회의원 역임) 등 최고회의 대표들은 사퇴해야 한다고 맞서 결론을 내리지 못했다.

박정희 의장도 공화당 발기인들에게 김종필의 사표를 수리하도록 종용했으나 이들은 말을 듣지 않았다. 김종필은 창당을 지휘하면서 이미 박정희도 마음대로 할 수 없는 독자적인 정치세력을 구축하고 있었던 것이다.

박정희 치하 18년간 많은 여당 정치인들이 명멸했으나 김종필을 제외한 모두는 박정희란 태양을 중심으로 도는 위성에 불과했다. 독자적인 궤도를 가진 김종필이란 항성의 정치적 지지기반이 주로 민간인이었다는 점이 흥미롭다.

1월 26일 딘 러스크 국무장관은 버거 주한 미국대사 앞으로 훈령을 내려보냈다. 러스크 장관은 군부의 내분에 대처하는 미국 측의 자세는 김종필과 반대세력의 타협을 권고하는 방향이 되어야 한다고 했다.

〈박 의장이 김종필 세력에게 승리를 안겨주어 그가 도전을 받지 않고 권위주의 정당을 추진하도록 해서도 안 되고 反김종필 세력에 의한 쿠데타도 민정이양을 혼란에 빠뜨릴 것이다. 특히 그런 쿠데타의 지도세력이 함경도 인맥이 된다면 대중적 지지를 얻지 못할 것이다〉

1월 27일 공화당 창당발기위원회는 김종필과 反김종필 세력의 중심인 김동하 최고위원의 당직 사표를 동시에 반려하기로 결의했다. 창당 작업은 다시 김종필의 지휘 하에서 진행되었다.

2월 2일 공화당 발기인대회는 창당준비위원회를 열고 위원장에 김종필, 부위원장에 鄭求瑛(정구영) 변호사를 추대했다. 김 위원장은 "박정희 의장과 최고위원들은 창당 대회 때는 당에 참여할 것이다"고 했다. 이 날짜 〈조선일보〉 1면에는 야당이 연합전선을 펴고 박 의장의 대통령 선거 출마를 저지하려는 움직임을 보이고 있다고 보도했다.

2월 4일부터 공화당은 전국 131개 지구당창당준비대회를 갖기 시작했다. 2월 5일 박정희 의장은 전년의 흉작에 기인한 식량부족을 해소하기 위해 '경제개발 5개년 계획의 일부를 중단하는 일이 있더라도 부족한 양곡을 도입하여 국민을 굶기지 않도록 하라'고 내각에 지시했다. 정치 위기와 경제위기가 같이 왔다는 신호였다.

7일 밤 박 의장은 김종필 위원장을 대전 유성의 한 호텔로 불러 자정 무렵까지 심각한 대화를 나누었다. 이날 낮엔 버거 주한 미국대사 부처가 윤보선 전 대통령 집을 찾아가 요담함으로써 박정희의 심기를 건드렸다.

다음날 김종필은 기자들에게 "공화당은 오는 26일 박정희 의장을 대통령 후보로 지명하게 될 것이다"고 말했다. 겉으로는 이렇게 박의장의 출마를 기정사실화하고 있던 김종필이었지만 속은 타고 있었다. 2월 11

일 최고회의 대변인인 이후락 공보실장은 "박 의장의 대통령 출마 여부는 아직 결정되지 않았다"고 말했다.

버거 대사는 2월 8일 김종필과 두 시간 동안 요담한 뒤 국무부에 보고했다. 이 보고서에 따르면 김종필은 "박정희 의장은 큰 실망에 빠져 있고 대통령에 출마하지 않으려고 한다. 나는 생각을 바꾸도록 설득하고 있다. 나도 정치에서 손을 떼고 은퇴할 생각이다"고 말했다는 것이다. 주체세력 내분은 드디어 박정희의 마음을 흔들게 된 것이다.

다음날 김종필 위원장은 기자들에게 '버거 대사가 한국의 정치 지도자들을 만나고 다니는데 내정간섭이라고 생각되는 일은 삼가 주길 바란다'고 했다.

박병권 국방장관은 2월 13일 김종오 육군 참모총장 등 3군 총장과 해병대 사령관을 데리고 장충동의 박정희 의장 공관을 찾아갔다. 이들은 박 의장에게 김종필의 월권에 대한 군부의 불만을 전하면서 김종필의 공직사퇴와 외유를 건의했다고 한다. 다른 사람들이 떠난 후 박 장관은 박 의장과 마주 앉아 요담했다. 이 자리에서 박정희는 전화로 김종필을 불렀다고 한다. 박정희는 군부 대표들의 건의내용을 김종필에게 전한 뒤 "좀 쉬어야겠어"라고 했고 김종필은 선선히 "말씀을 따르겠습니다"고 하더란 것이다.

지금 경기도 성남시에 살고 있는 박병권은 "우리는 군부의 분위기를 전하고 건의하는 입장이었지 최후통첩하는 자리도 위협하는 자리도 아니었다"면서 "박정희 의장이 민정에 참여해선 안 된다"는 건의를 한 기억은 없다고 했다.

2월 14일자 〈조선일보〉 조간은 '박정희 의장이 간밤에 김종필 위원장을 불러 새벽 2시까지 요담했다'면서 '박 의장은 공화당이 자신을 대통령 후보로 지명하더라도 이를 수락하지 않기로 마음을 정한 것으로 보인다'고 보도했다.

民政불참 선언

박정희 의장은 1963년 2월 초순에 이미 자신의 민정불참 결심을 김종필에게 털어놓았고 김종필은 뜻을 바꾸도록 설득하고 있었다. 박정희는 주체세력 내분과 야당 및 언론의 공격에 직면하여 마음의 동요를 느끼고 있었다. 이런 비판과 공격에 익숙하지 않은 군인으로서 그는 번민에 번민을 거듭했다. 최고회의에 출근도 하지 않고 공관에서 골똘한 생각에 잠기기도 했다. 2월 16일 민정당 시국 강연회가 종로국민학교에서 열렸는데 1만 명이 넘는 군중이 몰려 연사들의 신랄한 군정 비판을 들었다. 이날 최고회의 의원들은 또다시 박정희 의장에게 김종필이 당직에서 물러나도록 해줄 것을 건의했다.

박정희는 이 무렵 한남동의 외인주택을 安家(안가)로 빌려 쓰고 있었다. 2월 중순 어느 날 밤이었다. 박정희는 석정선 정보부 차장보, 박종규 경호실장 등 측근들과 함께 밤늦게까지 시국대책을 논의하고 있었다. 이날 許政(허정) 과도정부 수반을 만났던 박정희는 기분이 좋아 있었다. 허정은 다른 민간 정치인들과는 달리 혁명정부의 업적을 높이 평가하더란 것이다. 밤이 깊어가자 측근들은 흩어져서 방에서 잠을 자든지 거실에서 바둑을 두고 있었다. 박정희는 석정선과 둘이 남게 되자 불쑥 이런 말을 던졌다.

"자네, 어떻게 생각하나?"

"혁명한 사람들끼리 싸우는 바람에 창피해 죽겠습니다. 국민들한테 신용이 떨어졌습니다. 그래도 아직은 군인들의 신용이 민간 정치인들보다는 나을 것입니다. 이럴 때 국민들 앞에 솔직하게 털어놓고 이것저것은 해결하겠다고 하면 순진한 우리 국민들은 납득할 겁니다."

"여보게, 그 말도 일리가 있지만 내 생각도 들어 봐. 나는 이렇게 생각해. 아주 형편이 없게 되었을 때 몽땅 망하는 것보다는 아직 남은 것이 있을 때, 즉 '그놈 아직 괜찮다' 라는 말을 듣고 있을 때 그만두는 용기, 그것도 멋있지 않을까."

박정희는 그러더니 "야, 다들 깨워! 그리고 받아 써!"라고 하더란 것이다. 석정선에 따르면 박정희는 박종규에게 발표문을 구술했다고 한다. 석정선은 9개 항목 가운데 '5·16 혁명의 정당성을 인정하고 정치적 보복은 하지 않는다' 란 조항은 지금도 정확하게 기억하고 있었다. 박정희는 구술을 끝내고는 "이걸 문장으로 만들어 내일 오전 10시까지 공관으로 가져와"라고 지시했다. 한 측근이 "발표문으로 정리해서 가져가겠습니다"라고 하니 박정희는 "안 돼"라고 했다.

"그러다가 내가 다른 사람을 만나면 또 마음이 변할지 몰라. 문장도 바꾸고 싶을지 몰라. 그러니 무조건 시간 맞추어 가져와."

2·18 민정불참 선언으로 알려진 박정희 의장의 '시국 수습에 관한 담화' 는 여야 정치인들에게 9개항의 조건을 제시하고 이를 수락하면 자신은 민정에 참여하지 않을 것이며, 정치정화법에 의한 정치활동 금지자들 전원을 풀겠다고 약속하는 내용이었다. 9개 조건은 '다음 정권은 5·16정신을 계승한다', '주체세력은 개인 의사에 따라 민정에 참여할 수도

군에 복귀할 수도 있다', '유능한 예비역 군인들을 우선적으로 국가가 기용한다', '모든 정당은 중상모략을 지양하고 정책을 내세워 신사적 경쟁으로써 국민의 신임을 묻는다' 등등이었다. 박정희는 2월 18일 이를 발표하면서 모든 정당은 오는 2월 23일까지 9개항의 수락여부를 밝혀 줄 것을 요구했다.

김종필 공화당 창당준비위원장은 2월 20일 오후 "일체의 공직에서 떠나 草野(초야)의 몸이 되겠다"고 발표했다. 다음날 김종필은 자가용을 직접 운전하여 서울 근교의 골프장에 나갔다. 따라붙은 기자들과 대화를 나누지 않을 수 없었다.

"나 보고 전진을 위한 후퇴라고요? 천만의 말씀입니다. 萬事休矣(만사휴의)입니다. 충청도 사람은 하는 수 없다고 한답니다. 정말 나는 갖은 정열과 기백을 털어놓고 일을 했습니다."

"라인강의 기적이 따로 있는 겁니까. 노력입니다. 우리 선조들이 어떻게 했습니까. 지척에 있는 재떨이도 자기 손으로 집지 않고 마누라를 시킵니다."

"우리나라와 같은 여건 아래에서는 지도자를 만들기도 힘들더군요. 정치를 해보니 정열이나 기백 가지고는 안 됩디다. 새로운 질서를 만들어 보겠다는데 원상복구를 하려는 세력들이 꾸준히 작용하고…. 나는 세 가지 신념을 가졌습니다. 세대교체, 올바른 질서, 그리고 강력한 행정체제 확립. 그러나 안 됩디다. 그렇다고 실망은 하지 않습니다. 어떻게 하면 잘 살 수 있다는 걸 아는 사람들이 더러 있습니다. 그런 사람들의 수효가 많아질 때 길이 트이는 거지요."

한 기자가 "외국에나 다녀오시지요"라고 하자 김종필은 "그런 팔자가 됩니까"라고 답했다.

2월 21일 박정희 의장은 김재춘 최고위원을 중앙정보부장에 임명하고 정보부장 김용순을 취임 두 달도 안 돼 해임한 뒤 최고위원으로 돌렸다. 그 며칠 전 정보부 감찰실에 소속되어 있던 공수부대원들이 패싸움을 했다. 세가 불리해진 몇 사람이 박정희 의장 공관으로 피신해 들어갔다. 이들을 체포하기 위해 정보부 병력이 출동하여 의장 공관을 포위하는 사태가 벌어졌다. 지방에 내려가 있던 박 의장은 이 보고를 듣고 노발대발하여 정보부장을 교체하게 되었다.

6·25 전쟁 때부터 박정희를 가깝게 모셔오면서 가정사에까지 뒷바라지를 아끼지 않았던 김재춘은 박정희 의장으로부터 인사 부탁을 받았다. 차장으로 朴元錫 공군 참모차장(소장)을 발탁해달라는 청탁이었다. 박원석은 김재춘과 같은 육사 5기 출신. 1948년 11월 박정희는 특무대에 구속되어 남로당과의 연루혐의로 혹독한 신문을 받은 끝에 박원석을 자신의 세포원이라고 허위 진술하여 고생시킨 적이 있었다.

JP, 朴正熙를 설득하다

1963년 2월 22일 신임 정보부장 김재춘 준장은 김종필 전 부장의 육사 8기 중심의 정보부 체제를 전면 개편했다. 서정순 차장을 포함한 국장 전원과 지부장 등 31명을 해임하거나 자리를 바꾸었다. 새 차장엔 박원석 공군참모차장, 정보차장보엔 金東培(김동배) 해군준장, 보안차장보엔 呂運尚(여운상) 서울지검 부장검사가 임명되었다. 김재춘 부장은 또 "이제부터 정치사찰은 안 한다. 정보부로부터 피해를 입은 사람들은 신고하라"고 했다.

김종필은 정보부 숙청인사에 대해서 "나로서는 말하고 싶지도 않고 논평할 입장도 아니다"라는 반응을 보였다. 그 하루 전에 정보부는 김종 필 전 부장이 관련되었다는 이른바 4대 의혹사건 수사에 착수했다. 혁명 정부의 머리와 심장, 그리고 채찍 역할을 해온 김종필은 권력의 칼자루 를 놓은 뒤엔 그 칼끝이 겨냥하는 표적이 되고 있었다. 김종필은 몇 년 전 이렇게 술회한 적이 있다.

"내가 현직을 그만뒀는데 당장 날 감시하기 시작하더라구요. 검은 지 프가 늘 따라다녔습니다. 이게 나의 운명인가 봅니다. 그래서 내가 어른 (박 의장)을 찾아가서 '제가 여기 없어야 되겠습니다. 모든 공격 대상이 저로 되어 있으니까 그 대상이 없어질 때 예봉이 꺾이는 것 아니겠습니 까' 하고 말씀드렸지요. 그랬더니 영감이 담뱃재를 신경질적으로 터시더 니 '이 친구들이 나마저 미워하는 것 같애!' 이럽디다. 그건 근거가 있습 니다. 최고회의에서 상당기간 영감이 고립되어 있었거든요. 그 말을 들 으니 가슴이 철렁해요. 영감이 피식 웃으시면서 내 손목을 꼭 잡고 말씀 하십디다. '그래, 괴롭겠지만 당분간 나가 있어. 그동안 내가 어떻게든 수습해 볼게. 상대가 없으면 가라앉겠지' 라고 말이지요."

이 무렵 어느 날 밤 김종필은 의장 공관을 방문했다고 한다. 박정희와 는 대구사범 동기인 徐廷貴(서정귀)가 와 있었다. 그는 박정희에게 "민 정불참을 선언한 대로 일단 군에 돌아가 있어. 그러면 다시 혼란이 올 것이고 국민들이 역시 박 대장이 있어야겠다고 생각할 거야. 그때 다시 나오면 되지 않겠나"라고 말하고 있었다. 김종필은 서정귀를 면전에서 공박했다고 한다.

"5·16 혁명이 장난입니까. 어디 요행을 보고 한 일입니까. 사태가 이 모양이니까 되돌아가서 앉아 있으면 누가 부를 거다, 어디서 그런 발상을 하십니까. 매듭은 만든 사람이 풀어야 합니다. 5·16 혁명이 잘 됐건 못 됐건 박 의장께서는 거기서 떠날 수 없습니다. 서 선생이 뭔데 이런 말씀을 각하께 해서 자극을 주십니까."

김종필은 박 의장한테도 이렇게 말했다고 한다.

"각하, 이런 말씀 귀담아 들으시면 안 됩니다. 책임을 다하셔야 합니다. 저는 25일에 외국으로 나가려 합니다. 각하께서는 여하한 일이 있더라도 민정에 참여하셔야 합니다. 선거에 나가서 국민한테 심판을 받으십시오. 5·16을 안 했으면 몰라도 한 이상에는 대통령을 하셔야 합니다. 제가 잘못한 일을 모두 안고 물러날 테니까 각하는 민정에 참여하셔야 합니다. 공화당은 26일에 창당됩니다. 제가 없더라도 공화당이 일어서거든 그놈을 타십시오. 제가 없다고 흐지부지되거든 공화당을 버리고 새로 당을 만드십시오."

김종필은 자신을 대신하여 공화당 창당 준비위원장을 맡아 줄 사람으로 꼿꼿한 변호사 정구영을 선택했다. 김종필은 고사하는 정구영에게 애원하다시피 했다고 한다. 김종필은 "지금 같은 것 조금도 걱정하실 것 없습니다. 이미 기부 받아놓은 것이 창당하고 당을 운영하는 데 넉넉할 만큼 준비되어 있으니 당을 맡아주십시오"라고 했다. 김종필 부장의 정치 담당 고문을 지낸 김용태도 "지금은 모두 선생님에게 다 드리겠습니다. 한 사람이 물러난다고 우리가 이렇게 擧族的(거족적)으로 준비하던 것을 별안간 무너뜨린다면 사람이 할 짓입니까" 라고 매달렸다는 것이다.

2월 23일 박정희 의장은 김현철 내각수반, 김희덕 최고회의 외무국방위원장, 최덕신 외무부 장관, 최석신 외무부 장관 특별보좌관을 불러 김종필의 여권 문제를 의논했다. 이 자리에서 내각수반과 외무부 장관은 최석신 대령에게 발언을 시켰다. 최 대령은 원론대로 이야기했다.

"여권 종류에는 외교관 여권, 관용여권, 일반여권이 있습니다. 지금 어떤 종류의 여권을 김 전 부장에게 발급해야 할지 결정해 주셔야겠습니다."

박 의장은 즉시 결정했다.

"그 사람은 외교관도 아니고 관리도 아니니 일반여권을 주어야겠군."

최 외무부 장관은 "다음은 비용문제가…"하고 난처한 표정을 지었다. 박 의장은 최 대령을 향해서 "무슨 내용인지 말하시오"라고 했다. 최석신은 "여권이 발급되면 정부는 소정의 경비를 외화로 교환해주어야 합니다"라고 했다. 박 의장은 못마땅한 표정을 지으면서 "그 사람도 돈이 필요하지 않겠소. 규정대로 하시오"라고 했다. 이런 것까지 자신에게 묻고 결정하느냐는 표정이었다.

이날 최석신 대령이 퇴근한 뒤 집에 머물고 있는데 외무부 장관으로부터 전화가 왔다.

"김종필 부장이 외교관 여권에 순회대사 자격이 아니면 출국하지 않겠다고 하니 그렇게 해주라고 김재춘 부장에게서 연락이 왔다. 보좌관이 알아서 처리하라."

최 대령은 "의장이 결정한 문제를 일개 보좌관이 멋대로 바꿀 수는 없습니다. 장관께서 정치적 책임을 지고 결정하십시오"라고 했으나 최 장관은 "당신이 알아서 하라"고 미루었다. 최석신은 2월 25일 오전 박정희 의장실로 찾아갔다. 의장 비서실장을 통해서 다시 결재를 받아 김종필에게 職名(직명)을 순회대사로 한 외교관 여권을 발급했다.

金鍾泌, 미국에 울분 토로

김종필은 총구에 기초한 권력기구를 대체할 국민정당을 만든다는 포부를 실천에 옮기다가 일단 좌절했다. 그런 김종필로서는 홀가분하게 外遊(외유)를 떠날 입장이 아니었다. 자신이 떠난 이후 공화당이 자생력을 가지고 걸음마를 뗄 수 있도록 뒤처리를 해두어야 했다. 군정 기간 중 박정희 의장의 신임을 업고(때로는 박 의장을 이끌면서) 거칠 것 없이 국정을 요리해온 김종필은 공개정치 시대의 혼돈과 번민을 증언과 편지로 남겼다.

〈어느 날⋯. 아마 그것이 (1963년) 2월 초였다고 기억됩니다. 이름을 밝힐 수 없는 네 최고위원이 나를 찾아와 조용히 만나자고 했습니다. 그들 옆구리에는 저마다 묵직하게 권총이 매달려 있었습니다. 나는 솔직하게 내 소신을 그들에게 밝혔습니다. 살벌하던 그들도 권총을 풀어놓고 장시간 얘기를 했지만 나는 그날 밤 또 한번 죽음을 각오했음을 고백합니다〉(1960년대 후반 〈동아방송〉과의 대담 프로)

〈生(생)은 양측에 끼여 진퇴유곡의 처지에서 일찍이 경험하지 못한 고민을 남에게 이야기하지 못하는 안타까움과 더불어 방황해왔음을 고백하오며 능력도 없는 생이 감히 그러한 어려운 일을 스스로 맡고 나섰던 것을 뉘우치기도 하였습니다. 선생님, 정말 생에게는 혼자 있을 시간이 필요합니다. 사고력을 상실한 생은 이성만은 잃지 않겠다고 몸부림치고 있습니다. 많은 기자들의 시달림을 피하여 내일 하루라도 혁명동지와

당의 일에서 벗어나 혼자 앞일을 곰곰이 생각할 시간적 여유를 가져야 겠습니다〉(공화당 창당준비 부위원장 정구영에게 보낸 편지)

김종필은 공화당이 창당대회를 갖기 하루 전인 1963년 2월 25일 오후 노스웨스트 항공편으로 도쿄를 향해 떠났다. 출발 전 중앙청에서 기자 회견을 한 그는 "이번 여행은 나의 희망이 반, 외부의 권유가 반이었다" 고 했다. 〈동아일보〉 이만섭 기자가 이 말을 '자의 반 타의 반'이라 요약 하여 유명하게 만들었다. 김종필은 김포공항에서 기자들에게 "혁명을 일으켰던 터키, 이라크, 버마 등을 순회대사 자격으로 둘러보고 혁명의 뒤처리를 살펴볼 계획이다. 그 결과 혁명지도자가 집권해야 한다는 결 론이 서면 (민정불참을 선언한) 박정희 의장에게 출마를 건의하겠다"고 말했다. 김종필은 "이 나라를 바로잡을 분은 그분밖에 없다는 신념에는 변함이 없다"고 덧붙였다.

김종필은 보좌관과 통역관만 데리고 떠났다. 다음날 김종필은 도쿄의 한 음식점에서 〈경향신문〉 도쿄특파원 李桓儀(이환의 · 뒤에 문화방송 사장) 기자와 만나 자신의 심경을 솔직하게 털어놓았다.

"한국을 떠나오기 전에 기자회견도 했지만 꼭 해야 할 말은 못 하고 떠났습니다. 비행기 안에서까지 일본 마이니치(每日) 신문 기자로부터 별의별 질문을 당했지만 참으로 하고 싶은 말들은 끝내 하지 않고 이를 악물고 말았어요. 對內的(대내적)인 문제는 그만두고라도 미국의 對韓 (대한)정책이 알맹이 없는 형식만의 민주주의를 실현시키려 하고 있고, 그러기 위해서는 민족의 쓸개도 뼈다귀도 없이 자기들에게 고분고분 머 리를 숙이는 사람들을 앞에다 내세우려 하고 있지 않습니까? 나는 중앙 청 기자실에서 누군가로부터 이 문제에 대해 질문을 받았지만 차마 이렇게 표현할 수는 없었어요. 자주적으로 살아야 한다는 것! 이것은 나의 신념입니다.

舊정치인들이 별의별 모략과 배신을 되풀이하고 있는데 이들은 인생 수업을 다시 받아야 할 것"이라면서 "내 한 몸이 만신창이가 되더라도 공화당에 뭉쳐 있는 이념적 동지들이 꿋꿋이 뻗어나간다면 나는 혁명을 한 보람을 느낄 겁니다"라고 했다.

김종필이 미국 측에 대하여 울분을 터뜨린 것은 이유가 있다. 5·16 직후부터 미국은 김종필을 군부 내의 급진적 민족주의 세력(또는 반미 세력)으로 규정하고 그를 정치적으로 거세하는 것을 對韓정책의 기본으로 설정했던 것이다. 1963년에 들어서 박정희-김종필 세력이 내외의 도전에 직면하자 미국은 이것을 호기로 판단했다. 미국은 김종필을 공화당으로부터 분리함으로써 박정희의 지지기반을 약화시킨 다음 박정희에게 압력을 가해 민간 정치인들과 연합정권을 만들도록 한다는 구상도 했다.

새뮤얼 버거 주한 미국대사는 2월 13일 미 국무부에 보낸 전문에서 그런 연합정부의 대통령 권한대행으로는 박정희, 국무총리로는 허정을 상정할 수 있다고 했다. 다음날 국무부는 버거 대사에게 보낸 훈령에서 '박정희 없이도 군부의 지지를 받는 강력한 정부를 구성할 수 있을 것이다'는 제안을 했다. 버거 대사는 이즈음 야당과 군부에 공작하여 박-김 세력을 협공하는 전술을 쓰고 있었다. 이 시기의 미국 측 비밀전문들에 나타난 김종오 육군참모총장의 태도는 친미이고 반김이다.

김종필이 출국한 다음날(2월 26일)에 열린 공화당 창당대회에서 총재로 뽑힌 정구영의 생전회고에 따르면, 미국 대사관에선 김종필의 거세를 유도하기 위해 식량원조를 중단한다는 말을 혁명정부를 향해 퍼뜨렸다고 한다. 김종필은 버거 대사를 밤중에 찾아가 원조중단설을 놓고 격론을 벌이고 돌아와 정구영에게 털어놓았다.

정구영은 박정희 의장이 민정불참을 결심하게 된 큰 이유도 미국의 원조중단 압력 때문이라 이해했다고 한다. 박 의장은 미국이 양곡 원조를 중단할 때에 대비하여 〈한국일보〉 張基榮(장기영) 사장을 일본에 보내 밀가루 도입교섭을 하고 오도록 했다. 이 교섭이 성공하고 미국이 양곡 원조를 끊지 않는 바람에 우리 정부는 많은 밀가루를 보유하게 되었고 1963년 말의 두 차례 선거에서 이를 득표 전략에 이용하게 된다.

閔機植 1군 사령관

1963년 2월 27일 오전 서울 시민회관에서는 박정희 의장이 민간정치인들과 함께 정국수습의 원칙에 합의하는 선서모임을 가졌다. 박 의장이 2월 18일에 자신의 민정불참 조건으로 제시한 '보복금지', '혁명정신계승' 등 9개항을 민간정치인들이 받아들이고 이를 준수하겠다는 다짐을 한 것이다. 박 의장은 式辭(식사) 도중 눈물을 짓기도 했고 목이 메이기도 했다. 이 연설에서 박정희는 함축성 있는 경고를 한 자락 깔았다.

"세대교체를 이룩하지 못한 이 나라의 政情(정정)은 오로지 여러분들의 일대 각성과 노력 없이는 또 다시 정치적 위기를 초래할 가능성을 충분히 내포하고 있습니다."

이날 박병권 국방장관과 3군 참모총장들은 공동성명을 발표했다.

이들 군 수뇌는 '우리는 새로 탄생할 民政(민정)을 지지하고 군 본연의 임무에 충실할 것이다'고 다짐하면서도 '박 의장을 비롯한 각급장교들은 군에 복귀하여 군의 발전에 기여해줄 것을 진심으로 환영한다'고 했다. 박정희는 민정에 참여하지 않겠다고 한 것이지 군복을 벗고 야인으로 돌아가겠다고 약속한 것은 아니었다.

박 의장이 군복을 벗지 않는 한, 또 그가 군에 복귀하여 군의 지도자로 남아 있는 한 아무도 무시할 수 없는 존재가 된다. 이런 잠재력과 가능성 때문에 박정희는 민정불참을 선언한 이후에도 '내가 권력을 갖고 있는 한 상황은 내가 주도할 자신이 있다'는 태도를 보일 수 있었다. 그럼에도 야당은 2월 27일의 선서식이 '사실상 군사정권의 종지부를 찍은 것'이라고 낙관하는 논평을 내보내고 있었다. 박정희의 후퇴는 진심이 아니라 어디까지나 미국·야당·군부의 공세를 누그러뜨리기 위한 전략상 선택이었음이 곧 드러난다.

국방장관과 3군 총장 등 군 수뇌부는 대체로 박정희의 민정참여와 군 후배인 김종필의 역할에 대해서 비판적이었지만 1군 사령관 민기식 중장은 달랐다. 그는 "군대가 한번 혁명을 했으면 책임을 지고 나라를 뜯어고쳐야 한다"는 소신을 가지고 있었다.

박정희가 내키지 않은 2·27 민정불참 선서식 이후 사태를 반전시키는 데 있어서 물리력의 뒷받침을 해준 것이 민기식이었다. 당시는 3군 사령부가 설치되기 전이라 육군 전투 병력의 거의 전부를 민기식의 1군이 관할하고 있었다. 그는 일화가 많은 사람이다. 술, 言中有骨(언중유골)의 농담, 그리고 많은 奇行(기행).

1952년 전시 중에 국회 내무분과 위원장이던 徐珉濠(서민호·뒤에 국회부의장 역임) 의원이 술집에서 권총을 발사한 현역 대위와 시비가 붙은 끝에 그 장교를 사살한 사건이 있었다. 정당방위 시비를 부른 이 사건의 군사재판에서 서민호 의원은 사형을 선고받았다.

이 재판의 절차에 대해서 국내외 여론이 비판적으로 돌았다. 군은 할 수 없이 평소 서민호 의원에 대한 재심을 하게 되었고 재판장에 민기식이 임명되었다. 민 준장은 이승만 대통령의 수족처럼 움직이던 특무대장 김창룡과 헌병 총사령관 원용덕이 사형선고를 하라고 압력을 넣는데도 서민호에게 8년 징역형을 선고한 뒤 피신해버렸다. 국방부는 그를 파면했다. 백선엽 육군 참모총장이 이 대통령을 설득하여 복직시켰다.

민기식 소장이 육군 행정참모부장으로 근무할 때 대통령의 명령으로 장교들 가운데 蓄妾者(축첩자)를 가려내어 추방하는 작업이 진행되었다. 군 정보기관에서 올린 축첩자 명단은 수백 명이나 되었다. 閔 장군은 기관의 명단에 기록된 장교들의 아내에게 연락하여 신고토록 하면서 "아내가 남편을 축첩자로 신고하기 곤란하면 장모, 장인, 처남명의로 신고하시오"라고 했다. 가족들이 신고한 축첩자는 두 명밖에 없었다.

반골기질과 해학취미를 같이 가진 민기식은 1957년 3관구 사령관으로 있을 때 이승만 대통령의 충청도 지방 방문을 수행하면서 '한 시대의 아침'이 老(노)권력자를 눈멀게 하는 현장을 체험했다. 경무대 경찰서 순경들의 머리를 깎아 중으로 위장한 뒤 甲寺(갑사)에 배치하고, 소나무를 다른 데서 잘라 와서 땅에 꽂아놓고 '산림녹화'라 속이는가 하면, 세 살 난 어린아이까지 환영인파로 동원하고…. 민기식은 생전에 써두었다가 공개하지 않은 회고록에서 이렇게 말했다.

〈김일성이 죽었을 때 북한주민들이 동상 앞에서 남녀노소 할 것 없이 목 놓아 우는 것을 보고 그런 쇼의 기술은 우리가 먼저 썼으며 우리가 한 수 앞섰음을 느끼게 했다. 이승만 대통령은 애국심이 강한 훌륭한 분이나 국민을 훈련하고 조직력을 갖출 인물은 아니라고 보았다〉

5·16 군사혁명 직전 2군단장이던 그는 외출 나오는 미군들보다 양공주 수가 열 배나 많아 '한 번에 양담배 한 갑' 밖에 받지 못하는 것을 보고는 화가 나서 화천, 춘천경찰서장에게 말했다고 한다.

"하루에 한 갑 받고 미군을 상대하는 것보다는 열흘에 한 번 한 보루(열 갑)씩 받고 하는 것이 몸도 덜 상할 것이오. 통제를 강력하게 하여 거리로 나서는 양공주 수를 줄이세요. 그러면 값도 오를 것이오."

이렇게 시장논리를 적용한 결과 민기식이 군단을 떠날 때는 '한 번에 10달러' 로 올랐다는 것이다. 그는 5·16 쿠데타에 협조한 뒤 '이상한 짓거리도 했군…' 하고 쓴 웃음을 지으면서 2군 사령관으로 영전했다고 한다. 박정희 의장은 5·16 직후 민기식 사령관에게 장군 숙군 대상자 명단을 보여주면서 "뺄 사람이 있으면 빼세요"라고 했다. 민기식은 국방부 안 모 국장의 이름이 눈에 뜨였다.

"안 장군한테 술을 많이 얻어먹었으니 빼주십시오."

박정희는 "빼세요"라고 했고, 민 장군은 자기 손으로 직접 안 장군의 이름을 삭제했다.

초라한 행차

민기식 중장이 5·16 혁명 직후 2군 사령관이 되어 대구에 부임했더니 청수원이란 음식점에서 '박정희 부사령관이 있을 때 갚지 않고 간 외상값 500만 환' 을 청구해왔다. 민기식은 '접대부도 없고 술은 정종, 막걸리에 안주는 빈대떡밖에 없는 집인데 이렇게 많이 마실 수가…' 하고 혀를 찼다고 한다. 두 달쯤 뒤 박정희 의장이 대구를 시찰한 자리에서 민 사령관에게 물었다.

"민 장군은 외상 술값이 얼마나 됩니까."

"2군단장 할 때 한 60만 환쯤 빚지고 왔습니다."

"겨우 그 정도입니까. 여기 100만 환을 드릴 테니 앞으로는 현금으로 잡수세요."

"이건 부정부패에 해당되지 않습니까?"

"민 장군은 사리사욕을 위해서 쓴 것이 아니라 부대 운영을 위해서 쓴 것이니 애국적입니다."

"술이 무슨 애국적입니까."

술을 애국적으로 마시는 점에서 통하는 게 있었던지 박 의장은 함경도 軍脈(군맥)의 대표격인 박임항 1군 사령관을 교체하면서 민기식을 후임 자로 발령했다. 1962년 5월의 일이었다.

부임 직후 민기식은 휴전선을 따라서 근무하는 일선 중대장 25명을 사령관 관사 앞뜰에 집합시키고 부사령관, 참모장, 사령부 전 참모들을 배석시켰다. 민 사령관은 35도짜리 소주 다섯 상자를 가리키면서 선언했다.

"이제부터 불평불만을 털어놓는 '욕대회'를 하겠다. 앞에 큰 식기에 부은 술을 마시고 녹음기 앞에 가서 마음대로 털어놓으라. 여기에서 한 말은 내가 책임진다. 다만 우리 민족의 나갈 길을 아는 유일한 지도자 박정희 장군과 우리의 우방 미국을 욕해선 안 된다. 나머지는 나에게 개 ×× 라고 해도 좋으니 마음대로 욕하라. 욕을 제일 잘 한 자에게는 일등

상을 주겠다."

민기식 1군 사령관은 일선 중대장들을 상대로 벌인 '욕대회'에서 그들이 털어놓은 70여 개의 건의사항을 정리하여 녹취기록과 함께 박정희 의장을 찾아갔다. 통신장비와 탄약의 부족, 그리고 복지문제에 대한 불만이 대부분이었다. 박 의장은 "나도 야전군 참모장을 할 때 느꼈던 문제점들인데 즉각 해결하겠소"라고 했다.

민기식 중장은 또 북한군이 비무장지대에 근무 중이던 우리 장교와 하사관을 납치해가자 그 보복으로 특공작전을 벌여 북한군 장교 두 명을 납치해왔다. 멜로이 미 8군 사령관은 "북한 측에서 자꾸만 장교 두 명을 국군이 납치했다고 방송을 하고 있는데 어떻게 된 일인가"하고 물었다. 민 장군은 "그런 일이 없다"고 버티다가 한참 뒤에 미군 측에 넘겨주었다. 1964년에 미군 헬기가 북한지역에 불시착했을 때 미군은 전향하지 않고 있던 북한군 장교 한 명을 보내주고 미군 조종사를 건네받았다.

1963년 3월 6일 김재춘 정보부장은 이른바 4대 의혹사건(증권조작과 공화당 사전 조직, 워커힐 건설, 새나라자동차, 회전당구대 도입)의 수사 중간발표를 했다. 정보부 전 간부 등 관련자 15명을 구속 수사 중이란 것이었다. 박정희로선 자신이 김종필에게 묵인해 준 사건들인데 여론에 밀려 관련자들이 잡혀 들어가니 기분이 울적했을 것이다.

그 하루 전 박정희는 강원도 지역을 시찰한다는 명목으로 춘천 미군 비행장에 내렸다. 민기식 사령관은 자신의 관내에 온 박의장을 영접하려고 원주에서 춘천으로 가려 했더니 김종오 육군 참모총장이 전화로 "왜 정치적으로 노느냐"고 따졌다. 身病(신병)으로 한 달여 입원했다가 최근에 복귀했던 민기식은 박의장의 민정불참 선언 이후 군내의 분위기가 묘하게 돌아간다고 생각했다.

민기식이 춘천 비행장에 나가보니 박의장의 행차는 과거에 비해서 초라했다. 수행자는 이후락 공보실장, 장경순 최고위원, 그리고 수행기자들이 전부였다. 출영 나온 인사들도 몇 안 되었다. 박 의장은 "나는 이제 정치에서 손을 뗐으니 나오지 말게 하라"고 지시했다는 것이다. 박 의장을 수행한 〈동아일보〉 이만섭 기자가 민기식 사령관에게 다가오더니 "요사이 일선 분위기가 어떻습니까"라고 물었다. 민기식은 대강 이렇게 대답했다고 한다(미공개 회고록).

"서울에서 정치가 소란스러운데 정치가 안정되어야지 그렇지 않으면 일선이 불안해진다. 정부에 나갔던 군인들이 원대 복귀한다고 하나 그들의 복귀를 좋아할 사람이 누가 있겠는가. 군의 지휘 체계는 허물어지고 말았다."

이만섭 기자가 전화로 부른 기사내용은 다소 달랐다. '군단장급 이상의 장성들이 모임을 갖고 박 의장이 민정에 참여해야 한다고 건의하기로 했다' 는 요지였다. 김종오 총장은 이 기사의 진위를 확인하려고 민기식 사령관을 전화로 찾았으나 민 장군은 일부러 전화를 받지 않았다. 김종오 총장은 '李(이) 기자를 구속해서 진부를 가리자' 고 나왔으나 재치 있는 이후락이 "그 문제는 여기서 알아서 처리하겠다"고 했다.

이날 춘천의 한 호텔에서 묵은 박 의장 일행은 다음날 아침 호텔을 나오다가 키가 큰 이만섭 기자와 눈이 마주치자 "이만섭 기자 아직 안 잡혀갔군. 잡아가버리지 않고"라고 농담을 했다. 의외로 표정은 밝았다.

박정희 의장은 원주로 가는 차중에서 동승한 민기식 장군에게 심경을 토로했다. 그는 한숨을 쉬면서 "괜히 혁명을 해가지고 정치에 발을 잘못

디몄어요. 죽일 놈들…"이라고 하다가 "혁명동지들끼리 불화가 생기고 뜻이 맞질 않아 결국 헤어지게 되었다"고 했다. 박정희는 또 "민 장군, 머리나 식힐 겸 바람이나 쐴 겸 해서 설악산에나 가십시다"라고 했다. 민기식은 정색을 하고 말했다.

"그만두시는 길에 이임사라도 하십시오. 내일 사령부로 중령급 이상 장교들을 다 부르겠습니다."

"그러면 훈련도 못 하는데 그만두시오. 그리고 민 장군도 그만둘 사람을 따라 다닐 필요가 없습니다."

1군 사령부 연병장

1963년 3월 6일 박정희 의장과 동승하여 원주로 가던 민기식 1군 사령관은 한 해 전에 있었던 일이 생각났다. 그날 야전군을 시찰하러 온 박 의장을 모신 차가 원주역 못미처 어느 국민학교 앞을 지나갈 때였다. 국민학교 2학년 정도밖에 안 되는 앳된 소년이 박 의장과 민 장군이 동승한 차 앞으로 달려 나오면서 "박정희 이 나쁜 놈의 새끼야!"라고 소리지르면서 돌을 던졌다. 돌은 정통으로 유리창에 맞았으나 깨지지는 않았다. 민 장군이 얼른 주위를 둘러보니 통행인은 보이지 않았고 그 소년은 달아나지 않고 노려보고 있었다.

"저 어린 것이 뭘 알겠습니까. 그냥 가시지요."

박 의장도 묵인하여 차는 사령부로 직행했다. 민 장군이 추측컨대 그 학생의 가족 중 누군가가 5·16 혁명으로 한 맺힌 피해를 본 것이라 생각했다. 민 장군은 그때 묵묵히 참아준 박 의장을 고맙게 생각하고 있었다. 이런 상념에 잠겨 있는 사이 차는 군사령부에 도착했다. 박 의장과 민 장군은 사령관 숙소에서 새벽 2시까지 함께 술을 마셨다. 그 자리에서도 박 의장은 군 수뇌부의 이름들을 대면서 "그자들을 믿었는데 죽일 놈들이야. 하기야 죽음을 같이 하기로 맹세했던 혁명동지들도 그 모양이니 그까짓 놈들이야… 괜히 혁명했어. 괜히"라고 중얼거렸다. 체념한 듯한 박 의장의 모습을 보는 민기식의 마음도 언짢았다.

민기식은 아무리 술을 많이 마셔도 새벽 4시면 일어났다. 박 의장은 늦게 자고 늦게 일어나는 편이었다. 민기식 사령관이 아침 8시에 박 의장 숙소에 들렀더니 아직 일어나지 않고 있었다. 간밤의 낙담하는 모습이 떠오른 민기식은 불현듯 '혹시 박 의장이 자살한 것이 아닌가' 하는 생각을 했다. 그가 불러 모은 장교들은 연병장에서 기다리고 있었다. 아침 8시 30분쯤 일어난 박 의장은 "얼마나 모였습니까" 하고 민 장군에게 물었다.

"중령 이상은 다 모였습니다. 박 의장에게 기대하는 사람들이 많습니다. 서운해 하는 사람들이 많으니 납득할 만한 이임사를 하시는 것이 좋겠습니다. 나도 오늘부로 사표를 내겠습니다."

"말도 되지 않는 소리 하지 마십시오. 신정부가 들어서도 공무원들은 괜찮을 겁니다. 자진해서 사표 낼 필요는 없습니다."

이날 박정희가 원주 1군 사령부 연병장에 모인 장교들을 앞에 두고 준비된 원고도 없이 즉석연설로 토로한 내용은 그의 정치행로를 바꾸는 한 계기가 되었다. 그가 9일 전 민간인 정치인들과 함께 민정불참을 선서한 이후 그를 혼돈과 방황, 그리고 울분에 빠뜨렸던 것들이 이 연설을 통해 정리되고 그는 새로운 궤도를 타게 된다. 김종필의 외유를 전후하여 흔들렸던 박정희는 다시 권력에의 의지를 세우게 된 것이다. 박정희는 먼저 "이런 자리에 오면 내가 살던 집에 다시 돌아오는 그런 감을 금할 수 없습니다"라고 전제한 뒤 정치적 중립에 대한 소신을 밝혔다.

"군이 정치에 관여하지 않을 뿐만 아니라 정치인들도 군에 간섭하지 않아야 군이 엄정한 중립을 유지할 수 있습니다. 과거에 일부 군 장교들 중에 지각 없는 장교들이 정치인들을 따라다니면서 추파를 던지고 개인의 출세와 영달을 위해서 군인답지 못한 행동을 한 것은 군의 명예를 손상시킨 일이었습니다."

"민간정치인들에게 (정치를) 맡기겠다는 것은, 여러 가지 추태를 부리고 舊惡(구악)을 저지르고 민주 발전에 해독을 끼친 그런 사람들이 또다시 그 얼굴, 그 인물들이 나와서 모든 것을 해달라고 하는 것은 절대 아닙니다. 요 얼마 전에 외국인사가 다음과 같은 질문을 본인에게 한 바가 있습니다. '의장은 그들에게 모든 것을 믿고 모든 것을 맡기고 모든 것을 양보했는데, 만약 그 사람들이 이번에 국민들에게 약속한 선서를 그들이 이행하지 않아 정치적인 위기가 도래한다면 의장은 방관만 하고 모른 체하고 있겠느냐'고 물었습니다. 본인은 여기에 대해서 이런 해답을 한 적이 있습니다.

'불행하게도 그러한 사태가 도래했을 때 이 나라는 몇몇 정신차리지 못한 정치인들을 위해 있는 나라가 아니며 하물며 그들이 장난을 치기 위한 장난판이 아닙니다.'

나는 그 외국인사에게 반문했습니다. '당신은 그런 경우에 이것을 못 본 체하는 것이 애국적인 행동인가, 방관하지 않는 것이 애국적인 행동인가' 하고 반문하고 거기에 대해서는 더 이상 답을 하지 않았습니다."

여기까지 들은 기자들은 원주시내 우체국과 전화국으로 줄달음을 치기 시작했다. 3월 8일자 모든 신문은 '국민에 해독 끼치고 질서 혼란케 한 기성 정치인은 일선에서 물러나야. 방임하는 것이 애국이냐, 방관 않는 것이 애국이냐…' 란 제목으로 1면 머리에 朴 의장의 경고를 실었다. 누가 읽어도 정치에 혼란이 생기면 혁명정부는 방관만 하고 있지는 않을 것이라는 뜻이 담긴 연설이었다.

2·27 선서 이후 현실정치를 떠난 것처럼 보였던 박 의장은 이 연설로써 다시 정치적인 위상을 과시했다. 이 시기의 박정희의 행태에 대한 가장 큰 오해는 그의 민정이양 불참선언을 '정치적 하야'로 해석하는 것이다. 박정희는 민정불참 선언을 하면서도 민정이양과 함께 군복을 벗겠다는 약속을 하지 않았다. 이는 그가 권력에의 집념을 버리지 않고 반격의 기회를 기다리고 있었음을 보여준다.

3월 8일자 〈조선일보〉는 1면 하단 '萬物相(만물상)' 란에서 박정희가 주장해 온 세대교체론을 비판하면서 이렇게 썼다.

'인격적으로 원숙해질 무렵에 이른 사람에게 물러나라고 하는 것은 기본권의 침해이다. 오해 없기 위해 만물상자의 연령을 밝히면 이제 겨우 40고개를 넘긴 애숭이다.'

박정희는 이때 나이 마흔여섯, 벌여놓은 일은 많고 하고 싶은 일도 많은 팔팔한 장년이었다.

이상한 쿠데타 음모 사건

박정희 의장은 1963년 3월 9일 토요일 오후 3시부터 두 시간 동안 새뮤얼 버거 주한 미국대사와 필립 하비브 참사관을 청와대로 초청해 장시간 요담했다. 회담 내용을 묻는 기자들에게 미 대사관 대변인은 "관례상 청와대 측이 먼저 밝힐 문제"라며 답변을 회피했다. 박정희는 이날 이틀 후에 발표할 사건에 대해 미리 알려준 것으로 보인다.

3월 11일 오전 10시 김재춘 중앙정보부장은 군부 쿠데타 음모사건을 발표했다.

〈김동하 전 최고회의 외무국방위원장, 박임항 건설부 장관 및 박창암 전 혁명검찰부장을 비롯한 육군·공군의 현역 또는 예비역 장교, 그리고 3명의 민간인 등 20명을 구속하고 한 명을 수배했다. 이들은 '현 정부가 실시한 기성 정치인 전면 해금에 불만을 품고' 박정희 의장과 최고위원, 기성정치인들을 무력으로 살해하거나 기타 방법으로 제거하여 유혈로써 정권을 장악하려 기도했다〉

기자회견장에서 김재춘 정보부장은 "조사 범위에 따라 구속자가 더 늘어날 수 있다"고 했다. 3월 13일엔 11명의 추가구속자 명단이 발표되었다. 첫날 구속 수배된 21명의 명단은 다음과 같았다.

〈박임항(건설부 장관, 육군 중장, 만군 출신, 함남 태생), 김동하(전 최고위원, 예비역 중장, 만군 출신, 함북 태생), 박창암(전 혁검부장, 예비역 준장, 함남 태생), 이규광(국토건설단장 보좌관, 육사 3기, 예비역 준장, 경북 출신), 김명환(육본 작전참모본부, 육군 대령, 황해도 출신), 이종환(공군 10전투비행단, 공군 중령, 서울 태생), 권창식(공군 10전투비행단 대대장, 공군 중령, 서울 태생), 서상순(공군본부 인사국, 공군 중령, 강원 태생), 김동야(공군 야전사 32정찰대장, 공군 중령, 함북 태생), 이승국(공군본부 인사국장, 공군 중령, 공군행정 2기), 강계삼(국방부 기획조정관, 육군 대령, 육사 8기, 함남 태생), 박준호(육사 생도대장, 육군 대령), 양한섭(동화통신사 기자 · 경남 태생), 이종태(전 HID 인천대장, 예비역 대령, 육사 4기 미검거), 김영하(회사원, 예비역 대령), 이종민(전 최고회의 전문위원), 이진득(3사단 부사단장, 육군 대령, 함남 태생), 박병섭(해병대 서울지구 헌병대장, 해병 4기, 경남 태생), 방원철(전 치안국 정보과장, 예비역 대령, 함북 출신), 김광식(전 최고회의 전문위원)〉

이들 21명 중 육군 전투부대를 지휘할 수 있는 지휘관은 아무도 없었다. 또 이들 중 박임항, 박창암, 김동하 및 방원철은 함경도 군맥의 대표적 인물들이었다. 구속자 20명 중 함경도 출신이 7명이었다. 이 때문에 함경도의 별명인 '알래스카' 를 따서 이 쿠데타 음모사건 수사는 군 내부의 함경도 인맥 거세작전이란 뜻의 '알래스카 토벌작전' 으로 불리게 되었다.

김재춘 당시 정보부장은 부임한 지 보름밖에 안 된 상태에서 이 사건을 발표했다. 김재춘은 최근 기자에게 "이 사건의 수사 발단은 쿠데타 모의에 참여했던 공군 장교들이 공군참모차장 출신인 정보부 차장 박원석 장군을 밤에 찾아가 제보한 것이다"라고 증언했다.

이에 대해 박원석(뒤에 공군참모총장, 석유공사 사장 역임)은 '음모자들이 직접 찾아온 것이 아니고 간접적으로 나에게 그런 정보가 올라 왔던 것으로 기억된다' 고 했다. 이 정보에 따라 수사에 착수하면서 김재춘은 박정희 의장에게도 보고했다. 박 의장은 "확인해봐. 그런데 아마 사실일 거야"란 묘한 말을 했다고 한다. 김재춘은 쿠데타 모의의 중심인물인 이규광 전 육군헌병감이 조사를 받고 있는 안가에 가서 직접 진술을 확인했다고 한다. 이규광의 말에 따라 많은 연루자들이 속속 구속되고 있었기 때문에 진술의 진위가 궁금했기 때문이라 한다.

李圭光 전 헌병감은 최근 기자에게 이렇게 말했다.

"그 사건은 엄청나게 과장된 것입니다. 내가 민정에 참여하려는 박정희 의장에 불평을 품은 사람들과 자주 만나고 조직을 구상한 것은 사실이지만 실병력을 동원할 수 없는 사람들끼리 모여서 어떻게 쿠데타를 합니까. 공군장교들은 박정희 의장에 대한 불만이 아니라 진급문제에 대한 불만을 가진 사람들이었습니다. 우리는 박 의장이 2·27선서를 통해서 민정불참을 선언한 이후에는 활동을 하지도 않았습니다."

이 쿠데타 모의 사건으로 구속되었던 사람들 가운데는 이규광 당시 건설부 장관 보좌관이 박정희 의장이 민정불참 약속을 깨는 빌미를 만들도록 실현성도 없는 이런 쿠데타 모의를 꾸며 박임항 건설부 장관을 물고 들어갔다는 의심을 하는 사람들도 있다. 이런 주장을 강하게 부정한 이규광은 '나도 그 사건으로 2년 넘게 감옥살이를 했는데 무슨 소리냐'고 했다. 李圭光은 '박정희의 민정참여 계획에 불만을 품었다'고 기자에게 말했는데 김재춘의 최초 발표에는 '기성정치인에 대한 정치활동 허용에 불만을 품었다'고 하여 이들 소위 음모자들이 군정연장을 바라는 인물이었다는 느낌을 주었다.

이 사건은 박정희가 다시 정국의 주도권을 잡는 결정적인 계기로 활용되었다. 신문들은 일제히 쿠데타 음모 수사진행상황을 연일 1면 머리기사로 보도하면서 분위기를 얼어붙게 했다. 정보부에서 흘린 정보에만 의존한 탓인지 과장된 기사가 많았다.

김현철 내각수반은 책임을 지고 총사퇴 의사를 밝혔다가 박 의장의 만류로 취소되었다. 박병권 국방장관은 3월 12일 도의적 책임을 지고 사퇴

하겠다는 기자회견을 했으나 박 의장은 사표를 수리하지 않았다. 박 의
장은 상황을 혼란 속으로 몰아넣음으로써 오히려 사태 반전의 기회를
잡은 것이다.

朴炳權 국방장관의 저항

1963년 3월 12일 밤 김재춘 정보부장은 기자들에게 "쿠데타 음모계획
서가 입수되었다"면서 "이 계획표에 의하면 거사 후의 군사혁명위원회
위원장은 박임항 중장으로 되어 있고, 이달 15일 최종 모임을 한 후 이
달 말께나 4월 초에 거사하려 했다"고 말했다. 그는 또 "의외의 고위층
이 관련된 듯한 혐의가 드러나 수사 중이라서 사건 전모를 발표하기엔
시일이 좀 걸릴 것 같다"고 말했다.

3월 13일 중앙정보부는 쿠데타 음모사건 연루자 11명을 추가로 구속
했다. 구속자들 가운데는 5·16 당일 혁명군의 선두에 서서 한강다리를
건넜던 당시 김포 해병여단장 김윤근 전 최고회의 외무국방위원장과 박
정희 의장의 만주군관학교·일본육사 후배인 최주종 5관구 사령관도
포함되어 있었다. 수사가 주체세력 내부로 확대되면서 공포 분위기가
확산되었다.

3월 13일 저녁 박정희 의장은 박병권 국방장관, 김재춘 정보부장, 김
종오 육군 참모총장, 그리고 주요 최고위원들을 장충동 의장 공관으로
불렀다. 주제는 소위 박임항-김동하 쿠데타 음모 사건이었다. 김재춘
부장이 수사 진행상황을 보고했다. 며칠 전부터 주체세력 내 친김종필
계 육사 8기 강경파 장교들은 이 사건을 빌미로 비상계엄령 선포를 해야

한다고 주장하고 다녔다. 이날 홍종철 대령이 그런 주장에 앞장을 섰다. 그런데 비상계엄령을 선포하려면 국방장관이 국무회의에 안건을 제출해야 한다. 박병권 장관은 "사회가 안정되어 가는데 느닷없이 무슨 소리냐"고 강하게 반대했다. 홍종철 대령이 일어나더니 솔직히 털어놓았다.

"여러분, 사실은 비상계엄령을 선포하겠다는 것이 목표가 아닙니다. 비상계엄령을 선포한 다음에 군정을 연장하겠다는 것입니다."

박병권은 깜짝 놀랐다.

"아니, 2·27선서식을 치러 박 의장이 민정참여를 안 하겠다고 선언한 지가 언제인데 군정연장이라니 천부당만부당한 일입니다. 민정불참 선서는 장난이 아닙니다."

유양수 최고위원 등 온건한 인사들도 박병권 장관에 동조했다. 아무 말 없이 회의를 지켜보던 박정희의 표정이 굳어졌다. 회의는 자정을 넘겨 새벽까지 계속되었다. 박 의장은 자신의 의도대로 회의가 진행되지 않아 초조해 보였다. 김재춘이 보니 박 의장은 담배를 잡은 손이 떨리고 있었다. 박정희는 담뱃불을 재떨이가 아니라 탁자 위에 비벼 끄고 있었다. 박정희 의장은 회의를 끝내면서 말했다. 냉철한 그답지 않게 흔들리는 말투였다.

"비상계엄령 이야기나 군정연장 이야기는 바깥으로 새어나가지 않도록 합시다."

다음날 박병권 장관은 김재춘 정보부장을 찾아와 내뱉듯 말했다.

"김 부장은 어때요? 내 생각에 동조하나 반대하나. 어제 저들이 그렇게 나오는 것을 보니 사전에 짠 것이 분명해. 에이 불쾌해!"

이날 김현철 내각수반은 새뮤얼 버거 대사를 불러 으스스한 이야기를 했다.

"쿠데타 음모와 암살모의가 속속 적발되고 있다. 박정희 의장의 대통령 출마와 민정불참 약속의 취소를 요구하는 대규모 시위가 일어날 것같다. 반미시위도 예상된다. 한국군의 여러 부대가 쿠데타 음모에 가담했다. 일선 부대가 북한으로 집단 越北(월북)할지도 모른다."

놀란 버거 대사는 멜로이 미 8군 사령관을 만나러 갔더니 그의 사무실에 친미적인 김종오 육군참모총장이 와 있었다. 버거 대사는 두 사람에게 김현철 수반한테서 들은 이야기를 전했다. 두 사람 모두 믿기 어렵다는 표정이었다. 그러면서 김 수반의 말을 대수롭지 않게 생각하는 듯했다. 김종오 총장은 "일선부대의 월북설 같은 것은 금시초문이다"라고 했다.

버거 대사는 "김현철 수반이 '族靑系(족청계) 장군들에 의한 쿠데타 음모가 발견되었고 테러조직을 동원하여 박정희 의장을 암살하려던 정당도 있다'고 말했다"면서 사견을 덧붙였다.

"내가 보기엔 이런 쿠데타설은 혼란을 조장함으로써 박정희 의장이 민정불참 선언을 취소하도록 하기 위해서 조작된 것 같다. 김종오 총장과 박병권 장관은 박 의장에게 김종필의 외유와 정보부 관련 부정사건을 수사하도록 일종의 최후통첩을 보낸 분들이 아닌가. 이 사실에 대하여 김종필과 그의 지지자들은 절대로 두 분을 용서하지 않을 것이다. 공화당 내외에 포진하고 있는 김종필 세력은 온전하며 돈도 많아 적극적이다. 장관과 3군 총장들은 머지않아 김종필 세력에 의한 숙청자 명단에 포함될지 누가 아는가. 사태가 매우 악화되고 있다. 전에도 그랬듯이 김 총장은 이 사태에 개입하여 중심을 잡아주어야 할 것이다."

이처럼 버거 대사는 한국군 수뇌부를 이용하여 박정희의 야심에 제동을 걸고 싶어 했던 것이다.

박정희는 이날 몸이 불편하다며 출근하지 않고 공관에서 각료들을 불러 사무를 처리했다. 이후락 공보실장은 공관을 방문하고 돌아와 "이번 쿠데타 사건이 민정이양 계획에 어떤 영향도 미치지 않을 것"이라고 말하고 "계엄령 선포문제도 현재로서는 전혀 고려되지 않고 있다"고 煙幕 (연막)을 쳤다.

박정희는 김용순 내무위원장과 김희덕 외무국방위원장을 따로 공관으로 불러 요담을 가졌다. 최고회의에서는 홍종철 문사위원장, 김형욱 운영기획위원장이 길재호, 옥창호 두 최고위원들과 회합을 가졌다. 이들은 김종필 계열의 핵심이었다. 이날 밤 홍종철과 김형욱은 공관으로 박 의장을 찾아가 오래 密談(밀담)을 나누었다.

軍人 데모

3월 15일 오전 박병권 국방장관은 쿠데타 음모사건에 책임을 지고 김현철 내각수반에게 재차 사표를 제출했다. 그가 사무실로 돌아와서 짐 정리를 한 뒤 식사를 하고 있는데 급보가 들어왔다. 최고회의 건물 앞에서 군인들이 '장관 물러가라!', '군정연장하라!', '계엄령 선포하라!'고 시위를 하고 있다는 것이었다. 박병권 장군은 별명이 '면도날'이었다.

1960년 4·19 후 김종필 중령을 중심으로 한 육사 8기 영관장교들이 정군운동을 할 때는 육본 인사참모부장으로서 박정희 소장과 함께 그들을 엄호해주었다. 이 때문에 매그루더 당시 미 8군 사령관이 우리 정부와 군 수뇌부에 대해 "두 박 장군을 전역시켜라"고 강하게 권고하기도 했었다. 정군운동이 벽에 부딪히자 영관 장교들은 혁명을 결심하고 추대할 지도자를 고르고 있었는데 박정희 소장과 함께 항상 후보에 올랐던 이가 박병권이었다.

박 국방장관은 군인들의 시위 현장으로 갔다. 김진휘 수도방위사령관이 나와서 시위 군인들에게 해산을 종용하고 있었다. 80여 명으로 추산되는 군인들은 최고회의에 파견 나가 있는 장교들과 하사관들이었다. 그들은 주먹을 휘두르면서, 또 구보도 하면서 '군정연장' 요구 구호를 외치고 있었다.

시위자들은 首警司(수경사) 헌병대에 연행되었다. 이 시위는 박정희 의장의 경호책임자 박종규가 조직한 것이었다고 한다. 박 의장이 박종규 중령에게 그런 시위를 지시한 것인지 박종규가 박 의장의 뜻을 읽고서 감행한 시위인지는 알 수 없으나 이는 박정희가 바라던 바였을 것이다. 여야 정당과 언론은 일제히 건군 이래 최초의 군인 데모를 준엄하게 비판했다.

박 의장도 15일 이후락 공보실장을 통해서 성명을 발표했다. 박정희는 이 성명서를 통해서 '이번 쿠데타 음모 사건을 계기로 後患(후환)의 염려가 없도록 禍根(화근)을 철저히 제거하겠다'고 다짐하면서 '군인데모도 민심을 자극하고 사회를 혼란시키는 것으로서 엄단하겠다'고 밝혔다. 박정희는 쿠데타 음모, 군인 데모, 여야의 시끄러운 정당 활동을 싸잡아 혼란으로 규정하는 문법을 썼다. 그런 상황 해석은 반격의 발판이 된다.

15일 저녁 새뮤얼 버거 주한 미국대사는 박정희 의장, 김현철 내각수반, 김재춘 정보부장, 김종오 육군 참모총장, 이동원 청와대 비서실장

등을 대사 공관의 만찬에 초대했다. 미국 측에선 멜로이 미 8군 사령관, 하비브 정치담당 참사관, 킬렌 유솜(USOM:미국 원조기관) 처장 등이 참석했다. 미국 측으로서는 압력을 많이 넣어 김종필을 외유 보내고 박 의장으로 하여금 민정불참을 선언하도록 하였으니 對韓(대한) 공작은 크게 성공한 셈이었다. 그러는 과정에서 한미 양쪽의 관계가 서먹해져 이런 자리를 통해서 풀어보겠다는 뜻이 깔린 만찬이었다.

만찬사가 교환되고 건배가 있은 다음 박정희가 불쑥 버거 대사에게 말했다.

"대사와 긴히 의논할 일이 있습니다. 어디 딴 데 좀 갑시다."

박 의장은 주위의 분위기에는 전혀 신경을 쓰지 않고서 무뚝뚝하게 말했다(이동원의 기억). 박 의장은 자리를 툭 차고 일어나 문 쪽으로 걸어 나가더니 버거 대사가 따라 나오기를 기다리고 있었다.

"아니, 각하 여기선 안 됩니까."

"다른 데로 갑시다."

두 사람은 내실로 사라졌다. 남은 사람들은 담소를 계속했다. 한 시간이 지나도 의장과 대사는 돌아오지 않았다. 김현철 내각수반이 안으로 불려갔다. 그 뒤로도 긴 시간이 흘렀다. 드디어 '박 의장이 대사에게 군정 4년 연장의 뜻을 밝혔다'는 말들이 만찬장에 퍼졌다. 이동원 실장은 하비브 참사관으로부터 그런 귀띔을 들었다. 이동원 씨는 "비서실장도 모르게 이럴 수가…하는 생각을 하니 허탈감이 밀려왔다"고 회고했다.

미국 대사관 사람들은 허둥대기 시작했다. 대사관 요인들은 이 긴급 사태를 본국에 보고하기 위해 만찬장을 이탈하고 있었다. 박정희는 수행한 사람들을 데리고 의장 공관으로 갔다. 이동원 실장만은 화가 나서

자기 집으로 가버렸다. 박 의장은 이후락 공보실장을 불렀다. 몇몇 최고
위원들을 소집하도록 지시했다. 이윽고 박정희 의장은 복안을 밝혔다.

"나는 미국 대사에게 군정 4년 연장안을 국민투표에 부쳐야겠다고 통
보했습니다. 이후락 실장은 군정연장을 제의하는 문안을 작성토록 하시
오. 그리고 혼란을 수습하기 위하여 정당 활동의 금지, 언론·출판·집
회의 제한을 규정한 '비상사태 수습을 위한 임시조치법'이 마련되어 있
으니 최고회의에서 통과시켜주시오. 내일 발표합시다."

이날 밤 서울 주재 미국대사 버거로부터 긴급전문을 받은 딘 러스크는
16일에 이런 훈령을 보냈다.

〈한국군 수뇌부의 태도를 알 수 없는 상태에서 최종적인 판단을 내릴
입장은 아니지만 즉각적인 조치가 필요하다고 판단되면 귀하는 미국 정
부를 대표하여 박정희 의장에게 다음과 같은 조치를 취할 수 있다.

a. 미국 정부는 군정 4년 연장안에 대해서는 승인할 수 없을 뿐 아니
라 공개적으로 반대할지도 모른다.

b. 이 조치는 박 의장이 되풀이해서 다짐했던 민정이양 약속과 배치될
뿐 아니라 특히 1961년 11월 14일 케네디 대통령과 만났을 때 발표한 공
동성명 내용과도 어긋난다.

c. 이 조치는 세계 여론의 규탄을 면치 못할 것이다.

d. 미국 정부는 對韓 원조에 대해서 근본적인 재검토를 하지 않을 수
없을 것이다.

e. 박 의장이 翻意(번의)할 시간을 주기 위하여 공개적인 논평은 하지
않도록〉

重大발표

3월 16일 오후 4시 박정희는 최고회의 3층 본회의장에서 100명이 넘는 기자들을 앞에 두고 성명서를 낭랑하게 읽어 내려갔다. 이 성명서는 당시 박 의장이 갖고 있던 국가관과 시국관을 잘 드러내고 있다.

〈우리는 다시는 군정을 필요로 하지 않는 건전한 민정으로의 정치적 체질개선을 해야 합니다. 우리는 이미 불행하게도 가지고 말았던 이 군정을 설사 연장하는 한이 있더라도 다시는 혁명의 염려가 없는 건전한 체질의 민정 탄생을 기다려야 할 것이냐, 그렇지 않으면 다시 혁명의 가능성을 내포한 채라도 민정이양으로 서둘러야 할 것이냐 라는 두 갈래 길에 대하여 심각하게 생각하지 않을 수 없게 되었습니다.

20세기 후반에 들어선 오늘날 후진 국가들을 개관할 때 군사혁명은 하나의 유행처럼 일어나고 있습니다. 이것은 결코 군인의 집권욕에 기인한 탓이라기보다 오히려 그 민족이 처해 있는 고루한 타성적 사회성에 기인한 것이며 그 사회적 舊殼(구각)을 탈피하겠다는 하나의 체질개선의 민족적 대수술을 뜻하는 것이 아니라 할 수 없습니다.

우리는 혁명 이전의 옛 모습으로 환원하고 있다는 사실을 인정하지 않을 수 없습니다. 우후죽순격의 정당 난립, 정치인의 무상한 이합집산, 추잡한 파쟁 등 정계의 혼란은 이루 말할 수 없거니와 그 틈을 탄 일부 군인을 포함한 극렬분자들의 反국가적 음모 등은 민심에 극심한 불안과 공포를 자아내고 있으며 정권인수 태세를 갖추지 못한 정치인들에게 정권을 이양한다는 것은 혁명당국의 무책임일 것입니다.

본인은 오늘 이 나라의 비극적 모습을 깊이 인식하고 다시는 혁명이 없는 건전한 민정의 탄생을 기약하기 위하여 과도적 군정기간의 설정이 필요하다는 것을 말하고자 합니다. 따라서 본인은 앞으로 약 4년간의 군정기간 연장에 대하여 그 가부를 국민투표에 附(부)하여 국민의 의사를 묻기로 하였습니다. 이 국민투표는 가능한 한 최단 시일 내에 실시될 것이며 국민의 올바른 판단을 장애할 모든 정치 활동을 일시중지하는 조치를 취할 것을 이 자리에서 밝히는 바입니다〉

박정희는 이 성명서를 읽은 뒤 굳은 표정으로 말없이 퇴장했다. 최고회의는 이날 비상사태 수습을 위한 비상조치법을 통과시켜 언론검열과 정치활동 금지를 선언했다. 사실상의 계엄령 선포였다.

3월 17일 미국 백악관의 국가안보회의는 케네디 대통령에게 최근 한국 사태에 대한 요약 보고서를 올렸다. 이 보고서는 지난 한 주 동안 한국에서 일련의 사건들이 워낙 급속도로 진행되고 있어 反박정희 세력─함경도 군맥, 야당, 군 수뇌부가 정신을 차리지 못하고 있거나 거세되었다고 분석했다. 이 보고서는 일련의 사태 전개가 박정희가 꾸민 것으로서 그는 쿠데타 음모를 조작하여 민정참여 노선으로 복귀하려 하고 있거나 아니면 박정희는 그럴 의사는 없지만 김종필 지지세력에 의하여 박 의장이 이용되고 있든지 둘 중의 하나라고 분석했다.

이 보고서대로 박정희는 3월 7일 원주 1군 사령부에서의 경고연설, 3월 11일의 쿠데타 음모 적발 발표, 15일의 군인데모, 16일의 군정연장 국민투표 제의란 연속적인 조치를 통해서 나라를 소란스럽게 흔들어놓는 데 성공했다. 집권세력 안팎의 반대세력이 이 혼란 속에서 정신을 못 차리고 있는 사태를 활용하여 박정희는 상황의 주도권을 탈환해버린 것이다.

3월 19일 오후 3시부터 약 두 시간 동안 최고회의 3층 상황실에서는

3 · 16 군정연장 제의를 놓고 토론이 벌어졌다. 박정희 의장은 최고위원들과 함께 윤보선(전 대통령), 장택상(전 국무총리 · 5대 민의원), 김도연(초대 재무장관), 김준연(전 법무장관), 이범석(초대 국무총리) 씨 등 5명의 정치 지도자들을 상대로 흥미로운 舌戰(설전)을 벌였다.

5인 대표가 먼저 자리를 잡았다. 뒤이어 홍종철(최고회의 문사위 위원장), 김희덕(외무국방위원장), 유양수(재경위원장) 등 최고위원들이 마주 앉았고 박정희 의장이 가운데 자리에 앉으면서 격론의 막이 올랐다.

박 의장이 "윤 선생 먼저 말씀하시지요"라고 했다. 윤보선 전 대통령은 앉은 채로 "3 · 16 성명을 번의하고 2 · 27 선서대로 행동하시오"라며 말문을 열었다. 정치인들이 앉은 순서대로 같은 내용의 말을 되풀이 하는 동안 최고위원들은 주요 발언을 기록하곤 했다. 정치인들의 말이 끝나자 홍종철 최고위원부터 번갈아 일어서서 발언했으며, 이때는 정치인들이 메모지를 찾느라 분주하자 박정희 의장은 자신의 메모지를 윤보선과 장택상 씨에게 나눠주기도 했다.

이날 박정희는 정치인들과 최고위원들의 공방전을 한참동안 지켜만 보고 있었다. 김희덕 최고위원이 장택상의 발언을 문제 삼아 "언론문제에 오해가 있다"며 발언하려 하자 박정희는 김 위원에게 "김 장군, 말꼬리를 갖고 그러지 마시오"라고 제지한 후 자신이 직접 끼어들었다. 그는 장 씨에게 "때 묻은 사람들을 다음 민정에 참여시키지 않겠다고 장담할 수 있습니까"라고 물었다. 장 씨가 "힘껏 노력하겠다"고 응수하자 이때부터 박정희는 정치인들과 직접 토론했다.

박정희: "여러분의 말 잘 알겠습니다. 2 · 27 선서를 하고 10여 일밖에 안 돼서 정책을 변경했으니 신의가 없다고 한 말 참으로 뼈아픈 이야기

입니다. 그러나 그 후의 정세변경은 이런 결심밖에 나오지 못하게 했습니다. 박정희 개인이 편하려면 그만두는 것이 좋습니다. 장래가 뻔한 데 어떻게 그렇게 하겠습니까. 과거에 때 묻고 지탄받은 정치인들이 자진해서 정계에 안 나온다면 저의 결심을 변경하겠습니다."

윤보선(전 대통령): "혼란을 그대로 방치하면 걱정된다는 말은 이해할 수 있소. 국가란 한 사람이나 한 단체의 것이 아니오. '나 아니면' 또는 '우리가 아니면 안 된다'는 말에서 무리가 생기는 것이오. (중략) 누구든 정권을 잡으면 내놓을 줄 알아야 합니다. 내가 대통령 선거에 나가려 하기 때문에 이런 말을 한다고 오해하지는 마시오. 여러분들이 5개년 계획을 한다고 했소. 그러나 다른 사람이 계획을 수행하면 더 잘 될지도 모르는 일이 아니오. 국방이 가장 중요한 것이오. 국방 없이 건설한들 무슨 소용이 있겠소. 군은 국방에 치중해서 그 임무를 수행해주시오."

박정희: "(약간 화난 말투로) 정치가 안정되었으면 왜 군인이 나왔겠습니까."

윤보선: "군인이 해서도 안정이 안 되지 않소."

김준연(전 법무장관): "군에 변동이 있었다고 했는데…."

박정희: "그것은 군이 아니라 군의 일부요."

김준연: "군의 일부로 고치겠소. 정국의 혼란을 지적했는데 정당은 정당법 때문에 2, 3개밖에 안 나오고 있소. 군소정당은 나와도 별 영향을 미치지 못해요. 과거에 정당이 많았다고 하지만 결국 자유 · 민주당 밖에 없지 않았소. 염려할 것 없어요. 그리고 군 일부의 난동도 진압하지 않았소. 군 일부의 불안과 정국 불안정을 이유로 2 · 27 선서를 번의 한 것은 잘못이오."

김도연(전 민주당 구파 지도자): "잘잘못을 가리는 말은 그만 둡시다. 의장은 (구정치인이) 구태의연하므로 믿고 맡길 수 없어 군정을 연장하겠다고 했는데…."

박정희: "하겠다는 것이 아니라 묻겠다는 것입니다."

김도연: "군정연장을 묻겠다고 했는데 이 나라를 잘 만들어 보겠다는 것이 5·16 정신인 줄 압니다. (중략) 나라 실정으로 보아 민주주의적으로 해결할 수 있는 구체적인 방법을 제시해 주면 정당인들도 깊이 생각할 것이오."

박정희: "어떻게 했으면 좋겠다는 의사표시가 있으면 심사숙고하겠습니다. 때 묻고 정계를 혼란케 한 사람들이 淸新(청신)한 정계의 조성을 위해 물러앉겠다면 번의하겠습니다. 3·16 성명은 2·27 선서를 유보해두고 주권을 가진 국민한테 의사를 들어보자는 것입니다."

이범석(전 국무총리): "국민이 앞으로 정부를 믿고 따를 수 있게 하기 위하여 다시 물을 것도 없이 결단을 내려주시오."

박정희: "군인이 가장 존중하는 것은 명예이고 사심이 없어야 한다는 것이 생명입니다. 나라가 망한 후 애국자라는 소리를 듣느니보다 역적이란 말을 듣더라도 정국의 혼란을 막아야겠습니다."

장택상(전 국무총리): "박 의장도 눈을 뜨면 모두 구악으로 보이는 모양이오. 어떤 사람이 물러가야 하는지 의장이 구체적으로 지적하시오. 그렇다고 법을 만들라는 것은 아니오. 우리는 5·16에 죽지 않는 것만으로도 다행이니까."

박정희: "자진해서 해결하시오. 정치정화법 같은 것은 또 만들 수 없습니다."

윤보선: "나는 의견이 다릅니다. 인간 사회에 줄을 그을 수는 없어요. 때 묻고 안 묻고는 국민이 결정할 것입니다. 구공탄도 좋은 석탄만으로는 안 되고 나쁜 석탄도 넣고 진흙도 넣어야 좋은 구공탄이 된다고 하는데 이것이 바로 인간사회의 진리요."

박정희: "(고성으로) 그것도 못 하는 썩은 것들에게 어떻게 맡기겠습니까."

윤보선: "새 사람이라고 잘되는 것은 아니오."

박정희: "장 선생이 말한 운동을 전개해 보시오. 이달 말까지 모든 결심을 유보하겠습니다. (윤보선과 악수하면서) 나는 사심이 없습니다. 그것은 알아주셔야 합니다(윤보선도 웃는 얼굴로 '잘 압니다' 라고 손을 흔들면서 서로 몇 마디 주고받았다)."

박정희는 이범석에게 다가가 "사냥에서 다치셨다지요. 몸조심 하셔야죠"라고 인사했다. 이범석은 그 인사엔 대답하지 않고 "마지막으로 부탁하는 겁니다. 나라를 위해 결심해주시오"라고 말하면서 감정을 가누지 못하고 흐느꼈다. 박정희는 얼굴이 벌게지더니 말없이 퇴장했다.

이날 軍民(군민) 회담에서 박정희는 "국민의 지탄을 받고 있는 일부 정치인이 자진해서 정계 진출을 단념한다면 나의 결심을 변경시킬 용의가 있다. 민간정치인들이 협의할 시간을 주기 위해서 3월 말까지 군정연장안의 국민투표 실시를 보류하겠다"라고 양보했다. 그러자 최고회의 내의 친김종필 세력은 "너무 양보를 많이 했다"고 박 의장에게 대들기도 했다. 박정희로서는 이런 항의가 고마운 것이었다. 그는 온건과 강경 양쪽을 대치시켜놓고서 그것을 조정하는 척하면서 자신의 길을 가고 있었다. 박정희는 이런 정치적 게임에서 상당히 유연한 전술을 구사하곤 했다. 그는 군인에서 정치인으로 바뀌고 있었다.

3월 20일 윤보선, 허정(전 과도정부 수반) 두 사람은 서울시청 부근에서 30분간 산책 데모를 하다가 경찰의 제지를 받고 귀가했다. 다음날 이후락 공보실장은 '두 사람이 미국 대사관 근처에서 데모를 벌인 것은 사대주의적 발상'이라고 비난했다. 이때부터 박정희는 구정치인들을 '사대주의자'니 '가식적 민주주의자'라고 몰아붙이기 시작한다.

軍民합작론

1963년 3월 20일 야당 지도자 허정(전 과도정부 수반)이 기자들에게 "군정연장은 군 일부에서 그렇게 작정한 것이지 군 전체의 의사는 아닌 것으로 알고 있다"고 말한 것이 석간에 보도되었다. 최고회의는 발끈했다. 대책회의 끝에 군의 단결을 과시하기로 했다. 3월 22일 오전 전군 지휘관 회의가 국방부에서 열렸다.

김성은 국방부 장관과 160여 명의 지휘관들은 '우리 군은 박정희 의장의 3·16 군정연장안을 지지하며 군의 단결을 해치는 어떤 언동도 이를 용납하지 않을 것이다'는 요지의 결의문을 채택했다. 회의를 마친 군 지휘관들은 김 장관을 선두로 97대의 지프에 분승하여 청와대까지 일종의 차량시위를 벌였다.

그 시간 중구 서린동 백조 그릴에서는 윤보선, 金炳魯(김병로), 朴順天(박순천), 卞榮泰(변영태) 등 재야 중진과 400여 명의 정치인들이 '김인오 군과 박숙자 양의 약혼식'이란 위장 팻말을 걸고는 '민주구국전선'을 결성하는 대회를 열고 있었다. 이들은 대회를 마치고 가두시위를 벌이다가 경찰에 의해 해산되었다.

1963년 3월 23일자 〈뉴욕 타임스〉는 '한국의 정치적 위기는 한국과 미국이란 두 계층의 관객을 위하여 벌이는 일종의 연극과 같은 것이다'고 꼬집었다. 3월 30일부터 4월 1일까지 연 3일간 청와대에서는 박정희, 윤보선, 허정 세 사람이 군정연장안에 대한 담판을 벌였다. 아무런 진전이 없다가 마지막 날에 '朝野(조야) 실무자회의'를 갖기로 합의했다.

4월 1일 박 의장은 자신을 찾아온 민정당 청년당원 대표들에게 격한 말을 했다.

"기성 정객들이 반성하고 새 세대들이 정권을 인수할 준비가 되기 전에는 3·16 성명을 지킬 것이며 그러기 위해서는 목숨을 걸 각오가 되어 있다."

"2·27 선언을 통해서 내가 민정에 참여하지 않겠다고 약속한 것은 정권을 기성정치인들에게 넘겨주려고 한 것이 아니었다. 오히려 그들에게 반성의 기회를 주려고 한 것이다. 그런데 정치인들은 정권을 잡을 기회가 온 듯 오해를 하고 야단들이다."

"3·16 성명 후 미국이 혁명정부를 비판하는 성명을 발표한 것을 두고 재야 정치인들이 두 손을 들고 환영한다고 나선 것은 기회주의이고 사대주의이다. 우리가 자주성을 상실했음을 잘 보여주는 일이다."

姜起千(강기천) 등 최고회의 측 실무회의 대표와 曺在千(조재천·민주당 시절 법무장관) 등 재야 대표들은 4일간 회의를 열고 절충안을 검토했다. 그 내용은 '군정연장안을 국민투표에 부치기로 한 3·16 선언을 박 의장이 철회한다면 군정을 오는 12월 31일까지 연장하는 데 동의한다'는 요지였다. 정구영 공화당 총재와 재야의 윤보선, 허정 세 사람은 서로 막후 접촉을 통해서 실무협상을 엄호하고 있었다. 이 세 정치지도자는 '2·27 민정불참 선언'과 '3·16 군정연장안'을 상쇄시켜 털어 버리고 민정이양 기한을 8월 15일에서 연말로 연기함으로써 시간을 벌자는 데 대충 합의한 상태였다.

박정희 의장은 이 절충안을 놓고서 최고회의 내의 온건파인 유양수, 박태준, 유병현, 그리고 김재춘 정보부장을 불렀다. 온건파 위원들은 이 자리에서 공화당과는 별도로 민간정치인들도 참여시키는 軍民(군민) 합작의 참신한 정당을 만들어야 한다는 의견을 개진했다. 박정희도 검토를 지시했다. 그 며칠 뒤 한남동에 있는 정보부의 안전가옥에서 준비모임이 열렸다.

최고회의 측에서 온건파 네 위원, 공화당에서 박준규, 김재순, 야당인 민정당에서 金龍星(김용성), 李尙信(이상신)이 초청을 받아 참석하였다. 이 회의에서도 범국민적인 기반을 가진 군민 연합의 참신한 정치세력을 구성하자는 의견이 모였다. 박정희 의장은 이 모임의 결과를 보고받고는 최고회의 내에 정책소위원회를 구성하여 범국민정당 조직문제를 협의토록 했다. 위원장에는 유양수, 위원으로는 박 의장의 민정참여를 주장해온 친김종필(즉 친공화당) 계열의 길재호, 홍종철을 포함하여 박태준, 유병현 등으로 구성되었고 김재춘 부장이 이를 지원하게 되었다.

박정희가 군정연장안을 밀어붙일 때는 '국민투표만 하면 자신 있다'는 낙관론이 깔려 있었다. 여기에 반론을 제기한 것이 정구영 공화당 총재였다. 그는 박정희가 군정연장안을 발표한 직후 공관으로 박 의장을 방문했다.

"어쩌자고 군정연장을 하겠다고 하십니까."

"군인들이 난동을 하고 이것이 큰 변란으로 발전할 우려가 있소. 혁명 주체들이 매일 같이 나를 찾아와 울고불고 책상을 두드리고…. 남 좋은 일 시키려고 혁명했느냐, 그러면서 날뛰고 그러는데 이렇게라도 해서 군인들을 가라앉혀야지요. 잘못된 일인 줄 알면서도 이런 조치를 취하지 않을 수 없었습니다."

"국민투표를 하면 통과될 것 같습니까? 지난번에 헌법안이 국민투표에서 통과된 것은 민정이양을 하겠다고 하니까 그렇게 된 것입니다. 이번엔 어림없습니다."

다음날 박정희는 정구영 총재와 김재춘 부장을 함께 불러 국민투표 문제를 놓고 이야기했다. 김재춘은 국민투표에 자신이 있다고 하고, 정구영은 비관론을 이야기하는 것으로 始終(시종)했다. 정구영은 공화당이 군정연장안을 지지하는 성명을 내달라는 주체세력의 부탁도 거절했다. 박정희로서는 대단히 섭섭한 일이었다.

이즈음부터 박정희의 마음속에는 공화당은 자신의 당이 아니고 産婆(산파)인 김종필의 당이란 생각이 싹트고 있었던 것 같다. 공화당 사전 조직 때 박 의장은 딱 한 번 비밀 교육장을 찾은 적이 있을 뿐이다. 그 방문도 한 시간을 넘지 못했었다.

공화당 해체 지시

박정희로서는 온몸을 던져 공화당을 만들고 인재들을 찾아다니며 영입한 김종필과는 공화당을 보는 시선이 같을 수 없었다. 박정희의 공화당을 보는 다소 냉담한 시각은 그가 죽을 때까지 계속되었다. 박정희가 자신의 정치철학을 사후에 이어갈 정당을 남기지 못한 것도 이와 관계가 있을 것이다.

정보부장이 되기 전까지만 해도 김재춘은 反김종필 세력의 선두에 서서 민정참여를 반대하던 사람이었다. 박정희 의장이 그를 정보부장으로 앉힌 다음에는 달라졌다. 김재춘은 소위 박임항 쿠데타음모사건 수사를 통해서 반김세력의 한 기둥이었던 함경도 군맥을 거세하는 데 앞장섰다.

이 사건의 책임을 지고 박정희·김종필 노선에 반대하던 깐깐한 박병권 국방장관마저 사퇴하여 군내의 박정희 견제세력은 무력화되었다. 김재춘은 또 군정연장안을 밀어붙이고 새 여당을 창당하려는 일에도 열심이었다. 김재춘의 정보부장 기용은 결과적으로 박정희의 절묘한 인사였다. 자신에게 반대하는 사람을 重用(중용)하여 자신이 이루고자 하는 일을 시킨 것이다.

정국이 급류를 타고 있던 이 무렵의 어느 날 장택상 전 국무총리가 김정렬 공화당 의장을 집으로 불렀다. 야당 재건작업으로 분주하던 장 씨는 "이것 참, 내가 전혀 낄 필요가 없는 건데 이상하게 됐구먼"이라고 했다(김정렬 회고록에서 인용).

"아니, 무슨 말씀이십니까?"

"지금 내 비서가 군내의 정보를 갖고 왔는데 외유를 떠난 김종필을 죽이려는 음모가 진행되고 있다고 하오. 4대 의혹사건과 관련하여 김종필에 대한 고소장을 군 검찰에서 작성하고 있는데 그 내용이 매우 강경하고 과장되어 있다더군요. 나야 김종필이 죽든 살든 상관이 없지만 만약 김종필을 제거하기 위해 그런 허무맹랑한 일을 벌인다면 반드시 박정희 의장도 큰 상처를 입게 될 것이 아니겠소. 이런 혼란기에 나라를 책임진 박 의장까지 그렇게 되면 큰 일 아니오. 그래서 당신을 부른 것이오."

"그런데 왜 저한테 그런 말씀을 하십니까."

"당신은 그래도 국방장관을 지냈고 지금은 공화당 의장이 아니오. 무슨 수를 쓸 수 있는 입장인 것 같은데."

"예, 잘 알았습니다."

김정렬은 최고회의 건물로 박정희 의장을 찾아가면서 생각해보니 김재춘 정보부장이 핵심 인물로 생각되었다. 그는 朴 의장에게 이렇게 말했다고 한다.

"김재춘이를 한번 불러서 타이르는 게 어떻겠습니까."

"형님! 말도 마십시오. 얼마 전 김재춘이 나에게 4대 의혹사건에 대하여 보고할 적에 그때 저는 사심 없이 공정하게 처리하라고 막 이야기한 터입니다. 형님께서 나서서 좀 막아주십시오."

"아니, 내가 김재춘 부장을 잘 아는 것도 아닌데…."

"그래도 사정이 이러한데 어떻게 하겠습니까. 부탁합니다."

김정렬은 먼저 김종오 육군참모총장 집을 찾아갔다. 한때 두 사람은 담 하나를 사이에 두고 살아 친밀한 사이였다. 김정렬이 김종필에 대한 선처를 부탁했지만 金鐘五의 반응이 신통치 않았다. 5·16 직후 金鐘五가 참모총장이 된 데는 김종필의 지원이 절대적이었다. 그 후 金鐘五는 군 수뇌부의 입장을 대변하면서 김종필을 견제하는 입장이 된다. 군 수뇌부는 하급자인 육사 8기 출신 주체세력들의 독주를 불쾌하게 생각하고 있었다. 김종필이 아무리 실력자라고 해도 계급사회인 군대 안에서는 이 계급의 벽을 뛰어넘을 수 없었다. 김종필이 군내에서 자신의 인맥을 만들 수 없었던 것도, 또 두 번이나 외유를 떠나야 했던 것도 상급자들의 견제가 있었기 때문이었다.

金鐘五는 "내버려두십시오. 설마 죽이기야 하겠습니까"하고 냉담하게 말했다고 한다(《김정렬 회고록》). 김정렬은 "김종필이 문제가 아니라 이런 식으로 하면 박 의장과 최고회의, 더 나아가서 군부 전체가 타격을 입게 된다"고 설득했다. 김종오는 김재춘을 불렀다. 김정렬은 김재춘 부장에게 사정하다시피 했다고 한다. 김정렬의 생전 회고록에 따르면, 김재춘은 처음에는 김 의장의 청탁을 완강히 거절하다가 김 의장이 "도대체 당신은 박 의장을 곤경에 빠뜨릴 의도로 그러는 거요?"라고 하니 이렇게 말하더란 것이다.

"김종필 때문에 그러는 거지요. 김종필은 아무튼 가만히 놔두어선 안 됩니다."

김정렬은 밤을 새우면서 거듭 김재춘을 설득했고 새벽이 밝아올 무렵에야 김종필에 대한 선처를 약속하더란 것이다.

朴 의장은 3월 말 공화당 의장 김정렬을 불렀다. 일본 육사 선배인 김 의장에게 박 의장은 "형님!"이라고 불렀다.

"형님, 아무래도 공화당 가지고는 죽도 밥도 안 되겠습니다. 아주 해체해 버리십시오."

"아니 그게 무슨 말씀이십니까? 언젠가는 나에게 의장 자리를 맡아 달라고 하더니 얼마 되지 않아서 공화당을 해체하자니 도대체 이거 어떻게 된 겁니까."

"창당한 지 한 달여밖에 안 되긴 했지만 아무래도 안 되겠습니다. 공화당을 해체해야겠습니다."

"그러면 해체하고 어떻게 하시겠습니까. 무슨 대안이라도 있습니까."

"생각할 만큼 생각해보았지만 아무래도 안 되겠습니다. 일단 당을 해체하고 대안은 그 다음에 생각해보기로 하겠습니다."

김정렬은 4월 5일까지는 해체하겠다고 약속하고 말았다.

柳陽洙의 제동

박정희 의장으로부터 공화당 해체 지시를 받은 당의장 김정렬은 창당 성명서를 써준 시인 李殷相(이은상)을 찾아가서 이번에는 해체 성명서를 써달라고 부탁했다. 공화당 안에선 격렬한 반발이 전개되었다. 공화당 해체 발표는 우여곡절 끝에 4월 8일로 날이 잡혔다. 박정희 의장은 이날 서울역 앞 당사에서 기다리고 있는 김정렬에게 전화를 걸었다. 그는 "해체에 즈음한 최고회의의 해체 성명서가 아직 결정 나지 않았으니 공화당의 해체발표를 오후 2시까지 연기해달라"고 요청했다. 오후 2시 직전, 박정희가 전화를 걸어왔다.

"이제 발표를 해주십시오."

"알겠습니다."

김정렬은 착잡한 심정으로 바깥에서 기다리고 있는 스물댓 명의 출입기자들에게 연락을 하려고 몸을 움직이는데 박 의장실과 연결되는 직통 전화기가 울렸다. 전화기를 드니 "저는 유양수입니다" 하는 것이었다. 최고회의 안에서 온건하고 합리적인 판단을 하는 사람으로 定評(정평)이 나 있는 유양수 위원(뒤에 동자부 장관)은 이렇게 말하는 것이었다.

"지금 저는 박의장 앞에 서 있습니다. 지금 박 의장으로부터 공화당 해체이야기를 듣고 최고위원들이 당황해 하고 있습니다. 최고위원들이 해체 후 무슨 대책이 있느냐고 물으니 박 의장은 아무런 대책이 없다고 합니다. 최고위원들이 해체는 무리라고 진언하고 있는 중입니다."

"그러면 박 의장은 무어라고 하시오?"

"박 의장께서는 해체결정을 김 의장 결심에 맡기라고 하십니다."

김정렬은 "알았소"라고 한마디 한 뒤 전화기를 내려놓고는 돌아서서 당무위원들에게 "오늘 최고회의에서 해체발표가 취소되었답니다"라고 했다.

"아니, 뭐요? 또 변심했다는 말이오? 나 원 참!"

정구영 총재가 한마디 했다.

유양수 전 동자부 장관은 이렇게 회고한다.

〈아침에 최고회의로 출근하자마자 강기천 최고회의 법사위원장이 종이 한 장 달랑 들고 내 방을 찾아왔습니다.

"각하께서 유 장군께 보여 드리라고 해서 가져왔습니다."

"뭐요?"

"공화당 해체 성명서입니다."

"뭐요? 공화당을 해체해?"

당시 나는 범국민정당 창당책임자로 일하고 있을 때여서 공화당과 라이벌 관계에 있던 제게 일부러 박 의장이 보여주려 했다고 생각되었습니다. 저는 곧장 최고회의 의장실로 뛰어 내려갔습니다.

"각하, 안 됩니다. 공화당이 창당 과정에서 말썽이 많은 것은 사실이지만 공화당의 부조리는 당 내부에서 해결해야지 당을 없애버리면 빈털터리가 됩니다."

저는 이런 말도 했습니다.

"사실은 제가 하고 있는 범국민정당 조직도 자신이 없습니다. 너무 이질적인 배경의 정치인들이 모여 단합이 어렵겠습니다. 아직 시간이 더 필요합니다. 그러니 공화당은 나중에 범국민정당이 성공할 때 해체해도 늦지 않습니다. 그렇게 하지 않으면 최고회의는 공중에 붕 뜨고 말겁니다."

약 30분간 이어지는 설득에 박정희 의장은 줄담배를 연신 태우며 말 없이 듣고만 있었습니다. 제 말이 다 끝나자 박 의장이 이렇게 말씀하십디다.

"유 장군, 고맙소. 그러면 여기서 김정렬 위원장에게 전화해 주시오. 그리고 비서에게 상임위원회를 소집하라고 하시오."〉

이날, 즉 1963년 4월 8일 박정희 의장은 특별성명을 통해 '군정연장안에 대한 국민투표를 9월 말까지 보류하고 정치활동의 재개를 허용한다'고 발표했다. 박 의장은 또 '정부는 9월에 모든 정치정세를 종합검토하여 공고된 군정연장을 위한 개헌 국민투표를 실시하든가 기존 헌법에 따라 대통령 및 국회의원 선거를 실시한다'고 말했다.

김재춘 당시 정보부장은 박 의장이 이런 양보를 하도록 만든 결정적인 힘은 미국의 압력이었다고 주장했다.

박정희는 미국의 압력에 양보하는 척했지만 얻은 것이 훨씬 많은 성공적인 게임을 했다. 그가 4년간의 '군정연장안'이란 상상을 초월한 강경조치를 던져 정치권을 뒤흔들어 놓는 사이에 박 의장의 2·27 민정불참 선언은 어느 새 휴지가 되어버렸고, 주체세력의 민정참여와 박정희의 대통령 출마는 기정사실로 변해 버렸던 것이다. 그는 또한 이 소용돌이 속에서 자신을 견제하던 군부 내의 反김종필 세력을 거세했다. 박정희는 이 봄의 위기에 적응하는 과정에서 자신이 열정의 혁명가일 뿐 아니라 냉정한 政略家(정략가)임을 스스로 입증한 것이다.

박정희는 공화당을 살려주면서 동시에 김재춘 정보부장에게는 '자유민주주의를 표방하는 민족세력이 계보나 파벌을 떠나 한데 뭉친 애국정당'의 조직을 지시했다. 두 여권 조직을 서로 경쟁시켜 그 결과를 보고 선거에 타고 나설 말(馬)을 선택하겠다는 계산이었다.

박정희는 이처럼 권력층 내부의 경쟁을 조장하거나 방치한 다음 이의 조정을 통하여 자신의 지도력을 확립하고 뜻하는 방향으로 국정을 끌고 가는 방법을 그 뒤에도 즐겨 썼다. 한국인의 민족성에 뿌리박은 분파주의를 없앨 수 없다면 그것을 적당히 이용하는 것이 지도력의 강화에 오히려 도움이 된다는 것을 발견한 것이다.

"국기에 대한 경례 다시!"

1963년 5월 11일 공화당은 서울시내 교동국민학교에서 연설회를 가졌다. 군중은 9일 전의 야당 집회 때에 비해 절반 정도인 약 1만 5,000명이 모였다. 李孝祥(이효상·뒤에 국회의장), 尹致暎(윤치영·뒤에 공화당 의장) 등 연사들이 '박정희 의장의 민정참여 당위론'을 주장해도 청중들의 반응은 냉담했다. 연사들이 미국의 원조정책을 비판하고 "민족의 자주성을 찾자"고 할 때는 박수가 터져 나왔다.

1963년에 들어와서 정치활동이 자유화되면서 언론의 정부 비판도 가혹해졌다. 예컨대 1963년 5월 16일자 〈조선일보〉는 5·16 혁명 두 돌을 기념하는 정치, 경제, 역사학자 좌담기사를 실었다. 이 기사의 제목은 군사정부의 실적을 비판하는 내용 일색이었다.

'군사혁명 두 돌…. 잘 해보려고 애는 썼는데'

'이념이 없었던 공약'

'실패로 돌아간 경제정책'

'중대성명이 남발된 것도 큰 흠'

'민정이양의 방법…. 군 지지 필요 운운은 어불성설'

사회자도 미안했던지 좌담을 마무리하면서 "지금까지 말씀하신 가운데는 혁명 2년의 功(공)은 없고 過(과)만 추리신 것 같군요"라고 했다.

박정희는 정치활동의 재개와 함께 언론의 정권 비판이 거세어지자 "언론은 잘하는 것은 묵살하고 못하는 것만 찾아내어 침소봉대한다"고 불만을 터뜨리기도 했다. 박정희는 지난 2년간 경제개발 계획의 착수, 울산공업센터 공사 착수, 각종 구조개혁, 외자도입, 자립심의 고취 등 도약의 발판을 놓았다고 자부하고 있었다. 집권기간을 연장하고 정치안정만 보장되면 조국근대화를 이룰 자신이 있다고 생각하던 박정희로서는 언론과 야당의 전면적 비판과 부정이 견디기 힘들었을 것이다.

그 후 학생, 언론인, 교수 등 지식인들에 대한 그의 거부감은 때로는 경멸적으로 표현된다. 박정희는 "조국 근대화는 士農工商(사농공상)의 신분질서를 商工農士(상공농사)로 바꾸는 것을 의미한다"고 말하곤 했는데 그는 현대의 士(사)자 계층인 지식인층을 염두에 두고 그런 말을 했을 것이다.

5월 20일 박정희는 강원도 黃池(황지, 지금의 태백시)에서 황지본선 개통식에 참석했다. 桶里-深浦里(통리-심포리) 간 8.5km를 연결하는 이 철도 공사엔 험준한 지형 때문에 11개의 터널을 뚫어야 했다. 21개월의 공사기간, 연인원 85만 명이 들어간 이 철도부설로써 중앙선이 서울 청량리 역에서 출발, 경북 영주–강원도 철암을 거쳐 북평–강릉까지 연결되었다. 대관령 동부 지역의 발전과 이 지방의 석탄개발 촉진에 중요한 수송선이 완성된 것이다.

혁명정부의 의욕이 담긴 이 철로 준공식에 참석한 박 의장은 致辭(치사)를 하기 위해서 단상에 오른 뒤 壇下에 정렬한 사람들을 내려다보면서 마치 조회시간에 학생들을 야단치는 교장처럼 말했다.

"본인이 치사문을 말씀드리기 전에 오늘 여기 식장에서 보고 느낀 몇 가지 이야기를 하겠습니다. 이런 행사에서는 반드시 애국가 奉唱(봉창), 국기에 대한 경례가 있습니다. 아까 보니 뒤에 와 있는 인사들은 국기에 대한 경례를 할 때도 남의 일 보듯이 하고 있었고 애국가를 부를 때도 따라 부르지 않는 사람들이 많았습니다. 지방에 계신 분들은 이런 행사를 잘 몰라서 그럴 수도 있겠습니다만 앞으로 이런 행사를 할 때는 사회를 맡은 분이 '지금부터 국기에 대한 경례를 합시다. 모든 분들은 저 뒤에 있는 국기를 향해서 전부 오른손을 왼 가슴 위에 얹어 가지고 국기에 대한 경의를 표합시다' 이렇게 하십시오. 오늘 이 식이 끝난 다음 마지막 순서 다음에 사회자는 다시 한번 국기에 대한 경례와 애국가 봉창을 하도록 해주시기 바랍니다."

박정희는 5월 21일 오후 육군 수뇌부를 교체했다. 참모총장 김종오 대장을 합참의장으로, 1군 사령관 민기식 중장을 참모총장으로, 1군 사령관엔 장창국 2군 사령관을, 2군 사령관엔 김용배 참모차장을, 참모차장에는 김계원 국방부 운영차관보를 임명했다. 박 의장은 자신의 민정참여 노선에 제동을 걸었던 박병권 국방장관을 김성은으로 교체한 데 이어 박병권과 보조를 같이 했던 김종오마저 2선으로 물러나게 한 다음 그 후임에 박 의장의 민정참여를 촉구해온 민기식을 앉힘으로써 군부를 완벽하게 장악했다.

박 의장의 마음이 공화당을 떠난 것 같다는 분위기가 확산되자 공화당은 사방에서 공격을 받기 시작했다. 김재춘의 중앙정보부는 한편에 선 범국민정당 결성을 지원하면서 다른 편으로는 김용태, 강성원 등 공화당의 핵심 인사들을 수사대상으로 삼아 구속했다. 김용우, 박준규, 김재순 등 공화당에 참여했던 일부 인사들은 김재춘이 밀어주던 범국민정당으로 옮겨갔다. 혁명주체세력의 전국 모임인 5월 동지회도 공화당에 적대적인 사람들이 그 핵심을 이루고 있었다.

범국민정당은 軍民(군민) 합작이란 명분은 좋았으나 이념의 공유가 안 된 이질감을 해소할 수 없었다. 혁명주체세력과 그들이 경멸해마지 않았던 구정치인들이 손을 잡고 혁명정신을 계승할 정당을 만든다는 것이니 여론과 언론의 뒷받침을 받기가 힘들었고 공화당 같은 튼튼한 하부 조직과 지방조직을 갖춘다는 것은 애당초 불가능한 일이었다.

공화당은 내외의 도전에 직면하여 오히려 내부 단결과 개혁을 강화하고 있었다. 말썽 많던 사무국 조직을 감축했다. 유급직원 1,300명을 4분의 1로 줄였다. 당원확보 운동도 전국적으로 벌여 5월 20일까지 20만 명을 넘겼다. 정일권의 후임으로 주미대사로 떠난 김정렬 의장 후임에는 노련한 윤치영이 의장으로 임명되었고, 정책위 의장 자리엔 법학교수 출신 白南檍(백남억)이 앉았다. 정구영 총재-윤치영-백남억은 박정희의 마음을 공화당 쪽으로 돌려놓으려고 안간힘을 다 썼다.

金鍾泌의 승리

외유를 떠난 공화당의 산파 김종필을 이어 공화당을 이끌던 정구영 총재와 윤치영 의장은 1963년 5월 하순 성공적인 광주 지방 연설회 후 박 의장을 찾아갔다. 두 사람은 박 의장에게 공화당과 汎국민정당 중 兩者擇一(양자택일)을 요구했다. 이미 김재춘 정보부장의 汎국민정당운동에 회의를 느끼고 있던 박 의장은 "어떻게 해드릴까요"라고 했다.

"이렇게 발표해주십시오. '박 의장은 정구영 총재를 면담한 자리에서 "내가 믿는 정당은 민주공화당뿐이다. 더욱 더 당세 확장에 힘을 써 유종의 미를 거두어주기 바란다"라고 당부했다' 고 말입니다."

박정희 의장은 최고회의 이후락 공보실장을 부르더니 발표문을 구술시켰다. 이후락 실장은 "이러시면 곤란해집니다. 각하께서 汎국민정당을 만들어보라고 하셔놓고서 이렇게 하시면 안 됩니다"라고 했다.

"그럼 어떻게 해야 해?"

"이렇게 하면 어떻겠습니까. '내가 믿는 것은 공화당뿐이다…' 이 말씀만 빼시지요. 더욱 더 당세 확장에 힘써달라는 취지로 말씀하셨다고 하면 다 알아듣지 않겠습니까."

이 발표가 나가자 5월 23일 汎국민정당 창당의 막후 책임자 김재춘 정보부장은 기자들에게 "그 발언은 정구영 총재의 방문에 대한 의례적인 반응일 뿐이다"라고 말한 뒤 "국민의 지탄을 받고 있는 공화당은 민정을 담당할 자격이 없다"고 했다.

5월 27일 서울 시민회관에서 공화당은 1,427명의 대의원들이 참석한 가운데 제 2차 전당대회를 열었다. 정구영 총재는 인사말을 통해 "의당 박 의장을 대통령 후보로 지명해야 하겠지만 이번 전당대회에서는 보류해 주었으면 한다는 박 의장의 당부가 있었다"고 전했다.

토의사항으로 대회가 진행되었을 때 서울의 洪憲杓(홍헌표) 대의원이 긴급동의 발언을 했다. '의사일정을 변경하여 박 의장을 대통령 후보로 지명하여 통보하자'는 요지였다. 흥분한 대의원들이 이 제안에 동의하여 즉석 기립표결로써 박 의장을 대통령 후보로 선출했다. 정구영 총재, 윤치영 의장, 김동환 사무총장은 급히 박 의장을 만나고 와서 이렇게 보고했다.

"박 의장께서는 수락할 용의가 있으나 필요한 절차가 있으니 시간적 여유를 주었으면 한다는 말씀이 계셨습니다."

공화당은 재빨리 기선을 잡고 박정희의 선택을 기정사실로 만들어 갔다.

6월 10일 범국민정당 추진세력은 조선호텔 그랜드 볼룸에서 발기준비 대회를 갖고 위원장에 구민주당 구파 출신 蘇宣奎(소선규), 부위원장에 공화당 탈당파 출신 金用雨(김용우·전 국방장관)를 추대했다. 14일에는 黨名(당명)을 당시 일본 여당과 똑같이 자유민주당(自民黨)으로 정했다.

발기준비위원들의 출신성분은 그야말로 氷炭(빙탄)의 혼재였다. 安東濬(안동준) 등 전 자유당 출신, 曹泳珪(조영규) 등 야당인 民政黨(민정당) 탈당파, 김재순 등 공화당 탈당파, 高奇峰(고기봉) 등 민주당 탈당파 등등. 박정희가 그토록 염원했던 '신세대의 참신한 정치세력 구축'과는 한참 먼 얼굴들이었다. 당시 〈경향신문〉 정치부 기자 이상우는 이런 인상기를 남겼다.

〈세종로 네거리에 있던 의사회관(지금의 교보빌딩 자리) 3층 汎국민당 사무실은 각계 정치세력의 집산지와도 같은 인상을 풍겼다. 활발한 움직임과 여기에 드나드는 기라성 같은 정객들의 얼굴에도 불구하고 이 범국민정당 운동은 기자들 눈엔 도떼기시장, 기회주의자들의 집결체인 것처럼 보였다. '군민합동의 안정세력 지향'이란 당면목표만 있을 뿐 그 위에 서 있어야 할 조직철학이 없었다. 때문에 이념보다는 다분히 실익을 내다본 기회주의적인 이질인사의 집합체로 전락할 가능성이 처음부터 컸다〉

똑 같은 官製(관제) 여당이면서도 공화당이 5월동지회와 범국민정당의 도전을 물리치고 박정희란 기수의 간택을 받을 수 있었던 것은 산파 김종필의 승리이기도 했다.

5월동지회와 범국민정당이 이렇다 할 이념을 갖지 못하고 잡다한 계열과 출신의 집합체로 변한 반면, 공화당은 김종필 주도의 사전 조직을 통해서 조국 근대화란 뚜렷한 이념을 공유하는 정치집단을 전국적으로 확보해놓고 있었다. 여기에다가 증권시장 조작으로 마련한 든든한 자금이 있었다. 김종필이 군정시대에 1년 먼저 당을 조직했다는 점도 다른 急造(급조)된 정당에 비해 큰 장점이었다.

김종필이 악역을 맡아 욕을 얻어먹어가면서 확보한 이념과 자금, 그리고 인재로 해서 공화당은 산파의 손을 떠나서도 스스로 위기를 돌파하는 자생력을 보여줄 수 있었다.

박정희는 공화당과 汎국민정당(자민당), 그리고 5월동지회를 서로 경쟁시켜 두 달 정도 그 능력을 시험해보다가 7월 4일 '자민당은 공화당과 합당하라'는 지시를 내린다. 이미 우위를 확보하고 있던 공화당은 당 대 당의 통합을 거부하고 자민당 사람들이 개별적으로 입당할 것을 요구했다. 이에 따라 자민당 내 嚴敏永(엄민영), 李甲成(이갑성) 등 친공화당파는 자민당 잔류파와 헤어지고 공화당과 합류했다.

7월 12일 박 의장은 범국민정당 창당운동의 실질적인 지휘자였던 김재춘 정보부장을 무임소장관으로 돌리고 후임에는 친김종필-공화당 노선의 猛將(맹장) 김형욱 최고위원을 임명했다. 박정희는 이로써 군부와 공화당, 그리고 정보부를 박-김 라인으로 재정비하여 선거체제를 갖추었다.

慶北高 인맥의 태동

박정희가 1963년 7월에 들어서서 공화당과 親김종필 세력을 중심으로 권력구조를 재편성하고 선거체제를 갖추자 새뮤얼 버거 미국 대사는 당황했다. 김종필 세력을 박정희와 떼어놓고 가능하다면 민간인들이 정권을 잡도록 하는 방향으로 움직였던 버거 대사는 7월 15일 미 국무부에 종합분석 및 대책을 건의한다. 버거는 이 비밀 전문에서 박정희의 이번 조치로 외유 중인 김종필이 조기 귀국할 가능성이 있으며 親共前歷(친공 전력)을 가진 인물들의 영향력이 강화될 위험이 있다고 지적했다.

그는 또 '우리는 반대세력과 긴밀하게 협력할 필요가 있다'고 했다. '이는 기습적인 행동으로써 현 정부를 전복시키기 위한 목적에서가 아니라 상황변화로 군사정부를 대체할 세력이 필요할 때에 대비하여 반대세력을 만들어야 한다'는 것이었다. 버거 대사는 미국 정부가 취하여야 할 조치로서 '군사정부의 재정안정정책이 충분하지 않다는 이유를 대어 1,500만 달러의 원조집행을 보류하기로 한 결정을 固守(고수)할 것, 증권조작 사건·자백을 받아내기 위한 고문 같은 군사정부의 過誤(과오)에 대한 미국 언론의 관심을 자극할 것, 김종필의 귀국에 대한 분명한 반대의사를 표명할 것' 등을 건의했다.

김종필은 이런 술회를 했다.

"그때 버거 대사와 CIA 한국지부 요원들은 엉뚱한 첩보에 너무 의존하고 있었습니다. 박 의장을 이집트의 나기브, 나를 나기브를 추방한 나세르로 오인한 듯했습니다. 우리를 反美(반미) 민족주의자라고 단정한 선입견이 너무 오래 갔어요. 그 뒤 버거 대사는 월남에서 부대사로 일했는데 그때 가서 만나니 자신이 한국 상황을 오판했다고 고백하더군요."

이 무렵 김종필은 파리에 머물고 있었다. 미국 CIA 요원들이 자신의 행적을 추적하고 있다는 것을 느낄 수 있었다고 한다.

"나는 보좌관과 함께 파리의 한 아파트의 월세 80달러짜리 방을 쓰고 있었습니다. 개미가 많아 약을 뿌려놓고 나가곤 했어요. 일주일쯤 여행을 한 뒤 돌아와 보니 실내 장식이 바뀌고 개미는 사라지고 아주 근사하게 변해 있어요. 관리인을 불러서 따졌어요.

'이렇게 한다고 해서 내가 돈을 더 줄 수는 없다, 왜 내 허락도 받지 않고 이렇게 했느냐.'

그러니까 관리인이 대뜸 '선생님은 뭣 하는 분이세요'라고 묻는 겁니다. 얼마 뒤 미국에 들렀을 땝니다. 뒤에 CIA 부장을 지낸 콜비가 그땐 아시아 담당 국장인데 마중을 나와 저를 사교 클럽으로 안내를 해요. 내가 '당신들은 파리에서도 나를 따라다니던데…'라고 하니 콜비는 웃으면서 '이제는 당신이 어떤 사람인지 다 알았으니 오늘은 그것이 없을 거요'라고 웃더군요."

김종필의 외유로 허전해진 박정희의 주위를 채우면서 새로 등장한 정치참모군 가운데 가장 중요한 두 인물은 이후락 최고회의 공보실장과 엄민영(뒤에 내무장관) 최고회의 의장고문이었다. 주미 한국대사관 무관 출신인 이후락은 예비역 육군 소장으로서 장면 총리 직속의 중앙정보위원회 책임자로 있다가 군사혁명을 만나 한때 투옥되었다. 김종필이 그를 풀어주고 영자신문 〈코리안 리퍼블릭〉을 발행하던 대한공론사 사장으로 앉혔다.

김종필이 떠난 후 이후락은 가장 가까운 거리에서 박 의장에게 좀더 적극적으로 정치에 관한 자문과 건의를 할 수 있는 입장이 되었다. 비로소 그의 명석한 상황분석 능력이 발휘되기 시작했다. 군에서 정보 분야에 오래 근무해온 이후락은 최고회의 대변인으로서 기자들과 상대하면서 세상 물정에 대해 정확한 정보를 갖게 되었다.

엄민영은 경북 慶山(경산) 출신으로 박정희보다 두 살 위였다. 경북고교의 전신인 대구고보를 졸업했다. 뒤에 박정희 대통령의 직계가 되는 공화당 4인 체제의 두 사람 백남억(정책위 의장)과 김성곤(재경위원장)은 엄민영의 대구고보 동기생이다. 일본 규슈 제국대학에 재학 중 고등문관시험 행정과에 합격하여 20대에 전북 임실, 무주 군수를 지낸 엄민영은 광복 후에는 서울대 법대 교수를 지냈고 5·16 혁명이 났을 때는 참의원 의원으로 있었다.

박정희는 혁명에 성공하자 구정치인들 가운데서는 맨 먼저 엄민영을 고문으로 발탁하여 그의 조언을 들었다. 조용한 독서인이기도 한 엄민영은 국정을 넓게 보고 전략적이고 철학적인 조언을 해 줄 만한 학식·경륜·교양이 있는 사람이었다. 엄민영은 汎국민정당 조직 때는 김재춘과 함께 舊정치인들을 끌어들이는 일을 하다가 박정희가 공화당을 선택하자 범국민정당(뒤에 자민당) 내의 친공화당파를 이끌고 공화당에 합류하는 데 앞장섰다. 미국에 장기 체류 중이던 김성곤 전 자유당 의원에게 귀국을 독촉하여 1963년 11월 26일의 제6대 국회의원 선거에 출마하도록 한 이도 엄민영이라고 한다.

민정이양 과정을 거치면서 박정희 의장 주변엔 경북 출신 정치인들이 많이 모이기 시작한다. 엄민영, 김성곤, 백남억 이외에도 이효상(국회의장 역임), 박준규(공화당 의장서리 역임), 申鉉碻(신현확 · 국무총리 역임) 같은 이들이다. 경북 인맥의 창설멤버에 해당하는 이들 여섯 명은 모두 경북고의 전신인 대구고보 동창이다. 경북 지방은 인구가 많은데다가 오랜 전통의 일류 명문고는 경북고 하나뿐이어서 인재가 많이 모였다.

이 학교 출신들은 또 관료나 정치가, 또는 장교 지망률이 유달리 높았다. 대구와 인연이 많은 박정희는 자연스럽게 이런 인재풀을 이용하게 된다. 역대 장관 40명, 역대 국회의원 64명과 대통령 · 국회의장 · 대법원장 등 3부 首長(수장)을 모두 배출한 경북고 전성시대는 세 군인 출신 대통령 시대와 겹친다.

제19장

제5대 대통령선거

朴正熙

탄핵조항

박상길(청와대 대변인 역임)은 박정희 著(저) 《국가와 혁명과 나》를 대필하던 1963년 상반기에 관찰한 박 의장을 이렇게 묘사했다.

〈이중삼중으로 밀어닥치는 타격 앞에서 오직 고군분투 初志(초지)의 관철을 위하여 밀고나가는 박 의장의 모습은 비장하기보다는 차라리 민망하고 안쓰러워 보이기까지 하였다. 이 전후의 박 의장의 태도, 그것은 진정 순수하였고 그야말로 不顧妻子(불고처자), 不顧家門(불고가문), 不顧一身(불고일신)으로 오직 이 난관을 뚫고 나가 쓰러지는 조국을 건져보겠다는 그의 정신, 정열, 집념, 결단은 숭고함을 넘어 처절해보이기도 하였다〉

8월 하순, 전역식을 며칠 앞둔 밤 박 의장은 박상길을 공관으로 불렀다. 박 의장이 2층 서재에서 뛰어내려오는데 모습이 특이했다.

"밤이 깊은데 미안합니다."

이렇게 말한 박 의장은 카키색 군복을 입고 있었는데 한쪽 다리는 무릎 아래까지 바지를 걷어 올린 상태였다. 그는 박상길을 2층 서재로 안내하였다. 박 의장은 박상길이 의자에 앉기도 전에 휙 돌아서면서 말을 내어뱉었다.

"죽 쑤어서 개 주게 생겼습니다. 교순가 접장인가들을 시켜서 헌법을 만들라 했더니 엉망을 만들어놓았습니다. 글쎄 이것 보십시오. 국회의원 24명인가 몇이 도장만 치면 대통령은 당장 죽은 송장이 되게 되어 있어요. 탄핵조항이란 게 도대체 뭡니까?"

한 해 전에 확정된 제3공화국 개정헌법은 국회가 '30인 이상의 국회의원 발의에 재적의원 과반수의 찬성'으로 대통령과 장관들에 대한 탄핵소추를 의결하여 탄핵심판위원회(위원장 대법원장)로 넘길 수 있고 의결을 받은 자는 탄핵결정이 날 때까지 그 권한행사가 정지되도록 했던 것이다. 만약 야당이 국회의 과반수 의석을 차지하면 여당 출신 대통령을 쉽게 탄핵의결할 수 있다는 의미이다. 박정희가 화를 낸 것은 이를 두고 한 것이다.

박 의장은 명함만 한 메모지 한 장을 박상길 앞에 내어놓고 또 내뱉듯이 말했다.

"글쎄 이것 좀 보시오. 중앙정보부 보고인데 당장 국회의원 선거를 실시하면 여당 측은 기껏해야 54명밖에 당선 가능성이 없다는 겁니다. 이렇게 되면 다 끝난 것 아닙니까. 총선거를 해도 지고 혹시 대통령이 된다고 해도 30명이면 손을 놓아야 하고…. 글쎄 어떤 놈의 탄핵조항이 과반수 찬성으로 직권이 정지되어야 한다는 거요? 이런 놈의 법률이 어디 있습니까."

박상길은 자신도 이 분야에 대해서 문외한이기는 마찬가지로 뾰족한 답을 줄 수 없었다.

"이 문제는 엄중한 보안 속에 법률가이면서 정치도 국회도 아는 그런 사람에게 진지하게 의논해보시는 게 좋을 듯 싶습니다. 달리 방법이 없지 않겠습니까."

"어디 그런 사람이 있습니까."

"제 생각에는 오랫동안 국회법사위원장도 지내고 생각도 건실한 朴世倞(박세경) 씨 같은 분이 어떨까 합니다."

"내 특명입니다. 내일이라도 당장 만나셔서 좀 알아봐 주십시오. 거협력 좀 받을 수 없을까요?"

이튿날 박상길은 자유당 온건파 출신인 박세경 변호사를 찾아갔다. 박세경은 헌법과 관계 법조항을 면밀히 검토하더니 이렇게 말하는 것이었다.

"결론적으로 이 문제는 법의 운용과 국회운영의 묘를 기하여 타개해 가는 외에 달리 방도가 없는 것이고, 이런 문제를 사전에 파악하고 연구하여 이를 극복할 수 있는 인물을 법무장관으로 기용함이 옳을 듯 싶습니다."

박상길은 돌아와서 박 의장에게 보고했다. 듣고 난 박 의장은 한참을 생각하더니 "어떻습니까. 그 분이 법무장관을 좀 맡아줄 수 없을까요? 도무지 사람이 없습니다"라고 부탁했다.

박상길로부터 박 의장의 협력요청을 전해들은 박세경은 정중하게 거절했다. 박 의장은 박상길의 보고를 듣고는 입맛을 다시더니 "어떻습니까. 거, 저… 엄민영(당시 의장고문) 씨 한번 만나보시지요?"라고 했다.

박상길이 대답을 망설이고 있는데 박 의장은 다시 "이후락(당시 최고회의 공보실장)이는 어떻습니까"라고 했다.

"뭐, 지금 그럴 필요가 있겠습니까. 뒤에 차차 보겠습니다."

박상길은 이때의 이 답변이 자신에게는 운명의 갈림길이었다고 회고했다.

박 의장의 부탁을 받고 순간적으로 긍정과 망설임이 엇갈렸고 얼떨결에 잠재의식 그대로 이 周旋(주선)을 거부하고 만 것이라고 한다. 박 의장은 자신의 직계참모로 엄, 이 두 사람에다 박상길을 더할 생각이었을 것이라 한다. 박상길은 이 순간의 거부반응으로써 '제3공화국에서 나의 2류 차원의 위치와 외로운 행진은 이미 결정된 것이었다'고 했다(회고록 《나와 제3·4공화국》).

고운 손은 우리의 적이다

1963년 여름, 박정희는 박상길이 대필한 《국가와 혁명과 나》의 원고를 작가 金八峰(김팔봉)에게 주어 監修(감수)를 받아본 뒤 박 씨에게 돌려주면서 이렇게 말하더란 것이다.

"퍽 좋습니다. 다만 원고 중에 내가 표시한 두 페이지만 삭제해 주십시오. 어쩌면 꼭 제 마음속을 다녀오신 것처럼 정확하게 써주셨습니까. 큰 수고를 했습니다."

이 책은 1963년 9월 1일자로 출판되었다. 4×6배판 293페이지에 正裝(정장) 5,000부, 보급판 5,000부. 박정희는 선거를 앞두고 자신의 정치철학과 국가 근대화에 대한 소신을 밝히고 싶었던 것이다. 이 책은 박정희의 생각을 가장 정확하게 기록한 것으로 평가되어 지금도 자주 인용되고 있다. 이 책에는 국가원수의 글로서는 너무 솔직하게 자신을 표현한 것이 아닌가 하는 생각이 드는 대목도 많다.

〈땀을 흘려라/ 돌아가는 기계소리를/ 노래로 듣고…/ 이등 객차에/ 불란서 시집을 읽는/

소녀야/ 나는, 고운/ 네 손이 밉더라.

우리는 일을 하여야 한다. 고운 손으로는 살 수 없다. 고운 손아, 너로 말미암아 우리는 그만큼 못살게 되었고 빼앗기고 살아왔다. 소녀의 손이 고운 것은 미울 리 없겠지만 전체 국민의 1% 내외의 저 특권지배층의

손을 보았는가. 고운 손은 우리의 적이다〉

위의 시는 박정희의 自作(자작)이 아니고 다른 사람의 시를 인용한 것이다. 노동운동가의 시 같은 느낌이 들 정도이다. 박정희의 국가 근대화는 그의 이런 반골정신에 기반을 둔 건설이었기 때문에 대기업 위주의 경제발전 전략을 추진하면서도 농민·노동자·소외층에 대해서도 신경을 썼다고 보는 사람들이 많다.

박정희는 《국가와 혁명과 나》에서 다가오는 선거를 통한 민정이양 방식을 적극적으로 옹호했다.

〈단 1명의 사망, 단 1명의 부상도 없이 혁명의 全(전) 적대세력을 대등한 위치에 개방하고, 순리와 자유경쟁의 원칙에서 혁명의 결실을 시도한 예가 세계 혁명사의 그 어느 대목에 있는가〉

박정희가 이 책에서 가장 역점을 두어 비판한 것은 민주주의를 실천이 없는 구호로만 외치는 구정치인들의 僞善性(위선성)이었다.

〈진정한 민주주의는 건전한 경제적 토대 위에서 확립될 수 있다. 또 건전한 민주주의는 진실과 정직과 법률 본위의 정치적 토대 위에 설 수 있는 것으로되 우리의 그것은 허위와 과장과 부패, 무능, 독선으로 未備(미비)되어 민주주의의 허점을 역이용해서 왜곡된 '위장 민주주의'를 조장해놓았다. 우리의 민주주의는 일부 한정된 지식층의 전매특허된 玩賞物(완상물)이거나 직업 정상배의 생활 밑천처럼 되고 국민들에게는 불평의 배출구처럼 誤用(오용)되고 있다〉

박정희는 근대화 혁명의 공식을 '기성세력층 대 (국민의식+군인의힘)'이라 설명했다. 군인이 권력기반, 또는 정치적 안정을 제공하여 국민들의 자립의지를 살려내고 조직화한 뒤 그 힘으로써 구정치인으로 대표되는 기성·수구세력을 약화시키고 새로운 국가를 건설한다는 전략이었다. 박정희는 군인에 의한 혁명이 국민혁명, 즉 근대화 혁명으로 발전·승화되어야 한다는 말을 되풀이했다.

〈어떤 사상적 지도자로 자처하려는 위인은 4·19 혁명을 대낮의 공사에 비하고 5·16 혁명을 밤의 거사에 비유하여 이 혁명에 흠을 잡으려했지만 여기서 명백히 지적하려는 것은 (거사의) 시각이 밤이 아니고 새벽이었다는 사실이다. 새벽! 그것은 바로 이 혁명의 목적을 상징하는 시각이다. 민족의 여명! 국가의 새 아침! 김포의 革命街道(혁명가도). 30대의 청춘을 민족에 걸고, 오직 한 나라의 운명을 바로잡으려던 '저들 모습은 눈물겹도록 성스러운 인간상이었다. 흐르는 한강을 내려다보며 본인은 그 강물이 어제 흐르지 않던 새 물결이었음을 깨닫기도 하였다〉

박정희는 군사혁명으로 정권을 잡았을 때 '마치 불이 난, 도둑맞은 廢家(폐가)를 인수하였구나' 라고 생각했다고 했다. 그는 1961년도 예산의 52%가 미국 원조에 의존하고 있었던 것을 가리키면서 '한국에 대한 미국의 발언권은 52%를 차지하고 동시에 그것은 한국에 대한 미국의 관심도를 나타내었다' 고 지적했다. 그는 '이러고도 우리는 과연 독립된 자유, 민주주의의 주권국가라고 자부할 수 있을 것인가, 참으로 딱하고 기가 막힌 일이 아닐 수 없다' 고 했다. 그는 또 이런 격한 표현도 서슴지 않았다.

〈요컨대 해방 후 19년간의 총결산—그것은 얻은 것보다는 잃은 것이 더 많은 반면에 단 하나의 소득이 있었다면 덮어놓고 흉내 낸 식의 절름발이 직수입 민주주의의 강제이식이 있었을 뿐이다. 피곤한 오천 년의 역사, 절름발이의 왜곡된 민주주의, 텅 빈 폐허 위에 서서 우리는 과연

무엇을 어떻게 하여야 할 것인가〉

박정희는 그러나 자유민주주의의 불가피성을 부인하지는 않았다.

〈우리는 공산주의를 반대하고 자유민주주의를 원칙으로 함에서는 벗어날 수 없다. 민주주의의 신봉을 견지하는 한 여론의 자유를 막을 수는 없다. '토론의 자유' 속에서 '혁명의 구심력'을 찾아야 하는 혁명, 그것은 힘이 들고 어려운 일이다〉

鄭周永型 人間群의 등장

1963년 정치의 계절. 정권을 놓고 치열하게 벌어진 정쟁의 소용돌이에서 박정희가 한국인과 한국정치를 다루는 원리를 고되게 배우고 있던 바로 그때 경제계에서도 한 거인이 등장하여 '시련은 있어도 실패는 없다'면서 巨步(거보)를 내딛고 있었다. 불도저와 크레인으로써 우리 국토의 풍경을 바꾸어놓게 되는 鄭周永(정주영)은 1963년 현재 박정희보다 두 살이 위인 마흔여덟이었다.

그는 박정희가 만든 조국 근대화란 무대의 한 주인공이 될 운명이었다. 박정희가 정주영을 만들었고, 그 후 정주영은 박정희와 대한민국을 더욱 크게 보이도록 할 것이다. 냉철한 혁명가의 창조물인 '국가건설'이란 시대정신을, 우리 민족이 일찍이 경험해보지 못한 속도와 스케일 감각으로 구현하게 될 기업인 정주영은 개발연대의 중심업종인 건설업을 통해서 근대화의 현장에 나타난다.

박정희는 1962년부터 시작된 제1차 경제개발 5개년 계획 기간 중 여러 가지 정치적 어려움을 무릅쓰고 도로, 댐, 발전소, 항만 등 사회간접

자본에 집중적으로 투자했다. 1962년엔 정부 총투자의 53.3%, 1963년
엔 38%, 1965년엔 39.3%, 1966년에는 37.1%를 투자했다. 이에 따라 이
기간에 건설업 매출액의 연평균 성장률은 17.4%를 기록, 국민총생산 성
장률의 2.3배나 되었다. 1960년부터 이미 국내 최대의 건설업체이던 현
대건설은 이 기간에 건설업 평균 성장률보다도 4배나 빠른 연평균
72.3%의 성장률을 보였다.

고정급료를 받는 종업원수는 1962년의 200명에서 1966년엔 846명으
로 불었다. 사장은 정주영, 부사장은 동생 鄭仁永(정인영), 상무는 鄭世
永(정세영). 李明博(이명박)은 1965년에 해외파견 사원으로 입사했다.
제1차 경제개발 5개년 계획 기간에 올린 현대건설의 매출액 가운데
90% 이상이 정부가 발주한 공사였다.

제2 · 제3한강교, 강화교, 거제대교, 부산 감천 화력, 영월 화력, 군산
화력발전소, 진해 4비료공장 부두 건설공사, 울산 부두 확장공사, 춘천
발전댐 등의 건설 목록은 세월이 흐르면서 한없이 길어져간다. 정주영
은 현대그룹의 저력과 경쟁력의 그 원천을 경쟁과 시련의 현장인 건설
업에서 단련된 기업체질로써 설명하곤 한다. 그는 "건설업에서 단련된
경영자는 어떤 환경에서도 성공할 수 있다"고 말한다. 정주영은 造船業
(조선업)도 쉽빌딩(Shipbuilding)이란 말 그대로 건설업의 일종으로 파
악하여 성공시켰을 정도로 건설업에서 터득한 노하우를 다른 업종으로
확장한 기업인이다. 건설업에서 요구하는 경쟁, 시간 단축, 기동성, 집
중성, 규율, 임기응변은 바로 압축성장시대에 필요한 한국인의 特質(특
질)이기도 했다. 정주영은 사원들에게 이런 말을 한 적이 있다.

"건설업이 가장 어려운 사업입니다. 생리, 언어, 국적, 습관, 그리고

이해관계가 다른 사람들을 끌어 모아서, 더구나 일이 끝나면 뿔뿔이 흩어지고 말 사람들에게 의욕을 불어넣어 가지고, 그것도 자연의 모든 악조건과 싸워가면서 이윤도 내고 동시에 경험과 기술을 축적하여 다음 공사로 가야 하는 모든 과정이 일반 제조업과 비교할 수 없습니다. 건설 현장을 성공적으로 치른 사람은 어떤 일을 맡겨도 성공할 수 있다, 이렇게 확신합니다."

1962년 정주영은 미국 국제개발처(AID) 차관 425만 달러를 도입해 단양에 시멘트 공장을 착공했다. 연산 20만 톤 규모였다. 차관도입에 따른 원리금 상환을 정부가 AID 측에 보증하는 방식이었다.

정주영 사장은 이즈음 매주 일요일이면 청량리역을 출발하는 중앙선 야간열차에 몸을 실었다. 단양 건설현장 근로자들은 금요일 오후부터 "호랑이 오나?"하고 묻고 다니곤 했다고 한다. 정주영은 어느 날 기차에서 잠에 들었다가 단양역을 지나친 뒤 깨어나 달리는 열차에서 뛰어 내렸다. 캄캄한 밤을 더듬어 징검다리를 건너고 산골길을 30리나 걸어서 새벽에 현장에 도착했다. '호랑이'가 현장에 안 올 줄 알고 느긋하게 아침을 먹으려고 식당에 들어서던 사원들은 들이닥친 호랑이의 얼굴을 보고는 기겁을 했다. 호랑이가 현장을 떠나면 직원들은 "공습경보 해제!"라고 외쳤다고 한다.

매주 일요일 독려만으로는 성이 안 찬 정주영은 수시로 전화를 걸어 豫熱室(예열실) 슬라브 콘크리트는 쳤는가, 밀(Mill)실 바닥 콘크리트는 했느냐는 식으로 질문을 해댔다. 어느 때는 담당자가 아닌 직원이 전화를 받고 모른다고 대답하다가 정주영의 고함에 수화기를 놓아버리고 도망친 사건도 벌어졌다.

정주영은 서울 원효로에 있던 重機(중기) 공장에는 매일, 어떤 날은 하루에 두 번도 들러 '아침에 다녀갔으니 내일 오겠지' 하고 지시받은 일을 내일로 미루고 있던 직원들을 혼비백산시키기도 했다. 일과 시간에 대한 정주영의 다음과 같은 술회는 開發年代(개발연대)의 행동철학이기도 했다.

"나는 아무리 어려운 일의 지시에도 긴 시간을 안 준다.

'내일 아침 까지 해놓으시오.'

시간을 길게 주면 내일, 글피로 미루어놓고 다른 일을 계속하다가 발등에 불이 떨어져 후다닥 지시한 일에 들러붙어 만들어내기 때문에 졸속이 뻔한 쓸모없는 결과가 되기 십상이다. 나는 누가 뭐라든 내 철저한 확인과 무서운 훈련, 끈질긴 독려가 오늘의 '現代(현대)'를 만들었다고 믿는다. 선진국을 따라잡자면 그들이 쓰는 10시간을 우리는 20시간, 30시간으로 늘려 시간을 극복하는 것과 유능하고 진취적인 경영자들을 키워내는 외에 다른 길이 없다. 매일이 새로워야 한다. 어제와 같은 오늘, 오늘과 같은 내일을 사는 것은 사는 것이 아니라 죽은 것이다."

陸士 11기 장교단의 등장

박정희 정권을 지탱하게 되는 인맥과 인재군은 1961~1963년의 군정 기간에 형성된다. 김종필 중심의 공화당, 엄민영 등 경북고 출신 중심의 대구—경북 정치인, 정주영으로 상징되는 개발연대형 기업인, 그리고 全斗煥(전두환)—盧泰愚(노태우)로 대표되는 정규육사 출신 장교단.

4년제 정규육사 졸업 제1기(통산 11기)인 노태우 소위는 1955년에 5사단에 배속됨으로써 박정희 사단장과 처음으로 인연을 맺었다. 박정희 준장은 신임 노 소위에 대한 첫 인상이 매우 좋았다고 한다. 1956년 박 사단장은 사단을 떠나 육군대학으로 入校(입교)하기 전 노 중위가 근무하던 부대를 찾아보기도 했다. 박정희는 그 뒤 군수기지사령관 시절엔 육사 11기 출신 孫永吉(손영길)을 전속부관으로 썼다. 5·16 이후엔 전두환 대위를 민정비서로, 李相薰(이상훈) 대위를 경호계장으로 가까이 두었다. 박정희는 서울대학교 학훈단에 근무하던 노태우 대위를 육군방첩대로 불러들여 근무하게 했다.

노태우 대위는 박 의장의 특명을 받아 1962년 겨울에서 이듬해 봄까지 근 석 달간 전국 농촌실태를 조사하는 '암행어사' 역을 맡기도 했다. 絕糧(절량)농가가 없어졌다는 최고회의의 발표에 대해 언론에서는 반론을 제기하여 박 의장이 직접 노 대위에게 현장 확인을 지시한 것이다. 노 대위는 전국의 벽촌과 산골을 돌아다니면서 농민들의 생활상을 조사했다. 노 前(전) 대통령은 최근 "이때의 경험은 그 뒤 나의 현실 인식에 큰 도움이 되었다"고 말했다.

"설악산 미시령 근처 火田民(화전민) 부락에서는 인간도 冬眠(동면)한다는 걸 발견했습니다. 부족한 식량을 아끼려고 한 사람이 하루에 삶은 감자 한두 개만 먹고는 누워서 잠만 자는 거예요. 그래서 에너지 소모를 줄였는지 의외로 건강하더군요. 박 의장을 獨對(독대)하여 보고 드렸는데 절량농가가 없어지지 않았다는 이야기에 언짢아하면서도 '인간 동면' 이야기에 대해서는 아주 흥미 있어 하더군요."

박 의장은 전두환, 노태우, 손영길, 이상훈, 崔性澤(최성택), 權翊鉉(권익현), 鄭鎬溶(정호용), 金復東(김복동) 등 많은 육사 11기 출신 장교들을 최고회의, 정보부, 방첩대 등 權府(권부)의 핵심부서에서 근무하도록 했다. 총구와 권력의 생리를 누구보다도 정확히 꿰뚫어 보고 있던 박정희는 정규육사 출신 청년 장교단을 키워서 장차 군부의 중심세력으로 삼으려는 생각을 하고 있었다. 박정희는 군이 분열하면 정치가 흔들리고 정치가 흔들리면 경제도 돌아가지 않는다고 믿었다.

이후 박정희는 정규육사 출신들 가운데 인재들을 골라 특별히 신경 써서 관리한다. 1968년 노태우, 손영길 중령이 월남전선에 대대장으로 파견될 땐 두 사람을 청와대로 불러 육영수와 함께 식사를 대접한 뒤 자신이 쓰던 권총, 시계를 선물로 줄 정도였다.

박정희는 전두환, 노태우를 비롯한 엘리트 장교들이 일선 지휘관뿐 아니라 보안사와 청와대 비서실 및 경호실에도 근무하도록 하여 자연스럽게 '정치도 이해할 줄 아는 장교'로 양성했다. 이들은 그 때문에 정치군인이란 비난도 받았지만 이렇게 양성된 장교 집단이 박정희의 급작스런 사후에도 권력을 이어받아 그의 이념과 노선을 일정 기간 지켜간 원동력이 되었다는 점을 부인할 수는 없다.

박정희가 金載圭(김재규) 정보부장의 총탄에 사망한 직후 김종필의 공화당과 鄭昇和(정승화) 계엄사령관으로 대표되는 舊(구)군부는 박정희의 유신체제에 대해서 다소 비판적인 태도를 보이면서 박정희 노선에서 이탈하려는 움직임을 보였다. 전두환-노태우를 필두로 하는 정규육사 출신들은 유신체제를 주로 '자주국방'이란 개념으로 파악하고 있었고, 박정희의 죽음을 해석하는 시각에서도 선배들과는 달랐다. 박정희의 민족주의 노선에 의해 의식화되어 있었던 이들은 박정희의 죽음뒤에 있는 미국의 그림자를 주시하면서 10·26을 민주화의 호기가 아니라 국가 위기로 파악했다고 한다(許和平(허화평)의 증언).

　박정희에 대한 인간적, 이념적 충성심이 가장 강했던 이들 新(신)군부
세력이 김재규를 단죄하고 박정희 노선에 비판적인 舊군부와 공화당,
그리고 양 김 씨로 대표되던 민주화 세력을 제거하고 정권을 잡은 것은
박정희에 대한 報恩(보은)일 뿐 아니라 박정희식 국가건설 이념의 계승
이란 측면도 있다. 박정희는 자신의 철학을 제대로 계승할 정당을 남기
는 데는 실패했으나 정규육사 장교단을 친위세력으로 양성하는 데 성공
함으로써 자신의 死後 14년간 군인 출신 엘리트의 집권을 가능하게 했
다. 전두환, 노태우 두 대통령 시대에 박정희의 근대화 전략인 선경제
발전, 후정치 발전이 마무리되면서 새로운 시대가 열렸으니 1963년을
전후한 시기에 박정희가 정규육사 출신들을 키우기로 한 선택은 한국
현대사에서 결정적인 의미를 지닌다고 할 것이다.

　이 무렵 육사 11기 출신 장교들과 박 의장의 밀접한 관계를 보여주는
한 사건이 있다. 1963년 7월 초 박 의장은 수해를 입은 남부지방을 시찰
하던 중 7월 5일 진해에 도착했다. 박 의장은 대통령 별장에서 묵고 수
행한 김재춘 정보부장은 해군 통제부 영빈관에 들었다. 이날 밤 서울본
부에서 李相武(이상무) 국장이 김재춘 부장에게 긴급보고를 해왔다. 그
요지는 이러했다.

　"최고회의, 정보부, 방첩대에 있는 육사 11기 출신 장교들이 주동이 되
어 4대 의혹사건 관련자들 40여 명을 체포하기로 했다는 정보가 있어
경찰에 비상이 걸렸습니다. 빨리 올라오십시오."

轉役辭

김재춘 정보부장은 긴급 상황을 박 의장에게 간단히 보고한 뒤 일찍 진해를 출발, 상경했고 박 의장은 그날 오후 올라왔다. 박 의장 일행이 김포공항에서 서울시내로 들어오는 차중엔 부관인 손영길 소령이 앞자리에 타고 뒷자리엔 박종규 중령이 박 의장 옆 자리에 타고 있었다. 손영길이 들으니 박종규가 의장에게 이런 보고를 하는 것이었다.

"정규육사 출신 장교들이 주동이 된 친위 쿠데타 음모인데 전두환, 노태우, 정호용, 최성택이 관련된 것으로 보입니다. 오늘 중으로 정승화 육군방첩대장이 각하에게 수사 보고를 올릴 겁니다."

손 부관은 육사 11기 동기생들인 전두환, 노태우 등이 터무니없는 모함에 걸렸다고 판단했다. 그는 상체를 뒤로 돌려 박 의장과 박종규를 바라보면서 설명했다.

"각하, 아닙니다. 이건 모략입니다. 이 친구들은 각하를 존경하는 마음이 누구보다도 강합니다. 게다가 대위들이 하면 뭘 하겠습니까. 절대 아닙니다."

박 의장은 진지한 표정으로 부관의 얼굴을 가만히 쳐다보더니 "하긴, 육군 대위가 알길 뭘 알아"라고 말했다. 이 사건 수사를 맡았던 정승화 육군방첩대장은 당초의 첩보가 엄청나게 과장되었음을 알게 되었다. 주로 김종필 계열의 사람들이 자신들에게 불만을 품고 있는 이들 청년장교들을 거세하기 위하여 불평불만을 쿠데타 음모 정도로 부풀려 보고한 것임이 드러났다. 이 사건의 중심인물은 방첩대에 근무하면서 정규육사 출신 장교들 모임 '북극성회'의 회장으로 있던 노태우 대위였다. 노태우

전 대통령은 최근 이렇게 회고했다.

"그때 우리 동기생들이 모이기만 하면 젊은 기분으로 4대 의혹사건을 일으킨 선배 군인들에 대해서 불만을 터뜨리곤 했어요. 혁명정부에 참여했던 선배 군인들이 혁명공약을 잊어버리고는 부정에 손 대고 정권욕에 눈이 멀었다고 흥분하는 장교들도 있었지요. 동창회에서 이런 불만들이 공개적으로 토로되기도 했습니다. 일부 장교들은 김재춘 당시 정보부장의 영향을 받아 반김종필 성향을 보였어요. 이런 것들이 마치 쿠데타 모의를 한 것처럼 보고된 것인데 방첩대에서 수사에 착수하여 곧 사실과 다름이 판명 났습니다. 나는 정식 신문도 받지 않았습니다."

정승화 준장도 사실대로 보고했고 박 의장도 납득했다고 한다. 손영길에 따르면 박 의장은 정 장군의 보고를 받는 자리에서 "자라는 아이들인데 뭘 좀 잘못했으면 선배들이 잘 타일러주어야지"하면서 선처하도록 지시하더란 것이다. 이 사건은 오히려 박 의장의 정규육사 출신들에 대한 寵愛(총애)를 확인하는 셈이 되었다.

1963년 8월 30일 오전 박정희 대장은 강원도 철원군 제 5군단 비행장 내에서 轉役式(전역식)을 가졌다. 박 의장의 카랑카랑한 음성이 스피커를 통해 울려퍼졌다. 박 의장은 轉役辭(전역사) 도중 목이 메어 울음을 참으려고 기침을 하기도 했다.

〈지난 날 수십 만 전우들의 선혈로써 겨레를 지켜온 조국의 전선, 초연은 사라지고 오늘은 초목에 싸인 채 원한의 넋이 잠들은 山野(산야), 이 전선에 본인은 군을 떠나는 마지막 고별의 인사를 드리려 찾아왔습니다. 여기 저 능선과 이 계곡에서 미처 피기도 전에 사라져간 전우들의 영전에 삼가 머리를 숙이고 십여 년을 포연의 전지에서 조국방위를 위하여 젊은 청춘을 바쳤던 그날을 회상하면서 오늘 본인은 나의 무상한 半生(반생)을 함께 지녀온 군복을 벗을까 합니다〉

이렇게 시작된 연설에서 박정희는 국가를 중심가치로 한 군인의 死生 觀(사생관)을 밝힌다. 이 대목은 그의 다른 연설에서 발견하기 어려운 국가주의자로서의 진면목이기도 하다.

〈인간 생존의 권리가 국가라는 생활권 속에서 보장되기 위해서는 또 다른 생명의 성스러운 희생이 요청되는 것입니다. 군인의 길은 바로 여 기에 歸一(귀일)된다고 할 수 있겠습니다. 군인의 거룩한 죽음 위에 존 립할 수 있는 국가란, 오직 정의와 진리 속에 인간의 諸(제)권리가 보장 될 때에만 가치로서 긍정되는 것입니다. 국가가 가치구현이란 문제 이 전으로 돌아가 그 자체가 파멸에 직면했을 경우를 상도할 때, 거기에 혁 명의 불가피성을 부정할 수 없을 것입니다.

5·16 군사혁명의 불가피성은 바로 우리가 직면했던 혁명 직전의 국 가위기에서 인정되어야 할 것입니다. 5월 혁명은 단순한 변혁도 외형적 질서정비도 새로운 계층형성도 아닙니다. 상극과 파쟁, 낭비와 혼란, 無 爲(무위)와 不實(부실)의 유산을 조상과 先代(선대)로부터 물려받은 우 리들 不運(불운)의 세대가 이 오염된 민족사에 종지부를 찍고 자주와 자 립으로 번영된 내일의 조국을 건설하려는 것이 우리 혁명의 궁극적 지 표인 것입니다〉

박 의장은 격앙된 말투로 자신의 민정참여를 변호했다.

〈본인은 군사혁명을 일으킨 한 책임자로서 이 중대한 시기에 처하여 일으킨 혁명의 결말을 맺어야 할 역사적 책임을 통감하면서 2년에 걸친 군사혁명에 종지부를 찍고 혁명의 악순환이 없는 조국재건을 위하여 항

구적 국민혁명의 隊伍(대오), 제3공화국의 민정에 참여할 것을 결심하였습니다〉

연설의 마지막에 박정희 의장은 그의 역대 연설 중 가장 유명하게 되는 말을 남긴다.

〈오늘 병영을 물러가는 이 군인을 키워주신 선배, 전우 여러분, 그리고 군사혁명의 2년 동안 '革命下(혁명하)' 라는 불편 속에서도 참고 편달 협조해주신 국민 여러분에게 감사를 드리며 다음의 한 구절로써 전역의 인사로 대신할까 합니다.

'다시는 이 나라에 본인과 같은 불운한 군인이 없도록 합시다.'〉

이날 박 의장은 서울역 앞 공화당사를 방문하여 입당수속을 끝냈다. 그는 굳은 표정이었고 말이 없었다.

咸錫憲 대 李洛善 논쟁

1963년 7월 16일자 〈조선일보〉 1면에 종교인 함석헌의 기고문이 '3천만의 울음으로 부르짖는다' 는 제목으로 실렸다. 함석헌은 박정희의 쿠데타 직후 월간지 〈사상계〉에 '5·16을 어떻게 볼까' 란 題下(제하)의 글을 실어 군사혁명을 신랄하게 비판했었다. 많은 지식인들이 군사혁명의 불가피성을 인정하고 있던 당시 확실하게 이를 공개적으로 비판한 글로서는 최초였다. 7일간 연재된 〈조선일보〉 기고문에서도 함석헌은 박정희 정부를 전면적으로 부인하는 주장을 폈다.

〈박정희 님, 당신은 군사 쿠데타를 한 것이 잘못입니다. 나라를 바로 잡자는 목적은 좋았으나 수단이 틀렸습니다. 수단이 잘못될 때 목적은

그 의미를 잃어버립니다. 우리의 國是(국시)는 반공이 아니라 데모크라시입니다〉

함석헌은 7월 22일 오전 서울시민회관에서 '귀국 보고 강연회'를 가졌다. 3,500명을 수용하는 시민회관의 1, 2층이 꽉 찼다. 주로 청년, 학생들이었다. 강연회장에 입장하지 못한 청중들은 "스피커를 바깥으로 내어 달라"고 아우성을 쳐 기마경찰이 질서유지를 위해 출동할 지경이었다. 당시 62세이던 함석헌은 "내 진단에 의하면 국민들은 군정을 원치 않으며 군정의 업적이 있다면 물가고에 국민을 허덕이게 한 것뿐이다"라고 비판했다.

이후 함석헌의 대중 강연은 대전 등 지방으로 이어졌다. 그는 "군인은 군복을 벗고 3년이 지나야 사람이 된다", "반드시 군에서 혁명이 일어날 것이다", "군인들! 상사의 명령에 기계처럼 움직이는 졸병들"이란 표현을 쓴 것으로 최고회의에 보고되어 군인들을 격앙시켰다. 함석헌은 예정된 강연이 취소되는 일이 일어나자 이것이 군사정부의 압력 때문이라고 격분하여 8월 16일자 〈동아일보〉에 '정부당국에 들이대는 말'이란 글을 실었다.

〈묻노니, 정부당국 여러분. 낡은 정치의 부패와 무능을 한번 쓸어버리고 경제부흥을 첫째로 하겠다고 했고, 약속의 2년이 다 지난 오늘엔 그 기다렸다던 '참신하고 양심적인 정치가'는 바로 다른 사람이 아닌 이 '나'라고 해서, 땟눌러 앉아 정권을 쥐려고 하는 여러분. 당신들은 이 나라를 어떤 나라로 알며 이 민중을 무엇으로 아나〉

〈말 못하는 민중이라 업신여기지 마. 어리석어 그러는 것이 아니다. 착해서 그러는 것이지. 무지해서 그러는 것이 아니다. 도리가 우리 속에 있어 그러는 거지. 겁나서 가만있는 것이 아니다. 크기 때문에 그러는 거지. 민중이 내 말을 듣고 싶어 하는데 왜 내가 말하는 것을 방해하나. 대답하라. 천하에 내놓고 대답하라. 대답이 나오는 때까지 나는 물을 것이다〉

박정희의 대리인으로서 함석헌에 대한 반격에 나선 것은 '5·16 혁명 기록의 사관' 이낙선 중령이었다. 최고회의 공보비서이던 그는 8월 22일부터 3일간 〈동아일보〉에 '들이대는 말에 갖다 바치는 말씀'이란 제하의 글을 실었다.

그때 이낙선의 나이는 36세. 60대 민간 지식인과 30대 젊은 장교의 대결이었다. 이 논전은 군과 민, 구세대와 신세대, 서구적 민주주의와 민족적 민주주의의 대결로 의미가 부여되는 제5대 대통령 선거의 전초전이기도 했다.

〈선생님은 박 의장이고 공무원이고 군인이고 지성인이고 닥치는 대로 입에 담지 못할 욕설을 퍼부어놓고, 언론자유도 그 외의 온갖 자유도 없다니 도대체 어쩌자는 겁니까. 작년과 금년의 재해로 정부나 국민들이 온통 야단인데 선생님은 어디서 온 이방인이기에 초연히 앉아 불난 집에 부채질만 하십니까〉

〈지금 우리가 가난을 면하기 위하여 걷고 있을 겨를이 없어 세찬 달음박질을 하는 통에 얼마쯤의 무리가 뒤따랐던 것도 사실입니다. 혁명정부는 어리석게도 국민을 편안히 쉬지 못하도록 했습니다. 논길을 넓혀라, 부엌을 개량하라, 호미자루를 길게 하라, 리어카를 이용하라, 돼지를 길러라, 가을갈이를 하라, 퇴비를 많이 만들어라, 자동차는 고·스톱을 지켜라, 양담배를 피지 말라, 깡패를 잡으라고 했습니다. 그래서 '요

다음에 표 찍을 때 보자'고 하는 말도 들었습니다. 5·16은 결코 인기를 얻기 위한 것이 아니었습니다〉

이낙선은 군대가 민주주의와 동떨어진 존재라는 주장에 대해서 이렇게 반론하면서 군사문화의 논리를 당당하게 내세우고 있다.

〈선생님은 군에서 부정선거에 항거한 일, 整軍(정군)운동, 소위 하극상 사건이 왜 일어났는지 알 까닭이 없습니다. 선생님이 해박한 지식을 과시할 때 우리는 主見(주견) 있는 총명으로 답할 것입니다. 선생님이 뇌조직의 발달을 뽐내신다면 우리는 건전한 心身(심신)으로 맞세우겠습니다. 선생님이 개인적 재간으로 덤비신다면 우리는 단체적 협동력으로써 막을 겁니다.

만일에 오랜 경험을 앞세운다면 우리는 오히려 짧은 기간 내에 고도로 훈련되고 조직화되고 숙련되고 기계적인 행정역량으로 반발할 것이고, 선생님이 그럴 듯한 종교적인 계시, 임기응변의 잔꾀로 견주신다면, 우리는 언제나 생각하고 평가하고 다시 숙고하여 결론짓는, 反復(반복)이 주는 주도한 계획성으로 대할 것입니다. 그리고 선생님이 즐겨 돌리시는 혓바닥 운동이나 자랑으로 하시는 狂筆(광필)에 대해서는 차라리 묵묵한 실천으로 답하렵니다〉

野圈 분열

1963년 7월 5일 민정당의 대통령 후보 윤보선은 야당 통합에 의한 단일 후보 실현을 위해서 후보를 사퇴한다고 발표했다. 이로써 민정당, 민우당, 신정당 3야당의 통합운동이 활기를 띠게 되었다. 8월 1일 3당 대표들 400여 명은 서울 시민회관에서 통합야당 '국민의 당' 발기인 대회를 가졌다.

8월 14일 박정희 의장은 선거날짜를 확정, 발표했다. 5대 대통령 선거는 오는 10월 15일, 6대 국회의원 선거는 11월 26일. 민정당은 8월 26일 최고위원-기획위원 연석회의를 열고 '국민의 당'에 통합할 것인가 말 것인가로 격론을 벌였다. 柳珍山(유진산)이 이끄는 통합파와 김도연의 반대파는 종일 격론을 벌였으나 결론이 나지 않았다. 유진산, 김도연, 윤보선은 모두 민주당 구파 출신이었다. 윤보선은 신상발언을 통해서 이렇게 선언했다.

"우리는 행동을 통일해야 합니다. 가려면 다같이 가고 남으려면 다같이 남아야 합니다. 나는 앞으로 대통령 후보 경쟁에 나서지 않겠습니다. 여러분이 동의한다면 김도연 씨를 통합야당의 대통령 후보로 밀겠습니다."

이로써 당세가 가장 강한 민정당의 태도는 일단 정리되었다. 문제는 구민주당 신파로 구성된 재건민주당의 태도였다. 야당 통합에 냉담하던 민주당은 신정당의 허정을 대통령 후보로 밀면서 3당 통합 운동에 깊이 관여하기 시작했다. 신정당의 허정과 민정당의 김도연 두 사람을 두고 재야 지도자들이 일종의 모의투표를 했는데 9대 2로 허정이 이겼다. 이렇게 되니 민정당에선 윤보선에게 다시 출마하라는 압력이 가해졌다.

윤보선은 9월 4일 민정당 간부회의에서 9일 전에 있었던 자신의 대통령 사퇴 선언을 취소하고 통합야당의 대통령 후보로 김도연 대신 자신이 나서겠다고 선언했다. 이처럼 翻意(번의)에 번의를 거듭한 것은 박정희만이 아니었다. 9월 5일 국민의 당 창당대회 겸 대통령 후보 지명대회가 서울 시민회관에서 803명의 대의원이 참석한 가운데 열렸다. 다수파인 민정당 계열은 후보선출 투표를, 반대파는 사전조정을 주장하면서 격돌하여 대회장은 아수라장으로 변했다. 다음날 대회도 후보 선출에 실패했다. 법무장관 출신의 최고위원 李仁(이인)은 마이크를 잡더니 이렇게 말했다.

"국민의 당 모습이 이렇게 된 마당에 본인은 책임을 지고 최고위원직을 사퇴하는 동시에 국민의 당에서도 물러나겠습니다. 이런 추잡한 싸움을 계속하다가는 박정희 의장에게 패배하고 말 것이라는 점을 경고해 드립니다."

9월 8일에 열린 지명대회도 투표조차 하지 못하고 헤어졌다. 다음 날 민정당의 통합파를 이끌면서 윤보선의 후보지명을 위해 혼신의 힘을 다해온 유진산이 안국동의 윤보선 집을 찾아와서 이렇게 간청했다.

"대국적 견지에서 선생님께서 대통령 후보를 허정 선생에게 양보하시는 것이 어떻습니까."

이때 윤보선은 의심이 들었다고 했다(회고록에서 인용).

〈나에게 묘한 말이 들려왔다. 허정 씨가 대통령이 되고 유진산 씨가 국무총리를 하기로 묵계가 되어 있다는 것이었다. 한둘도 아닌 믿을 만한 여러 사람들로부터 그런 말이 들려왔다. 나는 그가 변절했다는 생각을 강하게 갖지 않을 수 없었다〉

나중에 야당 분열의 불씨가 되는 윤보선과 유진산의 상호불신은 여기서 비롯되었다. 9월 10일 비민정당계에서 민정당 측과 상의 없이 선거관리위원회에 '국민의 당' 창당등록신고서를 제출했다. 민정당도 이틀 뒤 전당대회를 열고 윤보선을 대통령 후보로 지명했다. 이로써 야권통

합은 물거품이 되었다. 그 이틀 뒤(9월 14일) 국민의 당은 전당대회에서 허정을 대통령 후보로 지명했다.

대통령 선거일을 한 달 앞둔 9월 15일 모두 일곱 명의 후보들이 중앙 선거관리위원회에 등록했다. 기호순으로 신흥당의 張履奭(장이석), 자민당의 송요찬, 공화당의 박정희, 추풍회의 吳在泳(오재영), 민정당의 윤보선, 국민의 당의 허정, 정민회의 변영태. 송요찬은 옥중에서 출마했다.

후보 등록 이후 박정희 의장이 8월 30일자로 공화당에 입당하고 다음 날 총재에 취임하면서 대통령 후보를 수락한 것이 위법이란 시비가 일어났다. 박정희가 5·16 혁명 직후 헌법을 정지시키고 공포한 국가재건비상조치법은 최고회의가 헌법에 규정된 국회의 모든 권한을 대행한다고 되어 있었다. 구국회법 19조는 국회의장이 정당에 적을 두어선 안 된다고 규정하고 있었기 때문에 국회의장의 권한을 인수한 박정희 최고회의 의장이 공화당에 가입한 것은 위법이란 주장이었다.

최고회의 측도 이 점을 뒤늦게 알고는 1963년 9월 3일 서둘러 비상조치법을 고쳐 '최고회의 의장은 정당이나 사회단체에 가입할 수 있다'고 했다. 공화당은 박정희가 실제로 공화당 당적을 가지게 된 날짜는 심사 끝에 당원명부에 이름이 오른 9월 4일이라 주장했다. 이 주장이 맞다면 공화당은 당원도 아닌 상태의 사람을 대통령 후보와 총재로 추대했다는 궁색한 이야기가 된다.

이 법률적인 쟁점을 가장 먼저 제기한 사람이 재건민주당(당수 박순천) 대변인 김대중이었다. 이 법률문제를 놓고 윤보선의 민정당에선 史光郁(사광욱) 중앙선거관리위원장을 상대로 '박정희 후보 등록 취소 행정소송 및 효력정지를 구하는 가처분 신청'을 제기하여 선거의 큰 쟁점으로 만들었다. 김대중 전 대통령은 최근에 펴낸 자서전에서 '일설에 의하면 이것이 박 대통령이 나를 평생 미워하게 된 최초의 동기가 되었다고 한다'고 썼다.

사상논쟁 시작

5代 대통령 선거의 성격을 이념 및 사상 논쟁으로 만든 최초의 신호탄은 박정희 후보가 1963년 9월 23일 서울 중앙방송을 통해서 발표한 정견발표였다. 이 연설에서 박정희는 특유의 카랑카랑한 목소리로 민정당의 윤보선 후보로 대표되는 구정치인들을 사대주의적 근성을 가진 '천박한 자유민주주의자'로 몰아붙였다.

박정희는 이 연설에서 '민족의식이 없는 사람들에게 자유민주주의는 항상 잘못 해석되고 또 잘 소화되지 않는 법이다'라고 했다. 그는 또 '사회질서를 요구하는 것은 탄압이다, 교통신호를 지키게 강요하는 것은 독재다, 외국 대사관 앞에서 데모하는 것은 자유다, 하는 이런 사고방식은 모두 자유민주주의를 잘못 이해하는 것이다'고 주장했다.

그는 이번 선거를 '사상과 사상을 달리하는 세대의 대결이다. 즉, 민족적 이념을 망각한 가식의 자유민주주의 사상과 강력한 민족적 이념을 바탕으로 한 자유민주주의 사상과의 대결이다'라고 선언했다. 박정희는 이런 말로 연설을 끝냈다.

"해방 후 우리가 얻은 미국의 원조 40억 달러를 착실히 계획적으로 썼던들 우리는 벌써 자립할 수 있는 국가가 되었을 것입니다. 내가 바라는 한국의 민주주의는 특별한 것이 아닙니다. 우리가 한국 사람이라는 강력한 민족주의 정신을 가지고 그 위에 민주주의를 착실히 성장시키고 질서 있는 사회 환경 속에서 국민 각자가 부지런히 일하고 정부가 국민의 세금을 아껴 건설 또 건설로 줄달음칠 때 우리 한국은 빛나는 나라가 될 것입니다. 국민 여러분 속지 맙시다. 그리고 부지런히 일합시다."

9월 24일 민정당 대통령 후보 윤보선은 민정당 완주 지구당 위원장 집에서 기자회견을 가졌다. 한 기자가 이런 질문을 했다.

"박정희 후보는 어젯밤 선거방송연설에서 윤 모는 참다운 민주주의를 하는 사람이 아니고 더욱이나 애국하는 사람이 아니라는 취지의 말을 했는데 해위 선생님은 어떻게 생각하십니까."

윤보선은 이 말에 분노가 울컥 치밀었다고 한다(회고록).

〈적어도 박정희 씨는 그런 말을 할 자격이 없다. 천황을 위해서 목숨을 바치기로 맹세했던 사람이 아니었던가. 해방 뒤에는 자의로 공산주의에 투신하여 두 번이나 나라를 해치려 했던 사람이 아닌가. 賊反荷杖(적반하장)도 유분수다. 그가 먼저 싸움을 걸어온 이상 참을 수 없다〉

윤보선은 이렇게 말했다.

"내가 할 말을 박 후보가 방송을 통해서 했는데 국민이 현명하게 판단할 것입니다. 우리는 가식적·이질적 민주주의와 대결하고 있습니다. 나는 오히려 박 의장의 민주사상을 의심해마지 않습니다. 박 의장의 《국가와 혁명과 나》라는 저서를 보면 '서구의 민주주의가 대한민국에 맞지 않는다'라고 말했는데 이것은 무엇을 말하는 것입니까. 이 책을 보면 이집트의 나세르를 찬양하고, 히틀러도 쓸 만한 사람이라고 했는데 과연 이 사람이 민주주의를 신봉하는 사람인가 의심하지 않을 수 없습니다.

나는 어제 여수에서 유세를 하면서 느낀 바가 있는데 여순반란사건의 관련자가 정부 안에 있다는 것을 상기해야 합니다. 여순반란사건은 민주주의와 민족주의를 신봉하는 사람이 한 것은 아니라고 생각합니다."

윤보선이 지칭한 여순반란사건 관련자란 박정희 후보를 말하는 것임이 명백했다. 윤보선은 '당신은 용공이 아닌가' 라고 직격탄을 날린 것이다. 다음날 9월 25일 야당계로 보이는 구국청년동지회의 이름으로 서울 시내 곳곳에 전단이 뿌려졌다. 그 내용은 '북한에서 밀파한 황태성 사건의 진상을 밝혀라' 는 것과 공화당에 대한 사상공세였다. '공화당 내에 6·25 당시 부역자 및 그의 가족이 월북한 자가 있다는 사실도 알고 있는가', '공화당의 중견간부인 김 모 씨가 6·25 당시 부역을 했다는 사실을 아는가' 란 질문은 일반 서민들이 가진 악몽을 상기시키기에 충분했다. 附逆者(부역자)란 낱말에는 전쟁 중 공산당에 편을 든 사람들에 대한 증오심보다 그런 누명을 쓰고 억울하게 죽어가거나 불이익을 받은 사람이란 인상이 더 강하게 묻어 있었다. 박정희에 대한 윤보선 측의 사상공세는 유권자들의 반공의식에 호소하려는 계산이 있었겠지만 서민들의 생활감정을 상당히 떠나고 있었다.

박정희는 '국민의 당' 후보로 나온 許政과 연초에 몇 번 만나고 나서는 호평을 했다. 박 의장은 선거기간 중에도 許政과 손을 잡는 방안에 미련을 버리지 않았다. 지방유세 중 박정희는 자신을 수행한 朴相吉을 불렀다.

"오늘 밤 차로 서울을 좀 가셔야 되겠소. 김현철 수반과 김형욱 부장이 잘 해본다고 했는데 소식이 없어요. 내 생각에는 허정 씨가 승낙만 한다면 외무, 국방, 경제만 빼고 반 정도의 내각은 맡겨도 좋을 것 같소만…."

박 의장은 대화 중에 세 가지를 암시했다고 한다. 지금의 선거전에서 승리를 낙관할 수 없다, 선거에 이긴다 하더라도 정국의 안정이 어렵다, 허정과 그 측근 인물들은 온건하고 신뢰가 간다.

박상길은 서울로 올라와 김현철, 김형욱의 對(대)허정 접촉 결과를 알아보았다. 심도 있게 이야기가 진행되고 있긴 했으나 전망은 어두웠다. 김형욱 정보부장의 거친 접근법은 許政에게 유쾌하지 못한 인상을 주고 있었다.

民心 읽기

박정희 의장의 특명을 받고 '국민의 당' 許政 후보의 사퇴를 종용하려고 서울에 올라온 박상길은 허정과 가까운 박세경 변호사에게 중개를 부탁했다. 박 변호사는 어려울 것이라면서도 허정과 접촉해본 뒤 "박 의장과의 합작은 불가"라는 그쪽 입장을 전해 주었다. 10월 2일 허정 후보는 '군정종식을 위해선 야권 단일후보가 성취되어야 한다' 면서 후보사퇴를 선언, 사실상 윤보선 지지로 돌았다. 그 5일 뒤엔 옥중 출마한 송요찬 후보도 '야권 단일 후보를 위해' 후보를 사퇴했다. 이로써 5대 대통령선거는 박정희-윤보선 대결로 압축되었다.

허정과 송요찬의 후보 사퇴 선언은 선거유세의 청중동원력에서 윤보선이 월등히 앞서 나간 것과도 관계가 있었다. 윤보선은 서울고등학교 교정 유세에서 약 4만 명(언론의 추산), 대구 수성천변 유세에서 약 8만 명, 부산역전 광장 유세에서 약 6만 명을 동원했다. 야당의 어느 후보보다도 많은 것은 물론이고, 박정희 의장의 청중 동원수를 능가하는 인기였다. 10월 5일 서울 남산 유세에서 윤보선이 약 15만 명의 청중을 모은 날 박정희는 대전 유세에서 약 4만 명을 모았다.

박정희가 제기한 '가식적 민주주의자 대 민족적 민주주의자' 란 이념 논쟁보다는 윤보선 후보 측에서 제기한 '군정종식', '거물간첩 황태성과 박 의장의 연루', '박 의장 및 공화당의 용공성 의혹' 이 훨씬 쉽게 국민들의 가슴과 뇌리를 자극했다. 선거유세전의 주도권을 윤보선 후보가 잡은 것처럼 보이게 만든 것은 언론의 공정보도였다. 텔레비전 방송이 없던 시대에 언론을 주도하던 신문들은 야권 후보들에게 더 많은 지면을 배분, 박 의장이 수세로 보일 정도였다.

10월 9일 윤보선은 안동 유세에서 과격한 발언을 했다.

"민주공화당은 공산당 돈을 가지고 공산당 간첩이 와서 공산당식으로 조직한 정당이다. 북괴 무역부상 황태성이 20만 달러를 가지고 왔는데 김종필 씨가 그를 조선호텔에 모셔다가 서울에 밀봉교육 장소를 다섯 군데나 만들어놓고 공산당 식으로 점조직을 했다."

이 안동 발언은 사실 검증 없이 주요 신문의 1면 머리기사로 올라갔다. 한 중앙지는 '공화당은 공산당 자금으로 조직' 이라는 제목을 1면 머리에 크게 뽑았다. 윤보선은 자신의 회고록(1991년 출간)에서도 황태성이 공화당과 관련되어 있었다는 주장을 계속했다.

〈무력으로 정권을 탈취했는데 그러한 사건쯤 그냥 덮어버리고 넘어가는 것은 별로 어려운 일이 아니었을 것이다. 언론조차 군정의 엄격한 통제를 받아 기사를 함부로 쓸 수 없었고, 사실을 사실대로 밝힐 수 있는 자유도 없었을 때였다〉

황태성이 1962년의 공화당 사전조직에 관여했다는 소문은 당시부터 떠돌았으나 확인된 적은 없고 여러 가지 정황으로 미루어 사실이 아닌 것으로 보인다. 윤보선의 논리구조는 소문을 사실로 단정한 다음 '군사정권이니 그런 엄청난 사실을 덮어버렸다' 는 결론을 내리는 식이었다. 이런 논리의 비약은 그가 집권자였다면 '용공조작' 이라 불릴 만한 사실 왜곡이었다. 당시 민주당 대변인이던 김대중 전 대통령은 최근에 출간한 자서전에서 이렇게 지적했다.

〈공산당과 인연을 끊고 '반공' 을 내걸고 있는 박 후보에게 그 비난은 걸맞지 않았다. 게다가 윤 후보가 상대를 '공산당이다' 라고 비난하는 그 방식이 국민들에게 어두운 과거의 일을 떠올리게 하였다. 해방 후 미군 군정시절과 이승만 대통령 시절에는 반대세력을 탄압할 때 모두 공산당이라고 날조한 뒤 숙청시켰다. 윤 후보의 발언에서 만약 정권을 잡으면 반대파를 공산당으로 몰아서 제거하는, 과거의 공포정치가 재현되는 것이 아닌가 하고 대다수 국민들은 공포감을 가졌던 것이다〉

박정희는 윤보선 후보의 사상공세에 대해서 마치 용공조작의 희생자처럼 말했다.

"싸우다 힘이 부족하면 빨갱이라는 모략을 하는 것이 바로 야당이다. 과거 한민당이 이 따위 수법을 썼는데 오늘에 와서도 야당은 똑 같은 수법을 쓰고 있다. 과거와 양상이 다르다면 과거는 여당이 야당을 잡았는데 지금은 야당이 여당을 잡으려 하고 있다."

박정희는 10월 9일 부산공설운동장 유세에선 이렇게 말했다.

"나는 전방 사단장도 하고 야전군 참모장도 했다. 내가 빨갱이였다면 사단을 끌고 북으로 넘어갈 수도 있었다. 그런 위험한 사람이 혁명을 일으켰는데 윤 후보는 왜 대통령직에 앉아 있으면서 우리를 비호했나.”

이 자리에서 박정희는 逆攻(역공)으로 나왔다. '근친자의 사상문제로 결백한 사람의 출세를 막고 있는 연좌제를 시정하겠다' 고 공약한 것이다. 윤보선 후보의 사상공세에 그렇게 대응한 데는 박정희가 읽은 민심과 윤보선의 그것이 달랐기 때문이었다. 박정희는 자신에 대한 용공 의혹을 제기하는 윤보선의 공격내용을 축소 보도하도록 언론계에 작용하려는 측근들을 제지하면서 “그거 더 크게 내라고 해”라고 했다. 사상문제로 지옥의 문턱까지 갔다가 생환한 박정희, 좌익전력자의 단체인 保導聯盟(보도연맹)에 소속되었다고 해서 6·25 개전 초기에 억울하게 학살된 사람들이 많은 경상도, 전라도 지역 민심을 정확히 읽었다고 평가된다.

李萬燮 기자의 경우

5·16 혁명 직후 〈동아일보〉 정치부 이만섭 기자는 윤보선 대통령의 민정이양 촉구발언을 보도했다는 이유로 육군형무소에 수감된 적이 있었다. 두 달 후 석방되어 다시 최고회의를 출입하는 기자가 되었지만 혁명정부에 대한 감정은 좋을 리가 없었다. 이듬해인 1962년 10월 10일, 박 의장의 울릉도 시찰 때 단독 인터뷰를 하면서 1박 2일을 함께 지낸 뒤 이만섭 기자는 박정희란 인물을 다시 봐야겠다는 생각을 갖게 된다.

“일본 육사 출신이란 인식으로 박정희를 본 것이 그 이전의 제 시각이었다면, 그 이후부터는 대구사범 출신의 선생님이란 느낌으로 변화되는 것이었습니다. 이 어른은 만날수록 자립경제, 자주국방에 대한 집념과 강한 민족의식을 느끼게 했습니다."

그는 정치부 기자로서 살펴 본 박정희, 윤보선 두 사람의 인상을 이렇게 회고했다.

"윤보선씨는 온화한 인상에 점잖은 분이었지요. 그러나 귀족 출신이라 그런지 서민의 어려움과 고통을 모르는 분이었습니다. 거기에 비해 박정희 씨는 가난한 농민의 아들로 태어나 서민의 아픔을 느끼던 분이었죠. 윤보선 씨댁에 가면 윤 씨는 화려한 비단 보료가 깔린 방 가운데에 의자를 두고 거기 앉아 기자를 만났습니다. 집도 궁궐 같은 저택이었고.

박정희 후보는 정반대의 이미지를 갖고 있었습니다. 서구식 건물인 의장 공관부터 달랐고, 찾아 가면 소탈하게 만나주는 것이 우선 서민의 냄새가 몸에 밴 분이란 걸 느끼게 됩디다. 윤보선 씨에게는 없는 불타는 정열이 박정희 씨에게는 있었습니다. 큰 차이였어요."

이만섭은 이런 차이점들이 객관적 위치에 머물러야 할 기자의 마음을 흔들게 한 원인이라고 했다.

"마음이 자꾸 박정희 씨 쪽으로 기울어지고 있었습니다. 이 분이 나라를 맡아 4년이나 8년 정도만 하면 이 나라는 달라질 수 있을 것이란 생각이 자꾸 들었어요. 그러니 윤보선 씨를 취재해 기사를 쓰려면 부정적인 마음이 앞서 펜이 기울어지려고 하는 겁니다. 중립을 지켜야 하는 기자로서는 안 되는 일이기도 했고, 언론을 모독하는 느낌이 들어 미안한 마음이 생겼습니다."

이만섭 기자는 "이럴 바에야 차라리 박 의장 쪽에 들어가서 돕는 것이 좋겠다고 결심했다"고 한다. 1963년 추석 다음날인 10월 3일, 이만섭 기자는 서울 장충동 의장 공관으로 박 의장을 찾아가 말했다.

"의장님. 제가 〈동아일보〉 그만두고 의장님을 돕겠습니다."

"너무 고맙소, 너무 고맙소."

이만섭의 표현으로는 박 의장이 '百萬援軍(백만원군)을 얻은 표정'이었다는 것이다.

"의장님, 저는 구정치인들처럼 무슨 감투나 돈을 원치 않습니다. '내가 왜 박정희 의장을 지지하는가' 그 이유를 대중들에게 밝힐 기회만 주십시오."

후보 지지연설을 하게 해 달라는 요청에 박정희는 즉시 이후락 공보실장에게 전화를 걸었다.

"이번 유세반에 〈동아일보〉 이만섭 씨를 넣을 테니까 같이 하도록 합시다."

이만섭 기자는 〈동아일보〉에 사표를 제출한 뒤 자신의 연고지인 대구 유세장에서부터 끝까지 박정희 후보와 선거유세를 함께 했다.

이만섭은 박정희 후보 유세 연설문의 경우, "원고는 없었고, 전국 유세를 다니면서 寢食(침식)을 같이 했던 이후락 실장과 내(이만섭)가 메모 형식으로 써 올리면 박 의장은 이것을 연설에서 거론하는 식이었다"고 한다.

당시 〈조선일보〉 정치부 기자 李鍾植(이종식·유정회 국회의원 역임, 현 방일영 문화재단 이사)은 "박 후보는 좋은 말을 많이 했지만, 약간 딱딱해서 공화당에선 선동적인 연설을 잘하는 이들을 찬조연사로 내세우고 있었다"고 회고했다. 이만섭 고문은 "박 의장은 군 생활을 오래 한 덕분인지, 원고 없이도 연설을 잘했지요. 웅변은 아니더라도 차분하고 조리 있게 짚고 넘어갔습니다. 대중들을 들었다가 놨다가 하는 재주는 없었지만, 유세지역이 바뀌어도 우리가 원하는 방향으로 분명하게 연설했습니다"라고 말했다.

박 후보의 두 번째 지방유세는 10월 6일 대구 수성천변에서 열렸다. 연단에 앉아 있던 박정희는 인산인해를 이룬 청중들을 보면서 초조한 듯 이만섭에게 "오늘 잘해야 돼요"라고 몇 번이나 말했다. 이효상의 사회로 시작된 이날 유세에서 첫 연사로 연단에 올라선 이만섭은 공격적인 연설을 했다.

"이 나라의 대통령은 가난한 서민 출신이어야 하고, 또 이 앞에 앉아 있는 구두닦이 소년, 이런 사람들이 열심히 공부해서 나중에 이 나라의 대통령이 되어야 합니다. 그래야 이 나라를 가난에서 구할 수 있고, 잘 살게 할 수 있습니다. 윤보선 씨는 사람은 좋지만, 한 여름에도 쎄무장갑을 끼고 농민들과 악수를 하는 귀족입니다. 서민의 고통을 모르는 이런 사람이 대통령이 되면 나라를 어떻게 가난에서 구하겠습니까."

이 연설에 청중들은 열광했다고 한다. 이만섭이 연설을 끝내고 자리로 돌아오자 박정희 후보는 "야! 大(대)웅변가야!"라며 담배 한 대를 권했다. 박 의장과 이만섭이 담배 피우는 장면을 청중 속에서 목격한 이 씨의 아버지 李德祥(이덕상) 옹은 그날 저녁 아들을 불러다 앉혀놓고 "국가원수와 단상에서 어떻게 맞담배질이냐"며 호되게 나무랐다고 한다.

'탱자 민주주의'

1963년 10월 6일, 대구 유세에서 박정희 후보는 고향에 돌아온 안도감 때문인지 상당히 고무된 기분으로 공격적인 연설을 한다.

〈나는 아무리 미국과 우리하고 관계가 그렇다 하더라도 이러한 거지 구걸하는 원조는 받을 수 없다, 이겁니다. (박수) 우리가 우리 스스로 우리의 경제를 재건할 수 있는 계획을 딱 세워놓고 미국 사람들에게 원조를 받을 때에는 우리에겐 이런 걸 원조해 주시오, 이런 걸 좀 해 달라, 그리고 소비 물자만 주지 말고 건설자재를 좀 달라, 먹고 당장 없어지는 것보다도 시멘트 한 포라도 더 달라, 철근을 하나 더 달라, 그래서 공장이라도 하나 더 지어 달라. 그런 걸 우리가 사전에 계획을 딱 지어놓고 미국 사람들과 협조를 해서 우리한테 꼭 필요한 것을 받자 이겁니다.

미국 시민들이 우리를 도와주기 위해서 세금을 모아서 도와주는 게 이 원조이기 때문에, 우리는 이것을 규모 있게, 계획적으로 효과 있게 잘 써야 되겠다 이겁니다. 그래야만 미국 사람들도 우리한테 도와준 보람이 있을 것이고, 우리도 또 우방국가로서 원조를 받아서 뒤에 무엇이 남아야 그 은혜에 대해서 보답할 수 있는 그런 길이 되는 것이지, 주면 똑 한강물에 돌 집어 던지듯이 어디로 들어갔는지 전혀 모르는 이런 식 원조, 모래사장에 물 붓는 것과 마찬가지로 주면 없어지고, 주면 없어지고….

과거에 우리 舊정치인들이 미국에서 수십 억불의 원조를 받아다가 어디다 썼습니까? 얻어올 적에는 그런 거지 식으로 얻어와서, 가져와서는 돌아올 때는 국민들에게 노나(나눠)준다 그러고, 돌아온 뒤에는 저그들끼리 쏙쏙 노나(나눠) 묵꼬, 뭐가 남아 있습니까? (와—하는 웃음과 박수)〉

그 날 저녁, 숙소인 대구 수성 관광호텔로 돌아온 박정희 후보와 일행은 저녁을 마친 뒤 각자 다음 진주 유세를 위한 준비로 바빴다. 박정희는 유세요원 이만섭(전 국회의장)을 부르더니 "여보, 이만섭 씨. 나, 오늘 한솔(이효상) 선생 처음 뵈었는데, 사회를 참 구수하게 잘하시데. 내 일부터 그 어른 모시고 합시다"라고 했다.

10월 7일 진주 유세부터 박정희 후보는 검은색이 옅게 깔린 안경을 쓰고 연단에 오른다. 연단에서 인사를 한 박정희 후보가 막 연설을 시작하려는 순간, 청중 속의 한 노인이 손나팔을 만들어 고함을 쳤다.

"그, 박 의장요! 안경 좀 벗어보소. 관상 좀 봅시더."

박정희 후보는 그 노인을 향해 "아, 그래요? 내 벗지요"라며 안경을 벗었다. 얼굴엔 불쾌한 빛이 역력했다. 박 후보의 연설이 끝나자 고함쳐 안경을 벗게 만든 노인이 다시 한번 고함을 쳤다.

"아, 그 관상 보이 대통령 되겠다."

이 말에 박정희의 얼굴엔 짧은 미소가 돌았다고 한다. 이만섭은 "옛날 같으면 상상도 못 할 일인데…. 참, 민주주의가 좋기는 좋다"고 혼잣말을 했다.

진주 유세에서 박정희 후보는 임진왜란 당시의 진주성 싸움과 6·25를 예로 들면서 예나 지금이나 나라를 지킨 것은 군인과 민중이요, 나라를 망친 것은 벼슬아치와 구정치인이었다고 비판했다.

박정희 후보는 또, 그러한 위선적·사대적 정치인이 주장하는 민주주의는 서구에는 맞지만 한국의 토양에는 맞지 않는 '탱자 민주주의'라고 야유도 한다.

〈여러분. 이 책상 위에, 마침 이걸 누가 갖다 놨는지 모르겠지만, 이게 아마 탱자일 겁니다. ("유잡니다. 유자!"-관중석에서) 유잡니까? 아, 잘 몰랐습니다.

우리나라에 탱자라고 있지요? 어느 식물학자가 몇 년 전에 일본에서 밀감나무를 이식해다가 자기 집에 심어가지고 잘 가꾸어서 키워 놨는데 몇 년 지나고 난 뒤에 열매가 열렸다 이겁니다. 노란 게 열렸는데 따 보니까 이것은 밀감이 아니고 탱자가 열렸더라 이겁니다.

민주주의도 마찬가지입니다. 외국에선 그것이 아무리 좋은 민주주의라도, 서구제국에선 가장 알맞은 그런 제도였을지 모르지만, 그것을 우리나라에 갖다가 완전히 밀감을 만들기 위해서는 여러 가지 여건을 잘 만들어줘서 어느 시기에 가서 접목을 시켜서 이것이 완전히 우리나라에서 밀감이 될 수 있도록 해야 되는 것이지 그냥 갖다 여기다 꽂아 놓는 것은 민주주의가 되지 않고 탱자 민주주의가 된다 이겁니다.(박수)

6·25 사변 때 공산군이 우리를 침략했을 때 이것을 나가서 총칼을 들고 목숨을 걸고 싸워서 나라를 지켰던 사람들이 누구였습니까. 당시의 우리 국군 장병이요, 자진해서 군에 입대한 우리 애국 시민, 학생, 학도병, 또는 저 시골 농촌에서 학교도 가지 못하고 지게 목발을 두드리던 불우한 청년들이 전부 끌려 나와서 지게 목발 대신에 총칼을 들고 전방에서 공산당과 싸워서 이 나라를 지켜왔습니다.

오늘날 우리나라의 소위 구정치인, 과거에 정치를 했다는 사람들이 무슨 소리를 하고 있습니까?

'이 나라에서 민주주의를 할 줄 아는 것은 우리뿐이고, 이 나라에서 민주주의를 지킨 것은 우리고, 느그는 전부 가짜고, 이질민주주의고, 위험한 민족주의고, 심지어 나아가서는 빨갱이고, 공산당이고' 이렇게 떠들고 돌아다닙니다.

지금 동작동 국립묘지에 잠들어 있는 전몰 장병들은 아직 한 번도 '이

나라의 민주주의를 지킨 것은 우리뿐이다' 하는 얘기를 한 적이 없습니다. 누가 진짜로 이 나라에서 민주주의를 지키고, 민주주의를 수호해 왔고, 누가 거짓말, 껍데기 민주주의를 해 왔느냐…. 국민 여러분들이 더 잘 아실 것입니다〉

군사문화

1963년 박정희 대통령 후보의 연설을 녹음테이프로 들어 보면 그의 연설은 기교가 없고 투박하다. 당시 고등학교 2학년생이던 기자는 10월 9일 부산공설운동장에서 있었던 공화당 유세를 들으러 갔다. 박 의장의 연설은 한마디로 재미가 없었다. 선동과 우스갯소리가 없었기 때문이다. 박 후보는 그냥 차분하고 깐깐하게 연설하니 청중은 흥분하거나 웃을 일이 없었다. 박정희는 또 대중 앞에 나타나 연설하는 것이 뭔가 어색한 듯 몸에 맞지 않았을 뿐 아니라 수줍어하는 표정이었다.

36년이 지난 뒤 다시 듣는 박정희의 연설은 달랐다. 그의 연설에는 구체성과 實質(실질)이 있고 비전이 있었으며 무엇보다도 열정이 느껴졌다. 그가 연설에서 약속한 것이 대부분 실천되었음을 확인할 수 있는 지금 그의 연설은 당시의 청중이 아니라 역사를 향해서, 미래를 향해서 토로한 웅변이었음을 알 수 있다.

박정희는 5대 대통령 선거 유세에서 군사문화의 효율성과 복종심, 그리고 희생정신을 적극적으로 옹호했다. 함석헌-이낙선 지상 논전에서도 잘 드러났지만 이 선거는 군사문화의 실천력과 민간문화의 명분론이 대결한 장이기도 했다. 10월 8일 마산 유세에서 박정희는 이렇게 말했다.

〈어제 어떤 소위 우리나라의 자칭 지도자라는 사람이 아마 이 고장에도 다녀갔는지 모르겠습니다. 그는 선거전이 벌어지기 전부터 전국 방방곡곡을 돌아다니면서 군인은 군복을 벗어도 한 3년 동안은 때가 벗겨지지 않는다, 군대 갔다 온 놈은 전부 집에 앉아서 한 3년 동안 물을 끓여놓고 때를 벗겨라, 이겁니다. 여기 지금 군대 갔다 온 제대군인들이 많이 계시죠. 완전히 군복을 벗고 민정에 참여하더라도 이것은 옷만을 바꾼 군정이다, 그러니까 우리 야당 구정치인들이 정권을 잡아야겠다. 이거 여러분들이 혹 정신을 못 차리면 감쪽같이 속아 넘어갈지도 몰라요. 군인이 군대에 가서 무슨 지독한 짓을 했기에 3년 동안 벗겨야 할 때가 묻어 있습니까.

저부터 수십 년 동안 군에서 복무를 했고 군에서 잔뼈가 굵었지만 군인이 군대 가서 배운 것은 또한 여러분들 자제가 군에 입대해서 2~3년 동안 배우는 것은 그야말로 앞으로 국민으로서 건전한 정신적인 기초를 군대에서 닦아주는 것입니다. 자기 맡은 임무에 대해서 충성을 다하자, 국가에 대해서 충성을 해라, 상사의 명령에 대해 복종을 해라, 동료, 단체를 위해서는 희생정신을 발휘해라, 모든 일에는 감투정신을 발휘해라. 이런 모든 것은 국민들이 모두 갖춰야 될 훌륭한 정신적인 덕목입니다. 그런데 뭐, 모처럼 배운 것을 집에 와서 뭐, 3년 동안 또 벗깁니까(와하는 폭소). 그리고 나서 구정치인들이 하는 것과 마찬가지로 얼렁뚱땅하니 그저 남을 속이거나 하고 사기나 하고 협잡이나 하고 하는 그런 재주를 또 배우란 그 말입니까?〉

10월 9일 부산 유세에서 박정희 후보는 낭만에 빠질 여유도 없는 것이 조국의 현실이라고 했다.

〈어제 마산에서 유세를 마치고 부산으로 자동차를 타고 왔습니다. 沿道(연도)의 풍경은 대단히 아름다웠습니다. 오곡백과가 대풍년을 이루었습니다. 연도에는 코스모스가 한없이 피어서 지나가는 사람들로 하여금 대단히 부드러운 기분을 주었습니다. 한 곳을 지나오면서 보니까 땅에 납작하게 붙은 쪼매난(조그만) 오막살이 주막이 있었습니다. 그 집에 코스모스가 피었는데 그 코스모스 키가 오막살이집보다 오히려 더 클 정도로 납작하게 붙은 주막집입니다. 거기 어떤 농부 같은 한두 분이 앉아서 막걸리를 이래 기울이고 있었습니다. 맑고 높은 가을하늘, 오막살이 주막집, 코스모스, 두 사람의 농부, 막걸리. 이 광경이 아주 낭만적인 것 같습니다. 그러나 우리가 이것을 하나의 낭만이라고 듣고 버려둘 수 없는 심각한 문제가 있는 것입니다. 무엇이냐. 금년과 같이 이렇게 풍년이 들었더라도 우리나라는 식량 하나 자급자족을 못 하는 그런 형편에 있다 이겁니다〉

이 선거를 취재하러 한국에 온 재미동포 언론인 피터 현은 그때 〈뉴욕 헤럴드 트리뷴〉 특파원이었다. 그는 윤보선 후보를 먼저 인터뷰했다. 피터 현의 집안과 윤보선의 집안은 서로 잘 아는 사이였다. 피터 현은 장면 정부 시절 프랑스 주재 한국 대사관의 文政官(문정관)으로 일하다가 5·16 쿠데타가 터지자 '장면 정부 임명자'로 찍혀 면직되었다. 그는 박정희에 대한 악감정을 품고 왔다.

피터 현은 윤보선을 만나 인터뷰하면서 대단히 실망했다. 국가운영에 대한 비전을 발견할 수 없었기 때문이다. 국가적 문제를 어떻게 해결할 것인가란 질문에 윤보선은 "내가 대통령이 당선되면 모든 게 잘 될 것이다", "그런 것은 대통령이 당선된 뒤 생각해볼 문제이다"는 식으로 대답하여 기사화할 말을 찾을 수 없었다는 것이다. 피터 현이 1963년 10월 6일자 〈뉴욕 헤럴드 트리뷴〉에 쓴 선거관련 기사에도 윤보선의 말은 한 마디만 소개되어 있다.

"나는 군사정부에 가장 강력하게 대항한 사람이고, 박정희 일파가 몰고 온 해악을 치유할 능력이 있으므로 출마했다."

피터 현은 박정희 후보가 대구에서 유세할 때 따라 내려가서 그와 인터뷰했다. 朴 의장의 집권에 의해 失職(실직)이란 피해를 입었던 피터 현은 국가 건설에 대하여 설명하는 박정희의 진지성과 열정에 감복하여 선입견이 바뀌었다. 그는 私情(사정)을 끊고서 윤보선보다는 박정희에게 유리한 기사를 쓰게 된다.

美 CIA의 視角

〈뉴욕 헤럴드 트리뷴〉 특파원 피터 현은 박정희 후보와의 인터뷰를 박정희의 기고문 형식으로 정리하여 10월 13일자 신문에 실었다. 이 기고문에서 박정희는 윤보선 후보 측이 매카시적 수법으로 자신을 공산주의자로 몰고 있다고 비판했다. 박정희는 '내가 당선되면 국가적인 양심과 자존심을 회복하겠다' 면서 자신의 주체적인 정치이념을 보여주는 핵심적인 언급을 한다.

〈나는 우리의 정치, 경제구조를 한국화(Koreanize)하겠다. 우리의 민주주의 제도는 국민들의 요구와 필요에 기초해야 한다. 우리가 필요한 소비재는 우리가 만들어낼 것이다〉

박정희는 이어서 미국의 대한 원조정책과 막대한 원조를 탕진한 전 정권을 비판했다. 그는 이번 大選의 의미를 '舊정치인과 공화당에 의해 대표되는 "새로운 피(New Blood)"의 대결이다' 라고 선언했다.

피터 현은 인터뷰를 하던 박정희가 종합제철소, 고속도로, 정유공장 등 중공업 건설에 대한 포부를 밝힐 때는 속으로 비웃었다고 한다. 아직 전란의 상처도 치유하지 못하는 나라에서 황당한 꿈을 꾸고 있다는 생각이 들었기 때문이었다. 피터 현은 그 11년 뒤 한국에 와서 다시 박정희와 인터뷰하게 되는데 이때 산업시찰을 하면서 그 황당해보이던 박정희의 꿈들이 현실로 나타난 것을 확인한다.

한국 대통령 선거를 가슴 졸이며 관찰하고 있던 미국은 윤보선 후보가 의외의 선전을 계속하자 긴장하기 시작한다. 1963년 9월 2일 새뮤얼 버거 주한 미국대사가 딘 러스크 국무장관에게 보고한 전문은 '박정희가 대통령 선거에서는 이길 것이고 국회의원 선거에서는 이기기 힘들 것이다. 이럴 경우 다음 정권은 큰 난관에 봉착할 것이다' 라고 예상했었다. 10월 4일자 국무부 전문에서 러스크 장관은 버거 대사에게 이렇게 지시했다.

〈허정의 후보사퇴 등으로 조성된 야당 붐으로 인해 윤보선의 승리 가능성을 배제할 수 없게 되었다. 정부 내의 강경파가 민주적 절차에 반하는 과격한 조치를 취할 것에 대비한 계획을 세워라〉

10월 9일 버거 대사는 러스크 국무장관에게 다음과 같은 전문을 보낸다.

〈현재로선 박정희가 선거를 연기하거나 윤보선을 체포할 것 같지는 않다. 그러나 군부는 선거에서 패배했을 경우 그 결과를 받아들이지 않고 극단적인 조치를 취할 가능성이 크다. 그럴 경우 미국 정부는 군부에 압력을 행사하여 그런 조치를 변경하든지 군부에 대한 지지를 철회함으로써 우리가 받아들일 수 있는 정부로 교체할 방법을 미리 강구해 둘 필요가 있다〉

버거 대사는 이 전문에서 또 '만약 야당이 정권을 잡게 된다면 그들은 군사 혁명정부 인사들을 숙청하는 것을 주저하지 않을 것이다'고 했다.

투표일을 나흘 앞둔 10월 11일 미국 중앙정보국(CIA)은 '남한 선거의 배경에 대한 특별보고서'를 작성해 워싱턴의 고위 관계자들에게 배포했다. 이 보고서의 도입부는 아마도 한국 상황에 정통한 전문가가 쓴 듯 아주 적확하게 한국 정치의 본질을 요약했다.

〈오늘날 한국 정치를 지배하는 분위기는 외세에 의한 지배에 대해 한국인들이 벌여온 끈질긴 저항과 유교적 가치관에 대한 오랜 집착에서 연유한 것이다. 유교적 가치관은 개인적·가족적 유대관계를 너무나 중시함으로써 국가이익에 손상을 끼치는 성향을 갖고 있다. 이런 전통에 기인한 격렬한 민족적 자존심과 파당성은 한국인들로 하여금 '동양의 아일랜드인'으로 불리게끔 만들었다.

1948년 이후 대부분의 정치적 쟁점은 본질적으로 권력을 잡은 세력과 권력을 갖지 못한 세력의 싸움이었고 정치적인 충성은 정당과 정책이 아니라 정치 지도자 개인에게 바쳐졌다. 10월 15일 대통령 선거와 11월 26일의 총선거도 이런 한국 정치의 법칙에서 크게 벗어나지 않을 것이다〉

이 CIA 보고서는 대통령 후보들을 분석했다. 보고서는 '박정희는 민족주의자이다. 그는 이번 선거에서 반미감정을 충동질하고 있는데 이것은 중립노선을 함축하고 있다'고 지적했다. 이것은 미국 CIA가 박정희의 성향을 분석, 그를 위험인물로 판단하고 있었다는 증거이다. CIA가 박정희의 이념성향을 표현할 때 동원한 '민족주의자', '반미감정', '중립 노선'이란 단어는 당시 월남 대통령 고 딘 디엠에게도 똑같이 갖다 붙인 烙印(낙인)이기도 했다.

바로 이 무렵 미국 정부는 사이공에서 CIA를 동원하여 월남 군부 내의 反(반)고 딘 디엠 장군들과 내통, 쿠데타 계획에 깊숙이 관여하고 있었다. 이 보고서가 작성된 20일 뒤 월남에서 일어난 쿠데타로 민족주의자 고 딘 디엠과 그의 동생 고 딘 누는 살해된다. 고 딘 누는 정보기관장이었다.

이 쿠데타 이후 월남은 연속 쿠데타의 악순환에 빠져들고 미국은 월남 자체의 정치적 구심점을 상실하여 월남전을 대신 떠맡게 된다.

미국 정부가 박정희-김종필 그룹을 위험한 민족주의자로 단정하여 그토록 견제하려 한 것은 월남의 고 딘 디엠-고 딘 누 형제의 성향과 인척 관계를 연상하여 촉발된 면도 있어 보인다. 고 딘 디엠의 정권 파수꾼이었던 고 딘 누는 월남 군부 안에 인맥을 구축하지 못하고 주류세력과 충돌해 쿠데타를 당하고 말았지만, 김종필은 육사 8기 중심으로 군부를 견제하고 최고회의를 장악하여 박정희 권력을 수호·안정시키는 데 성공했다는 차이점이 있다. 미국은 김종필을 박정희로부터 멀리 떼어 놓으면 박정희의 권력기반이 약화·순화되리라고 판단했던 것 같다. 미국은 김종필이 조기에 귀국하여 박정희의 大選(대선) 캠프에 합류하는 것을 기를 쓰고 막았다.

좌익 전력자들의 소굴?

1963년 10월 11일자 미 CIA 특별보고서는 윤보선 후보에 대해서 이런 표현을 하고 있다.

〈(5·16 군사혁명 당시) 그는 군부가 자신을 지지하여 정권을 잡게 할 것이라고 기대, 진압군을 동원하지 않았다. 박정희가 그에게 그런 정권의 초대장을 발부하지 않을 것임이 확실해진 다음에야 대통령직에서 물러났다〉

이 CIA 보고서는 유권자의 3분의 2를 차지하는 농촌지역표 덕분에 박정희가 승리할 것이라고 내다보았다. 농부들은 '박정희가 다른 후보들보다 더 나쁠 것이 없다고 생각하든지 현존 권력자에게 반대표를 던지는 것은 분별없는 짓이라고 생각하고 있으므로 박정희 지지로 갈 것이다'고 예측했다.

10월 2일 미 국무부의 극동담당 차관보 마셜 그린은 주한 미 대사관의 문정관 그레고리 핸더슨이 작성한 '한국 정부 내의 공산주의자 영향력 연구'란 보고서를 힐즈먼 차관보에게 건네주면서 이런 메모를 붙였다.

〈나는 이 보고서의 균형감각을 판단할 수단을 갖고 있지 않다. 최악의 경우 김종필은 한국을 평양에 넘겨주기 위해 활동하는 헌신적인 공산주의자이다. 최선의 경우 그는 민족주의와 반미주의를 정권유지에 이용하는 소신 없는 모험가에 불과하다〉

핸더슨은 이 보고서를 쓰게 된 이유에 대해서 '최근 들어서 혁명정부 인사들의 反美경향이 노골화되고 있고 미국인들과 어울리는 것을 싫어하며 충고를 받아들이려 하지 않을 뿐 아니라 중앙정보부와 관계있는 막후 인사들이 큰 영향력을 행사하고 있어 다시 한번 이들의 사상검증을 해볼 필요가 있다'는 취지의 서문을 썼다. 그는 혁명 정부의 '좌익 핵심'이 '공산주의 프락치'인지 '좌익 전력자들의 친목 모임'인지는 알 수 없으나 이들의 존재는 미국의 국익 추구를 방해하게 될 것이라고 했다.

박정희를 포함, 그 측근들과 사이가 나빴던 핸더슨은 자신의 보고서 요약부분에서 이렇게 말했다.

〈한국 군사정부의 핵심 그룹은 前(전) 좌익, 공산주의자 및 공산당이 사주한 반란사건 가담 전력자의 압도적인 영향권 아래에 있다는 광범위한 증거가 있다. 박정희는 1947~1948년 사이 한국군에 침투하는 데 성공한 남로당 공작의 가장 중심적인 지휘자였다. 김종필은 대학교 시절에 좌익이었고 공산당에 협력한 사람들을 보호하고 그들과 관계를 맺어왔다. 박, 김 兩家(양가) 사람들 가운데도 공산주의자 혹은 협력자들이 들어 있다.

김종필이 중앙정보부 안에서 데리고 있었던 측근들 가운데는 잘 알려진 좌익이나 공산당 전력자들이 많고 그들의 영향력도 광범하다. 박정희의 고문들과 친구들 가운데도 전 공산주의자들이 많다. 여당인 민주공화당도 그런 배경을 가진 인물들을 특히 많이 거느리고 있다. 군사 혁명정부 내의 좌익과 협력자들의 비율은 다른 정치조직의 평균치보다도 훨씬 높다〉

핸더슨은 박정희의 좌익전력의 뿌리를 만주군관학교 및 일본 육사 유학생 때 시절로 거슬러 올라가 설명하려 한다.

〈만주군관학교의 동기생 가운데 세 사람이 나중에 그의 좌익 음모에 가담했다. 박정희의 일본 육사 기수(57기) 전후 2년 안에 졸업한 13명이 좌익 혹은 공산주의자가 되었다. 그들 가운데 9명은 박정희의 후배였다. 동양적인 年長者(연장자) 존경의식 때문에 그들은 박정희의 영향을 많이 받았을 것이다. 이들 아홉 명 가운데 한 명만 빼고는 전원이 박정희가 지휘한 음모에 가담했다. 조선경비사관학교(한국 육사의 전신)에서 그와 함께 교관으로 근무하면서 음모에 가담했던 일곱 명의 장교들은 그 결과로써 모두 목숨을 잃었다〉

핸더슨은 박정희의 육사 후배나 동료들이 모두 그의 영향으로 남로당 조직에 가입한 것처럼 과장하고 있다. 박정희가 적극적으로 조직원 포섭에 나섰다는 증거는 없다. 핸더슨의 이야기는 박정희가 어떤 인간관계 속에서 청년장교 시절을 보내면서 좌경화되었던가를 추정할 수 있게 해주는 한도 안에서 참고가 된다.

핸더슨은 박정희가 여순 14연대 반란사건 직후 시작된 군내 남로당 조직 수사에서 김창룡에게 체포되어 심한 고문을 받았다고 했다. 박정희는 자신이 반성하고 있으며 그 반성의 진의를 증명하고 용서받기 위해 그가 책임지고 있던 조직원의 명단을 털어놓겠다고 김창룡(미국인들은 그를 '스네이크 킴'이란 별명으로 불렀다)에게 제의했다고 썼다. 이 제의가 받아들여지고 박정희는 김창룡의 체포조와 함께 활동하면서 남로당 조직원들의 집으로 수사관들을 데려가기도 했다는 것이다.

〈그가 털어놓은 명단이 몇 명인지는 확인할 수 없으나 12명 선일 것이다. 그의 후배 장교들도 몇 명 포함되어 있었다. 이들은 박정희의 배반을 알고는 다른 조직원들의 명단을 불었고 붙들린 다른 조직원들은 또 다른 조직원들을 대기 시작하여 수백 명이 체포되고 고문받고 제거되었다〉

핸더슨의 이 대목도 과장이다. 핸더슨은 박정희의 배반이 남로당 소탕의 결정적인 계기였다는 식으로 부풀리고 있다.

핸더슨의 이 보고서는 5대 대통령 선거에서 사상논쟁이 치열해지자 이런 분위를 이용하여 6·25 이전 사상 혼란기의 전력을 과장함으로써 박정희와 그 측근들을 용공으로 몰고 있다는 惡意性(악의성)을 강하게 풍긴다.

軍部의 중립

5代 대통령 선거운동 기간 중 국군은 대체로 중립을 지켰다. 당시 육군 방첩부대장은 鄭昇和 준장이었다. 그는 지휘관들이 혁명 정부의 치적을 홍보하는 정도만 허용하고 투개표 부정은 못 하게 했다.

閔機植(민기식) 육군참모총장은 일과 후 육본 강당에 장병들을 모아놓고 몇 번 "윤보선 후보를 찍으면 나라가 위태로워질 테니 박정희 후보를 찍어야 한다"고 역설했다. 민기식은 박정희, 이주일(최고회의 부의장)과 술자리에서 격의 없이 속을 털어놓는 사이였다. 호주가인 세 사람은 백화수복(정종)을 섭씨 40도로 데워 맥주컵에 부어마셨다. 이 무렵 朴 의장은 이가 좋지 않아 치료를 받고 있었는데 그래도 술을 마다하지 않았다. 민기식은 "이런 술자리를 통해서 비로소 '박 의장 같은 분을 중심으로 한 10년은 해야 부국강병을 이룩할 수 있겠구나' 하는 생각을 하게 되었다"고 한다.

민기식이 보니 박 의장이 갖고 다니는 수첩에는 각 부처에 지시한 일을 깨알 같은 붉은 글씨로 메모해두고 점검하고 있었다. 의장실 벽면에는 한반도 지도가 있는데 곳곳에 색색으로 개발지의 표시가 되어 있었다. 수백 가지나 되는 사업들을 일일이 챙기고 있는 박 의장에게 감복한 민기식의 선거운동은 순전히 개인 차원의 지원이었다는 것이다. 민기식은 1, 2군 사령관에게는 아무 지시도 하지 않았으나 논산 훈련소장에게는 "중장으로 승진시켜줄 테니 장병들과 훈련생들이 박정희 후보를 찍도록 교육하라"고 지시했다. 閔機植은 미발표 회고록에서 '아마도 5대 대통령 선거에서 선거운동을 한 군인은 나밖에 없었을 것이다. 나는 정권이 바뀌면 형무소에 갈 각오를 했다'고 썼다.

10월 12일 오후 〈동아일보〉 金聖悅(김성열 · 〈동아일보〉 사장 역임) 정치부장은 박정희 후보 측을 맡고 있던 柳赫仁(유혁인 · 대통령 정무 수석비서관 역임 · 작고) 기자에게 "박 후보가 유세를 마치면 인터뷰를 하되 이 질문을 꼭 하라"고 지시했다.

질문은 '만약 낙선되어도 국민의 심판을 따르겠습니까'였다. 김 부장은 박정희가 선거에서 패배하면 과연 군부가 결과에 승복하겠는가 하는 의구심이 있었으므로 박정희의 답은 뉴스거리라고 판단했다. 몇 시간 뒤 유혁인 기자로부터 전화가 걸려왔다.

"박 의장과 단독 인터뷰를 하고 있는데 타사 기자들이 몰려와 마지막 질문을 못 했습니다. 그런데 한 가지 방법은 있습니다. 저 같은 평기자는 안 되고 부장께서 오시면 단독 회견에 응할 것 같습니다."

오후 7시 장충동 의장 공관에 도착한 김 부장은 응접실로 안내되었다. 유혁인 기자는 미리 와 있었고 이후락 최고회의 공보실장이 자리를 권했다. 잠시 후 유세장에서 돌아온 양복차림 그대로의 박 의장이 나타났다. 의자에 앉자마자 박정희는 쏘아붙였다.

"〈동아일보〉는 완전히 야당편이더군요. 부산 · 대구 유세 현장 취재

기자가 아무리 청중이 몇 십만 명이라고 기사를 보내도 서울에 앉아 있는 정치부장이 마음대로 결정한다면서요?"

김성열 부장은 속으로 '아 그 일 때문이구나'라고 생각했다. 김 부장은 유세장의 청중수를 정확하게 계산하기 위해서 유세장의 면적을 미리 파악하고 항공사진을 찍어 평당 인원수를 추정하기도 하는 등 나름대로 애썼는데 박 의장이 오해를 하고 있구나 하고 그간의 과정을 설명했다. 과학적인 방법을 동원해보니 인파수가 주최 측에서 발표하는 것보다 항상 적게 나왔다. 수십만 인파라고 발표된 것도 따져보면 그 10분의 1밖에 안 되는 경우가 많았다. 김성열은 이렇게 회고한다.

"대구 수성천변에서 박정희 후보가 유세를 할 때 이 지역의 중요성을 감안하여 사회부 기자들도 별도로 보냈습니다. 신문 降版(강판) 직전에 내가 현장의 사회부 팀장에게 전화를 걸어 청중수를 물었더니 한 5만~6만 명이라고 합디다. 정치부 팀에 물었더니 다른 신문사 기자들은 수십만으로 송고하는 걸 확인했다고 하는 거예요. 다시 사진부 팀장에게 '전번 윤보선 후보 때와 비교해서 어떠냐'고 물었더니 '비슷합니다'라고 해요.

그래서 윤 후보 유세 때 현장에 있었던 여덟 명의 기자들에게 일일이 물었습니다. 네 명은 '윤보선 때가 많았다', 네 명은 '지금이 더 많다'고 해요. 마지막으로 대구 지사장에게 물으니 '전과 같다'고 해서 '대체로 10만 대는 넘을 것이라고 보는 견해가 가장 많다'고 써넣었어요. 다른 신문들이 '80만', '100만' 식으로 보도하는 통에 우리 쪽만 청중수를 줄여 보도한 셈이 되니 박 의장이 화를 낸 겁니다."

박정희는 김 부장의 설명을 듣더니 "〈동아일보〉는 공화당 집회를 과

소평가한 거죠?"라고 또 따지고 들었다.

"항공사진까지 찍어서 정확을 기하려 했습니다."

"우리 공군에서도 사진을 찍었습니다."

이걸로 청중 수 문제가 일단락되는가 했더니 박정희는 다시 정색을 하고 말했다.

"그런데 내가 왜 빨갱입니까."

박정희는 답을 기다리지 않고 "왜 내가 공산주의자라고 신문에서 보도합니까"라고 다그쳤다. 어느 새 박 의장의 손에는 담배가 들려 있었고 김 부장도 담배를 피우기 시작했다. 김 부장이 설명하기 시작했다.

"아시다시피 평상시에 언론은 사건이나 뉴스에 대해서 일일이 검증하여 사실에 가깝다고 판단할 때 보도합니다만 선거기간 중에는 후보들의 주장이나 말 그 자체가 뉴스입니다. 박 의장께서 유세장에서 하신 말씀도 여과 없이 보도했습니다."

재떨이

박정희 의장의 손이 담배와 함께 덜덜 떨리고 있었다. 화가 나면 나타나는 증상이었다. 이때 춘천 유세에 演士(연사)로 참석했다가 돌아온 이만섭 전 〈동아일보〉 기자가 방으로 들어왔다. 박 의장은 이만섭을 보자 마치 원군을 얻은 듯 언성을 높였다.

"그렇다고 나를 공산주의자로 몰아?"

박 의장은 벌떡 일어나더니 자개 재떨이를 들어올렸다. 그리곤 마룻바닥에 쾅 하고 팽개쳤다. 박 의장은 슬슬 걸어 방을 나가버렸다. 김성열 〈동아일보〉 정치부장은 박정희가 화장실에 간 줄 알았는데 10분이 지나도 돌아오지 않았다. 李厚洛 실장만 안절부절못하고 어쩔 줄 몰라 하면서 안팎을 왔다 갔다 했다. 李 실장은 "곧 나오실 겁니다"라고 했다. 김 부장은 이 실장에게 말했다.

"회견하실 뜻이 없으면 그냥 가겠습니다. 신문사 체면도 있고, 제가 개인적으로 온 것도 아니고…."

"그렇게 하시는 것이 좋을 것 같습니다. 오늘 영감이 피곤하셔서 좀 흥분하신 것 같습니다. 원수지간도 아닌데 인사나 하고 가시지요."

이후락의 안내를 받아 김 부장이 들어간 곳은 응접실과 붙어 있는 침실이었다. 박정희와 육영수가 서 있었다. 김 부장이 박정희에게 "저는 그만 가보겠습니다"라고 인사하니 박 의장은 다가와서 말없이 손을 쑥 내밀었다. 한복차림의 육영수는 거의 90도로 허리를 굽히면서 말했다.

"너무 무리하게 유세 계획을 짰지 뭐예요. 새벽부터 밤까지 강행군을 며칠씩 하니 저 양반이 너무 피곤해서 잠을 못 이루는 날이 많았습니다. 오늘 너무 흥분하신 것 같으니 양해하세요."

김 부장은 속으로 '야, 이렇게 얌전한 부인이 저 박 의장같이 성미 급한 남자를 만나 모진 고생을 하겠구나' 하는 생각이 들었다. 이때 옆에 있던 박 의장이 다시 고함을 치다시피 했다.

"내가 형 한 사람 때문에 두고두고 공산당으로 몰리는데 내가 왜 공산주의자요?"

박정희는 분노로 온몸을 부들부들 떨고 있었다. 김 부장은 재빨리 침실을 빠져나와 가파른 계단을 따라 1층으로 내려갔다. 뒤따라 나온 육영수는 김 부장이 계단을 따라 내려와 현관에서 신발을 신을 때까지 지켜

보면서 '미안합니다'란 뜻을 전했다. 김성열 부장은 공관을 나서면서 유혁인 기자에게 "오늘 있었던 일을 그대로 기사로 써!"라고 했다. 유 기자는 "부장님, 만일 신문에 그렇게 나가고 박 의장이 낙선하면 광화문 사옥이 박살날 겁니다"라고 했다. 김성열 前(전) 〈동아일보〉 사장은 "군대를 잘 알던 유혁인 기자는 겁을 냈고 군대를 잘 모르던 나는 오히려 겁이 없었다"고 회고했다.

10월 14일자 〈동아일보〉 1면에는 박정희, 윤보선 두 후보와의 인터뷰 기사가 실렸다. 박정희와의 인터뷰 기사는 유혁인 기자가 끝마무리를 짓지 못했던 12일 오후의 단독 회견 내용이었다. 춘천에서 대통령 선거 유세를 마치고 장충동 의장 공관으로 돌아온 박정희 후보가 유혁인 기자에게 직설적으로 자신의 감정을 표현했던 것이다.

"야당 사람들이 지금 별의별 짓을 다 해 가며 선거 분위기를 흐리게 하고 있으니 개표가 끝날 때까지 또 무슨 장난을 할지 큰 걱정입니다. 지금 야당 사람들 하는 것을 보면 개표할 때 뭣을 집어넣든가 또는 무슨 짓을 해서라도 부정이다 뭐다 하지 않을 것 같소? 이번만은 무슨 일이 있더라도 공명선거를 하려고 이렇게 노력하는데도 야당 사람들은 수단방법을 가리지 않고 있으니 분통이 터질 노릇이 아닙니까. 지금 그 사람들한테는 법이 있습니까? 잡아가라고 떠들어댄다는 것도 잘 알고 있습니다. 그저 꾹 참고만 있습니다만 선거만 끝나면 모조리 다 가만두지 않을 테요. 나는 지금 테러를 당하고 있어요. 그저 참고 있자니…. 이 나라의 원수인 나를 빨갱이로 몰아치니…. 목적을 위해 수단방법을 안 가리니 이게 바로 공산당 수법과 다른 게 뭐요? 내가 빨갱이라면 이 나라가 2년 동안 빨갱이 치하에 있었단 말인가요?"

박 의장은 옷을 갈아입지도 않고 피로가 역력한 표정으로 소파에 몸을 기대어 "시험은 이제 끝났고 나는 내 실력껏 쳤으나 심사관들이 어떻게 점수를 매길지 뚜껑을 열어봐야 알지요"라고 했다. 그는 다시 이야기를 사상논쟁으로 돌려 "政敵(정적)을 빨갱이로 모는 이 폐풍만은 이 기회에 뿌리를 뽑아야지요"라고 했다.

10월 13일 박정희 후보는 수원과 인천에서 마지막 선거유세를 했다. 박정희는 "지금 여건으로는 누가 집권해도 당장 잘 살게 할 수 없다"면서 "내가 집권하면 여러분에게 근면과 내핍, 피땀 흘려 일할 것을 요구할 것이다"고 말했다. 윤보선 후보는 이날 수원, 천안 유세에서 "군정과 민정을 판가름하는 이 마당에 사상이 분명한 사람과 그렇지 못한 사람 가운데 누구를 선택할 것인가"라고 물었다.

윤보선 후보의 민정당은 이날 〈경향신문〉 1949년 2월 17일자와 〈서울신문〉 2월 18일자에 실렸던 '박정희 소령 무기 징역 선고' 관련 기사를 공개했다. 박정희 소령이 72명의 다른 장교들과 함께 여순 14연대 반란 사건 이후에 있었던 군부 내 남로당 조직 수사에 걸려 군법회의에 넘겨졌고 유죄선고를 받았다는 내용이었다. 〈동아일보〉는 민정당의 이 폭로 내용을 호외로 만들어 전국적으로 돌렸다.

미국의 尹潽善 보호

공화당 徐仁錫 대변인은 투표일 이틀을 앞두고 나온 민정당 윤보선 후보 측의 폭로에 대해 '박정희 소령은 관제 공산당으로 몰린 적은 있으나 여순 사건과 관련해서 재판받은 적은 없다'고 반박했다. 이 말은 부분적인 진실을 담고 있을 뿐이다. 공화당은 윤보선 측에서 '박정희 후보는 여순반란 사건에 연루되었다'고 말하는 것을 약점으로 삼았다.

박정희는 여순 14연대 반란사건 토벌사령부의 작전장교로 근무한 적은 있으나 반란에 가담한 적은 없고 그 이후에 있었던 숙군수사 때 체포되었던 것이다. 공화당은 윤보선 측 주장의 이런 허점을 파고들어 '박정희 후보는 무고하다'고 우겼다. 서인석 대변인은 "이런 폭로를 투표일 직전에 발표함으로써 해명의 기회를 주지 않고 국민을 현혹시키려 한다"고 비난했다.

투표 하루 전인 14일 민정당 임시 대변인 金泳三(김영삼 · 14대 대통령 역임)은 윤보선 후보가 사실상 연금 상태에 있다고 폭로했다. 김 대변인의 발표에 의하면 '윤보선 후보의 자택은 13일 밤부터 10여 명의 기관원들에 의해 포위되었으며 실질적으로 연금 상태 하에 있다. 신변 보호를 위해 5명의 경찰관이 있는데도 요청하지도 않은 감시를 받고 있다'는 것이었다. 이에 대해 서울시경은 반박성명을 발표했다.

경찰은 "민정당에서 지방당원들을 집단 상경시켜 親與(친여) 정치단체회원으로 가장, 윤 씨를 습격한다는 정보가 있어 정 · 사복 경관으로 하여금 윤 씨 집 부근의 연도경비를 강화했을 뿐이다"고 했다. 김영삼 대변인의 이 엄청난 주장은 신문에 크게 보도되었고, 경찰의 해명은 1단 기사 정도로 실려 宣傳戰(선전전)에선 야당이 승리했다.

1991년에 나온 윤보선의 회고록에는 이 사건에 대한 언급이 한 줄도 없고 윤보선의 행동이 제한당했다는 증거도 없다. 경찰이 增派(증파)한 경호 인원을 김영삼 대변인이 '윤 후보를 연금시키기 위한 감시요원 배치'로 각색한 것으로 보인다. 당시 치안국장 李召東(이소동) 장군은 "연금사건이라니 그런 일은 있을 수도 없고 기억도 나지 않는다"면서 "그 뒤 야당의 항의를 받은 적도 없다"고 했다. 이 선거를 면밀하게 감시하던 미국 측의 보고에도 이 '엄청난 사건'에 대한 언급이 한마디도 나오지 않는다. 여당에 의한 금권·관권선거와 함께 야당에 의한 이런 조작과 선동도 같이 비판받아야 마땅할 것이다. 反민주적인 행위인 점에서는 같기 때문이다.

1963년 10월 15일 아침 장충동 2가 제 1투표소에 나온 박정희 후보는 새치기를 해도 좋다는 주변의 권고를 사양하고 줄을 서서 차례를 기다렸다. 그는 앞에 선 사람들에게 말을 건네고 어머니 등에 업힌 아이의 머리를 쓰다듬어주기도 하는 등 쇼를 싫어하는 박정희로선 최선을 다하는 모습을 보였다. 기자들이 그런 행동을 지적하면서 "부동표가 많이 쏠리겠습니다"라고 농담을 했다. 박정희는 계면쩍게 웃더니 줄을 선 약 300명의 유권자들을 가리키면서 "부동표요? 기껏 요만한 부동표를 얻어 무엇 한단 말이오"라고 했다.

이날 윤보선은 투표를 하고 안국동 자택으로 돌아왔으나 집안에 머물 기분이 아니었다. 지친 심신을 좀 쉬게 하려고 집을 나섰다. 그때 지프를 타고 집에까지 따라와 있던 한 미군이 다가오더니 백병원으로 가라고 했다. 아내와 함께 백병원에 도착하니 2층 원장실로 안내되었다. 원장은 보이지 않고 간호사 같은 젊은 여자가 있었다.

그녀는 윤보선을 보자 진찰준비는 하지도 않고 원장실 뒤쪽에 난 문을 열고는 빨리 나가라고 하는 것이 아닌가. 영문을 모른 채 문 밖으로 나가서 계단을 따라 내려가니 아래에는 폭스바겐 승용차 한 대가 서 있었다. 운전석에 앉은 한 미국 부인이 시동을 걸어놓은 채 윤보선을 향해서 타라고 손짓을 했다. 윤보선 부부를 태운 차는 한남동으로 달렸다. 미국인 부인은 자신의 집으로 윤보선 부부를 데리고 들어간 뒤 비로소 신분을 밝혔다. 윤보선의 회고록 《외로운 선택의 나날》에 따르면 이 부인은 "남편은 미국 정보국에 근무하는 케디 중령이고, 윤 후보의 신변을 보호하기 위해서 남편이 시키는 대로 우리 집에 모시고 왔다"고 설명하더란 것이다.

〈그제서야 사실을 알게 된 나는 안도의 한숨을 쉬었다. 미국 정보국에서는 나에게 닥칠지도 모르는 위험 때문에 신변을 감시해왔고 투표가 끝나자 안전한 곳으로 피신시킨 것이었다. 나는 그 집에서 이틀을 머물면서 편안한 마음으로 휴식을 취할 수 있었다〉

한 나라의 야당총재이고 강력한 대통령 후보가 이틀간 미국 정보기관원 집에서 안전을 도모했다는 것은 약간의 검토가 필요한 사항이다. 윤보선의 당선 가능성이 대두되던 10월 4일 미 국무부는 주한 미국 대사관에 대해 군사정부의 강경파가 극단적인 조치를 취할 것에 대비하여 일종의 비상계획을 세우도록 지시했었다. 이 비상계획의 내용은 공개되지 않고 있다. 윤보선의 증언과 연결시켜 추정하면 미국 측이 투표 및 개표기간 중 윤 후보를 보호하는 것이 그 핵심적 내용이었던 것으로 보인다.

미국 측으로서는 이 일이 처음도 아니었다. 1952년 여름 부산 정치파동 때 미국은 이승만 대통령에 도전하던 장면을 숨겨서 보호해준 적이 있다. 장면은 그 뒤 이승만 대통령 아래에서 부통령으로 있을 때 미국 측에 대해서 '만약 대통령이 유고되었을 때는 내가 대통령 권한대행으로 취임할 때까지 48시간 정도 나의 신변을 보호해줄 것'을 요청한 적도 있었다.

起死回生

1963년 10월 15일 오전, 투표를 마친 박정희 부부는 두 대의 승용차 편으로 경주로 달렸다. 이후락 최고회의 공보실장, 박종규 경호대장, 池弘昌(지홍창) 주치의, 申東寬(신동관) 경호관이 수행했다. 일행은 경주 불국사 관광호텔에 들었다. 이 운명의 밤 윤보선은 미국 정보기관 요원의 집에서, 그리고 박정희는 민족사의 영광이 서린 불국사 근처에서 국민의 심판을 기다렸다.

박정희 부부는 110호실, 이후락 실장은 103호실에 들었다. 110호실에서는 개표 중계 라디오 방송소리가 새나왔다. 103호실에서는 이 실장에게 개표결과를 알리는 전화벨 소리가 자주 울렸다. 개표 직전까지도 박정희의 낙승을 의심하는 사람들은 많지 않았다. 초저녁 투표함의 뚜껑이 열리면서 의외의 드라마가 펼쳐지기 시작했다. 윤보선 후보가 앞서 나가기 시작한 것이다. 16일 새벽 3시 현재 윤보선은 서울, 경기, 강원, 충북, 충남에서 박정희를 크게 앞섰다.

박정희는 전북, 전남, 경북, 경남, 제주에서 윤보선을 압도했다. 부산은 막상막하. 남북으로 표의 흐름이 극명하게 갈린 것이다. 윤보선은 약 82만 표, 박정희는 약 80만 표. 2만 표이던 표차는 계속 벌어져 한때는 23만 표의 격차를 이루었다.

불국사 관광호텔 110호실에선 라디오 소리도 멎었다. 박정희는 책장을 넘기다가 잠에 들었다고 전해진다. 육영수는 트랜지스터 라디오를 바깥으로 들고 나와 심각한 표정으로 개표방송을 들었다. 다음날 아침 박정희는 이후락 실장, 주치의 지홍창 등 수행원들과 함께 아침식사를 함께 했다. 박 의장은 "간밤에 개표 중 사고는 없었는가"라고 물었다. 이 실장은 "개표는 순조롭지만 표차는 크게 달라지지 않고 있습니다"라고 말했다. 그때 윤보선은 약 7만 표 차이로 박정희를 앞서고 있었다. 박정희는 이렇게 말했다고 한다.

"공명선거란 집권자가 떨어져도 좋다는 마음의 준비와 결심이 있어야지. 사실 나는 마음의 준비가 되어 있어."

이날 마음의 준비를 하고 있었던 또 다른 인물은 閔機植 육군참모총장이었다. 그는 선거에 군부가 개입하는 것은 저지시켰으나 육군본부와 논산훈련소에서만은 지휘관이 장병들을 상대로 박정희 홍보를 하도록 했다. 16일 새벽 박정희의 敗色(패색)이 짙어진다고 판단한 민기식은 책상정리를 하면서 형무소에 들어가 입을 옷도 준비시켰다고 한다. 민기식은 육군 본부와 논산을 제외하고는 군인들이 몰려 사는 거의 모든 지역에서 윤보선 후보의 표가 박정희보다 더 많이 나오는 것을 보고는 군인들이 처음으로 소신껏 투표했음을 확인할 수 있었다.

서울역 앞 에비슨 회관 안에 있던 공화당사는 恐慌(공황) 상태에 빠져들고 있었다. 기획상황실에서 전화기 19대를 통해서 개표상황을 집계하던 20여 명의 당원들은 15일 자정을 넘기면서 윤보선이 본격적으로 앞서나가자 연필과 전화통을 집어던지고는 안절부절못했다. 이들을 지휘하던 金龍泰도 얼굴이 새파랗게 질렸다.

5·16 전야 광명인쇄소에서 김종필, 이낙선과 함께 혁명공약을 인쇄하는 일을 감독했던 김용태는 운전기사를 시켜서 권총을 가져오게 했다고 한다. 선거에서의 패배는 자신이 목숨을 걸었던 5·16에 대한 국민들의 否定(부정)을 뜻한다고 생각한 그는 에비슨 회관 뒷동산의 아카시

아 숲에서 자결할 궁리를 했다는 것이다. 15일 밤에는 사람들로 붐비던 공화당사도 박정희가 질 것 같은 분위기로 돌자 어느새 자취를 감추는 사람들이 많이 생겨 썰렁해지기 시작했다.

일부 당원들은 컴컴한 방 구석에 모여 "이러면 진다. 중앙선관위에 전화를 걸어 개표를 중단시키자"고 합의했다. "김형욱 정보부장의 지시이다. 개표를 중단시키자"라고 떠드는 사람도 있었다. 이들을 단호하게 눌러버린 사람이 김용태였다고 전한다. 그는 "그런 무모한 짓이 어디 있어! 조용히 기다려 봐!"라고 호통을 쳤다. 제 자리로 돌아간 당원들은 입버릇처럼 되어 있던 '절대다수' 니 '65% 지지' 니 하는 소리는 아예 팽개치고 '그저 한 표라도 더 나와야 할 텐데' 하면서 발버둥치는 모습들이었다고 한다.

16일 오전, 개표 진척도가 늦었던 전라도, 경상도의 투표함이 본격적으로 열리고 박정희 표가 쏟아지면서 박정희, 윤보선의 표차는 좁혀지기 시작했다. 16일 오후가 되면서 박정희 후보의 辛勝(신승)이란 전망이 나오기 시작했다. 16일 저녁부터는 박정희가 역전승의 대세를 확실하게 잡았다. 17일 새벽 4시 현재 박정희는 윤보선에 대해 약 9만 2,000표 차이로 앞서고 있었다. 박정희를 경주까지 수행했던 한 측근은 "10월 16일 새벽을 넘기는 일은 5·16 새벽 한강을 넘어서는 일보다 더 어려웠고 지루했다"고 말했다.

중앙선관위는 17일 오후 3시에 전국 개표를 모두 끝냈다. 5代 대통령 선거의 투표율은 84.9%, 유효투표율은 91.3%, 박정희는 470만 2,640표를 얻어 454만 6,614표를 얻은 윤보선을 15만 6,026표 차이로 눌러 제5대 대통령에 당선되었다. 서울, 경기, 강원, 충청 지역에서 크게 패배

한 박정희는 전라도, 경상도, 제주도에서의 압승으로 이를 만회했던 것이다.

保守 對 革新

박정희 후보는 당선이 확실해진 10월 17일 오전 경주 불국사 관광호텔에서 기자회견을 가졌다. 그는 "정국안정, 자립경제의 달성, 지도체계의 확립을 기하여 조국근대화를 위한 강력한 정치를 펴나가겠다"고 말했다. 박정희는 이 자리에서도 "서구 민주주의를 그대로 한국에 적용할수 없다"고 힘주어 말했다.

"우리 민주주의는 사람으로 치면 중학교 학생 수준 정도밖에 안 됩니다. 중학교 학생들에게 극장출입을 못 하게 하고 술과 담배를 먹지 못하게 하는 것과 마찬가지로 우리나라의 민주주의도 어느 정도 제한이 필요하지 않나 생각합니다."

기자들이 "그런 제한의 한계가 어디까지인가"라고 묻자 박정희는 "이를테면 기본권 같은 것"이라고 대답했다. 이때 배석했던 이후락 공보실장이 재빨리 끼어들었다.

"그것은 과거 혁명기간 중에 그렇게 했다는 뜻입니다."

이후락이 박정희의 말문을 닫아버리는 꼴이었지만 박정희도 자신의 본심이 솔직하게 노출되면 또 다른 시비를 부를 것 같았는지 순순히 따랐다. 윤보선 후보도 17일 밤 서울 안국동 자택에서 기자회견을 가졌다. 그는 "돈도 없고 조직도 그렇고 선거운동도 늦게 했는데 예상 외의 표를얻었다"면서 "지고도 이긴 싸움이다"고 말했다. 나중에 윤보선은 이 논리를 더 발전시켜 "투표에선 이기고 개표에선 졌다"면서 자신을 '정신적 대통령' 이라고 칭하게 된다.

10월 17일자 〈조선일보〉의 선거결과 분석 기사 제목은 이 선거의 의미를 잘 요약했다.

'앞으론 "강력정치" 어려울 듯', '여야의 번지수를 완전히 뒤집은 셈', '남과 북의 숨 막히던 표차', '자랑해도 좋은 民主力量(민주역량)', '다소 잡음 있었지만 처음 맛본 公明(공명)'

이 5代 대통령 선거가 비교적 공정했음을 나타내는 한 자료는 군인표가 윤보선 후보 쪽으로 더 많이 쏠렸다는 점이다. 군인 가족들이 많이 몰려 사는 강원도 춘천과 원주에선 윤보선이 박정희보다 두 배나 더 많은 표를 얻었다. 이 비율은 강원도 전체의 표수가 박정희 약 38만 표, 윤보선 약 46만 표였던 것과 비교해서도 군인표가 더 反朴(반박)성향이었음을 드러냈다. 박정희의 고향인 경북 선산군에선 박정희 표가 윤보선의 약 5배였다. 충청도 표는 윤보선 지지로 더 많이 쏠렸지만 김종필의 고향인 부여군 표는 근소한 차이로 박정희 쪽으로 더 많이 갔다.

이 선거의 표 흐름은 南北과 都農의 2중 斷層(단층)구조였다. 경상도, 전라도, 제주도 등 남부지방과 전국의 농촌지역 주민들은 대체로 박정희 편에 섰다. 전국 도시 지역과 서울, 경기도, 충청도 등 북부지방 사람들은 대체로 윤보선을 찍었다. 이 선거의 가장 큰 주제가 된 사상논쟁은 휴전선과 가까워 반공적일 수밖에 없는 지역의 주민표를 윤보선 후보 쪽으로 밀어주었다.

광복 직후 좌익세가 강했거나 6·25 전쟁 중 용공으로 몰려 많은 민간인들이 피해를 본 전라도, 경상도, 제주도 등 남부지역에서는 박정희 후보가 사상논쟁의 득을 보았다. 비율로서 박정희 표가 가장 높게 나온 곳은 4·3 공산폭동 때 억울한 민간인 피해자가 많았던 제주도였다(박정희 약 70%, 윤보선 약 22%). 표의 남북 현상 때문에 추풍령을 경계로 36도선이 새로 생겼다는 농담이 나돌 정도였다. 정부에 비판적인 여론·언론의 영향력이 쉽게 전달되는 도시에선 윤보선이, 전통적인 가치관이 尙存(상존)하고 혁명정부의 重農(중농)정책에 공감하던 농촌지역에선 박정희가 유리했다고 볼 수 있다.

북부지방과 도시라는 성격이 겹치는 서울에선 윤보선이 박정희의 약 2.2배, 인천에선 약 2.5배나 되는 득표를 했다. 북부라도 경기도 용인군, 강화군, 옹진군, 강원도 영월군, 평창군에선 박정희 표가 더 많았다.

전남의 경우 박정희 후보가 약 96만 표, 윤보선이 약 61만 표였지만 광주시와 순천시 및 목포시에선 윤보선이 큰 차이로 박정희를 눌렀다. 경남도에서도 전체로서는 박정희가 윤보선을 약 96만 표 대 약 46만 표로 크게 눌렀지만 마산시에선 윤보선이 이겼다. 부산직할시에선 박정희와 윤보선이 약 32만 표로 비등했다. 전체로서는 박정희가 압승한 경북지방에서도 대구시에선 박정희가 겨우 이겼지만 포항시, 경주시, 김천시, 안동시에선 윤보선 후보가 근소한 차이로 이겼다.

박정희가 다수표를 얻은 지역은 1956년 제 3代 대통령 선거 때 진보당의 曺奉岩(조봉암) 후보가 善戰(선전)한 지역과 일치했다. 공산주의자였다가 전향하여 이승만 정부 때 초대 농림부 장관으로서 농지개혁을 주도했던 조봉암은 서울(득표율 17%), 경기(16%), 충북(11%), 충남(16%), 강원(8%) 등 북부지방에서는 이승만 후보에게 크게 밀렸으나 전북(득표율 31%), 전남(18%), 경북(34%), 경남(30%)에서는 놀라울 정도의 기세를 올렸다. 조봉암은 결국 이때의 위협적인 득표가 원인이 되어 정치적인 수사·재판 끝에 刑場(형장)의 이슬로 사라진다.

박정희와 조봉암의 공통점은 6·25 전쟁으로 공산당의 진면목이 드러나기 전 한때 좌익에 경도되었다가 전향했고 농민들을 위한 정책을 폈다는 점이다. 한민당-민주당-민정당을 보수정치세력(박정희 식의 분류로는 守舊)의 본류로 본다면, 박정희-조봉암은 진보·개혁세력(윤보선 식 분류로는 좌파)으로 볼 수도 있었다.

전라도 유권자의 경상도 후보 지지

5대 대통령 선거 당시 재건 민주당의 대변인으로서 박정희 후보에 반대하는 입장에 있었던 김대중 전 대통령은 1995년 1월호 〈월간조선〉과의 인터뷰에서 이렇게 술회했다.

"당시 박 대통령이 보수·수구세력에 대해 국가 개혁론을 주장하여 국민들의 관심이 있었어요. 보수귀족과 개혁파의 대립이었다고 보는 시각도 있었어요. 윤보선 씨가 그때 실수한 것은 박정희 씨를 빨갱이로 몬 것입니다. 미 군정 3년 동안 무고하게 빨갱이로 몰린 사람들, 특히 전라도 사람들이 반발해서 박 대통령을 밀어주었어요. 그러나 대통령이 되자마자 전라도를 차별해서 나라를 이 꼴로 만들었어요."

5대 대통령 선거의 핵심적 의미는 다수의 농민과 진보·개혁·좌파 세력의 지지를 업은 박정희로 대표되는 근대화 세력이 地主(지주) 계층의 지지를 모은 윤보선의 보수적 정치세력을 눌렀다는 점이다. 군인 엘리트가 富國强兵論(부국강병론)의 국가주의에 기초하여 정치적 주도권을 잡고 역사의 흐름을 이끌도록 역사적 김命(소명)을 부여받은 셈이었다.

박정희는 자신의 근대화 작업이 우리 민족사에서 차지하는 의미를 해석하고 의미를 부여할 수 있는 역사관을 갖고 있었다. 박정희는 그런 역사관을 매개로 하여 미래에 대한 비전과 과거에 대한 해석을 일관성 있게 연결시킴으로써 전략과 정책에 深度(심도)를 더하고 국민들을 동원하는 정치적 무기로 활용했다.

근대화 혁명가 박정희가 지녔던 혁명적 역사관의 핵심은 한민당—민주당 계열의 윤보선 세력을 조선조 양반·문민정치의 생리(당파성, 사대성, 위선적 명분론)를 이어받은 봉건적 잔재, 즉 수구적 정치세력으로 본 점이다. 박정희는 5·16 주체세력을 근대적 국가엘리트라고 규정한 뒤 나라를 식민지로 전락시킨 봉건적 정치세력의 잔재를 청산하고 自助(자조)정신, 자립경제, 자주국방에 기초한 진정한 독립국가를 건설하는 것을 근대화라고 정의했던 것이다. 문제는 그가 봉건적·사대적·파당적 정체세력으로 규정했던 舊(구)민간 정치 세력이 서구민주주의의 가장 강력한 主唱者(주창자)라는 명분을 확보하여 국민들 마음속에 자리 잡고 있었다는 점이다.

박정희의 관점에서는 이들이 근대화되어야 할 수구·사대 세력이었지만 민주주의 교육을 받은 많은 사람들의 눈에는 민주투사들로 비쳐졌다. 그 결과가 윤보선의 많은 득표로 나타났던 것이다. 5대 대통령 선거에 참여한 유권자들은 일단 박정희 주도의 근대화 세력에 국정의 고삐를 넘겨주었지만 민주주의 요구세력에게도 엇비슷한 지지를 보냄으로써 강력한 견제장치를 만들어낸 것이다. 박정희는 이 견제장치로 해서 때로는 더욱 열심히 일하고 때로는 반발하고 때로는 경멸하고 때로는 타협하면서 국가를 이끌게 된다.

5代 대통령 선거는 전라도 유권자들이 경상도 후보를 지지한 드문 경우였다. 호남 지방에 뿌리박은 한민당 계열의 김준연, 서민호, 조영규, 민영남 같은 인물들이 윤보선 후보 주변에서 물러났거나 밀려났고 羅容均(나용균), 李晶來(이정래), 趙漢栢(조한백), 鄭成太(정성태) 같은 민주당 구파 출신 김도연 계 인사들이 당 내에서 푸대접을 받은 것과 무관하지 않다는 분석도 있었다. 그렇더라도 전남·북에서 박정희가 윤보선을 약 35만 표차로 이긴 데는 이런 정치적 시각만으로는 설명이 되지 않는 좀더 근본적인 원인이 있었을 것이다. 지역의식을 뛰어넘게 만든(당시의 지역의식은 정치인들의 본격적인 선동이 이루어지기 전이므로 지금처럼 심하지도 않았다) 더 큰 命題(명제)가 표의 흐름을 결정했다는 말이다.

그 명제란 근대화냐 민주화냐, 민족적 민주주의냐 서구식 민주주의냐, 사대냐 자주냐, 국권이 우선인가 인권이 우선인가, 경제발전인가 정치발전인가로 요약·상징되는 우리 사회의 양대 흐름이었다. 이 역사적 명제를 놓고 우리 국민들은 절묘한(또는 슬기로운) 선택을 했다. 15만여 표차로 권력을 박정희의 근대화 세력에게 넘겨주는 대신에 민주화 세력에게는 '정신적인 승리'를 안겨주었던 것이다. 이는 양대 세력이 대한민국이란 울타리 안에서 서로 견제, 경쟁함으로써 결과적으로는 국민과 국가를 위한 충성경쟁을 벌이도록 한 셈이었다. 그런 점에서 근소한 표차로 승부가 갈린 5대 대통령 선거는 한국 현대사의 진로와 주인공을 결정한 역사적 선거였다.

5대 대통령 선거 결과에 누구보다도 놀란 것은 미국이었다. 의심에 찬

눈초리로 박정희 측을 감시하던 주한 미국 대사관은 10월 16일 국무부에 올린 보고서에서 '윤보선의 기대 이상의 선전, 군인표의 윤보선 지지, 그리고 군사정부의 공명선거 의지'에 놀라움을 표시했다. 새뮤얼 버거 대사가 작성한 이 보고서는 '군사정부가 투표결과에 대해 過信(과신)한 때문이라고 하더라도 군사정부는 의식적으로 질서 있고 효율적인 투개표가 보장될 수 있도록 최선을 다했다'고 높게 평가했다.

딘 러스크 국무장관은 버거 대사 앞으로 보낸 10월 22일자 전문에서 '민주적인 선거가 질서 있게 치러졌음'을 공인하면서 '이렇게 된 데는 귀하와 대사관의 노력이 奏效(주효)했다'고 치하했다. 러스크 장관은 그러면서도 '김종필이 귀국하면 정부가 탄압적인 방향으로 변할 위험성이 있다'고 지적했다.

10월 21일 윤보선의 민정당은 선거유세 중 '경상도에 빨갱이가 많다'는 취지의 발언 때문에 경상도 표를 많이 잃었다고 하여 金思萬(김사만)을 제명키로 의결했다.

錦衣還鄉

경주에서 대통령 당선을 확인한 박정희는 10월 17일 밤을 대구에서 보낸 뒤 승용차편으로 고향인 경북 선산으로 향했다. 구미읍 상모동에서 차를 내린 박정희 의장은 금호산 기슭 온수골 마루턱에 자리 잡은 先塋(선영)으로 올라갔다. 길가에 늘어선 주민들에게 박 의장은 "어떻게 알고들 나왔습니까. 이제는 얼굴을 통 몰라보겠군요"라면서 일일이 손을 잡고 인사를 했다. 한 아낙네는 "선산에 인물이 났네"라고 소리를 질렀고, 한 할머니는 "임금이 왕림하신다는 말을 듣고 이웃에서 왔습니다"라면서 허리를 깊게 굽혔다.

生家(생가)로 돌아오니 전형적인 농사꾼 모습의 큰형 박동희 옹이 기다리고 있다가 대통령이 된 동생의 절을 받았다.

"형님, 왜 그렇게 늙으셨습니까."

"나이를 먹으니 늙을 수밖에. 그런데 이번 선거를 보니 농촌사람들은 정치를 잘 한다고 하는데 도시에서는 반대가 많아. 월급 가지고는 쌀값이 비싸 살기가 어려운 모양이지."

"앞으로 힘껏 일해 보겠습니다."

형제가 근 한 시간 대화를 나누는 사이 박 의장의 생가에는 마을 사람들이 몰려와 막걸리 파티장으로 변했다.

10월 23일 오후 1시10분 김포공항. 김종필 전 공화당 창당준비위원장도 화려하게 귀국했다. 도쿄發(발) 노스웨스트 항공사 편 여객기가 도착하기 전부터 공항에는 약 300명의 出迎客(출영객)으로 붐볐다. JP와는 인간적으로 意氣投合(의기투합)하는 사이인 金斗漢(김두한)은 아버지 金佐鎭(김좌진) 장군에게 追敍(추서)된 건국공로훈장을 가슴에 달고 나왔다. 여덟 달 만에 돌아온 김종필은 흰 목도리에 검은 코트를 입었다. 아내 朴榮玉(박영옥)은 맏딸 禮利(예리)와 아들 進(진)을 데리고 기내 안으로 먼저 들어가 남편을 맞았다.

김종필은 승강대를 따라 내려와 공화당 의장 윤치영과 얼싸안았다. 연단에 오른 그는 준비된 첫 마디를 했다.

"나는 이번 여행에서 歐洲(구주)보다는 미국이, 미국보다는 아시아가, 아시아보다는 세계가 더 크다는 것을 뼈저리게 느꼈으며, 우리 대한민국을 지배할 나라도 대한민국이 지배할 나라도 없다는 것을 똑똑히 알고 왔습니다."

김종필은 가족과 함께 중형 새나라 승용차편으로 장충동 의장 공관으로 달렸다. 그는 처삼촌 박정희에게 인사를 올린 다음 오후 3시 신당동 자택에 도착했다. 기자들에게 둘러싸인 김종필은 "이번 선거에서 박정희 후보를 당선시켜주신 국민들의 현명한 판단에 감사한다"고 했다. 그는 "박 의장과 만나서는 아무 말도 하지 않았다. '그 사이 흰 머리가 늘었습니다' 란 말만 했다"면서 "앞으로 중요한 많은 문제들이 남아 있는데 그때마다 국민들께서 이번처럼 올바른 판단으로 해결해주셨으면 한다"고 말했다. 아내 박영옥은 둘러싼 기자들에게 "이제 그만 점심 좀 먹게 해 주세요"라고 사정하다시피 했다.

김종필은 귀국하자마자 분주하게 움직이기 시작했다. 귀국한 지 사흘째 되는 10월 25일 오전 그는 앙숙 사이인 새뮤얼 버거 주한 미국대사를 방문하여 한 시간 동안 요담했다. 오후엔 이대부속 병원에 입원 중인 김동하 전 최고위원(5·16 당시 예비역 해병소장)을 찾아갔다. 反김종필 운동을 주동했다가 쿠데타 음모 혐의로 구속 재판을 받고 풀려난 김동하와 만나고 나온 김종필은 "서로 괴롭혔던 과거를 씻고 새 출발에 합심하자는 이야기를 했다"고 말했다.

김종필은 10월 29일엔 자신이 만든 공화당에 평당원으로 復黨(복당)했다. 그 직후에 가진 기자회견에서 김종필은 고향인 扶餘(부여)에서 국회의원 선거에 출마할 것이라고 밝힌 뒤 도전적인 발언을 서슴지 않았다.

"우리나라의 근대화를 가로막는 일체의 봉건적 遺制(유제)와 식민지적 잔재를 일소하기 위하여 젊은 세대는 총궐기하여야 한다."

"나는 일체의 낡은 권위에 도전하는 새로운 개척자의 騎手(기수)가 되겠다."

김종필은 11월 4일엔 고려대 총학생회가 주최한 학술사상 대강연회에 나가 "우리의 민족주의는 반공을 기둥으로 삼고 자유민주주의를 배경으로 하여 자립경제와 강력한 지도력을 확립하여야 한다"고 역설했다. 김종필이 학생들로부터 박수를 받은 대목이 있었다.

"혁명 이후 일을 하다가 의욕과잉으로 망명 아닌 망명 생활을 하다 돌아오니 주위에서는 좀 쉬라고 하는 사람들이 많습니다. 그럴 때마다 나는 휴식은 죽은 뒤에 썩도록 하겠다고 대답합니다."

김종필은 11월 8일엔 〈조선일보〉에 '한국의 근대화와 새 지도세력' 이란 제하의 기고문을 싣고 자신의 역사관과 정치철학, 그리고 비전을 밝혔다. 그는 민족 주체적 관점에서 근대화의 포부를 설명했다.

〈한국의 모든 문제는 한국에서 태어나 한국에서 살다가 한국에서 죽을 우리들이 해결하여야 한다. 특히 새로운 역사의식에 눈을 뜬 젊은 새 세대에 의하여 한국의 문제들은 해결되어야 한다. 한국의 근대화를 추진시킬 이념과 세력이 있어야 한다. 민족적 민주주의와 민족적 지도세력이 그것이다〉

제20장

對外개방전략

朴正熙

金鍾泌과 대학생들의 토론

　여덟 달간의 外遊(외유)를 끝내고 돌아와 공화당에 복당하고 고향인
부여에서 국회의원에 출마한 30대 후반의 김종필은 20대 젊은이들과
민족주의 문제를 놓고 활발한 토론을 벌였다. 11월 5일 그는 서울대학교
문리대 정치학회가 주최한 공개정책토론회에 나가 학생들과 이런 일문
일답을 가졌다.

　〈학생: "공화당이 내세운 민족주의 또는 민족적 민주주의는 무엇인가.
아시아-아프리카의 反제국주의적 민주주의, 교도 민주주의, 나셀리즘
등과는 어떤 관계에 있는가."

　김종필: "박정희식 민족주의는 세 가지 면에서 설명할 수 있다. 외국
買辦資本(매판자본)에 매수된 경제적 식민지와도 같은 지위에서 벗어나
자, 사대주의·수구주의뿐 아니라 자유방임적 퇴폐사상에서도 벗어나
자, 덮어놓고 반미가 아니라 생활주변을 감싸고 있는 양키즘에서 벗어
나자는 것이다. 국회 안팎에 새로운 엘리트층을 형성하여 국민의 감시
로 국회가 경제발전에 힘을 집중하도록 해야 한다. 수카르노나 나세르
의 민족주의는 자유민주주의를 바탕으로 하고 있지 않으나 우리의 민족
주의는 반공정신을 기둥으로 하여 민주발전을 기하자는 점에서 다르
다."

　학생: "이승만 정권이나 장면 정권 때의 민족주의와는 어떻게 다른
가."

　김종필: "외세에 의존하지 말자는 점에서 다르다."

　학생: "통일방안은?"

김종필: "통일방안으로는 제3차 세계대전을 통한 방법, 남북전쟁을 통한 방법, 그리고 우리 국력을 충실하게 한 뒤 우리가 원하는 방향으로 통일하는 방법이 있다. 우리는 외세의 힘을 빌거나 전쟁을 통해서는 통일을 할 수 없다. 우리가 국력을 기르면 공산체제가 아닌 자유세계로의 통일을 이룰 것이다."

학생: "경제적으로 월등한 실력을 갖추자면 미국이 소비재나 잉여농산물을 주는 현 실정에서는 불가능하지 않은가."

김종필: "그래서 우리가 미국 측에 대해서 경제의 기초를 하나하나 닦을 수 있도록 원조방식을 고쳐달라고 이야기했다. 그랬더니 우리 보고 반미니 공산주의자니 하고 공격하고 나온 것이 아닌가."

학생: "지난 선거 때는 툭하면 상대를 공산주의자로 몰려는 매카시즘이 등장했는데 공화당 정부의 대책은?"

김종필: "우리는 나라의 문제를 다루는 데 어느 정권보다도 자유스러운 토론을 보장할 것이다."

학생: "대미정책과 미국 원조에 대한 受援(수원) 태세에 대해서 말해주길 바란다."

김종필: "1910년의 한일합방 이후 미국의 對韓(대한)정책은 잘못이 많았다. 결론적으로 말해 미국은 한국을 반신불수로 만들었다. 미국은 일본의 한국 합방을 묵인했고 38선을 긋게 했다. 6·25 전쟁 때는 오늘의 휴전선을 만들어놓았고 경제원조는 소비 물자에만 치중했다. 우리나라의 과거 정권에도 책임이 크다. 우리는 지금 對美(대미)관계의 재조정을 시도하고 있다. 아무리 우리가 떠든다고 해도 일부 사람들이 말하듯이 '인질이 되어서라도 원조를 더 얻어 오겠다' 는 식의 사고방식이 지배한

다면 일은 되지 않는다. 미국에 대해 원조방식을 再考(재고)해 달라고 하는 것이 반미주의로 몰리고 있는 판이다."

학생: "공화당은 민족주의를 떠들면서도 이번 국회의원 공천을 보면 외국의 매판자본들과 더러운 결탁을 했다. 이 문제를 어떻게 생각하는가."

김종필: "미안하기 짝이 없다. 로마가 하루아침에 이루어질 수 없다는 말처럼 우리의 현실은 이상만을 허용하지는 않는다."

학생: "경제개발 5개년 계획에 대해 말해 달라."

김종필: "경제개발 5개년 계획은 수정될 부분이 많다. 처음 계획했던 것을 시행착오를 통해 수정하는 것은 잘못이 아니다. 지난 1년간의 성과는 성공이었다고 한다. 연간 40만 톤 이상이었던 시멘트 생산량이 내년엔 100만 톤으로 늘어난다."

학생: "한일국교 정상화로 일본으로부터 밀물처럼 흘러올 비생산적인 풍조를 어떻게 막을 것인가."

김종필: "일본과의 국교정상화는 감정을 초월하여 조속히 해결되어야 한다. 감정으로 말하면 민족주의를 부르짖는 나에게 왜 감정이 없겠는가. 우리가 올바른 자세와 공격정신으로 막아내야 한다."

학생: "세대교체와 대학의 자유문제에 대해서?"

김종필: "세대교체는 하루아침에 해결될 문제가 아니다. 이제 그 문이 열렸으니 下向式(하향식)과 上向式(상향식)을 병행하여 우리가 협력하여 꼭 성취시키자. 대학의 자유는 보장되어야 하고 학원내의 사찰이 폐지되도록 관계기관과 상의하겠다."〉

미국 대사관은 김종필의 이 서울대학교 토론회에 대해서 국무부에 보고하면서 직설적으로 반감을 나타냈다. 이 보고전문은 '김종필은 1910년 이후 미국의 對韓정책과 영향력 행사를 집요하게 고발했다' 면서 '8개월 전 우리가 그의 외유를 희망했던 여러 가지 이유들 가운데 어느 하나도 풀린 게 없다' 고 개탄했다.

김종필이 젊은 대학생들과 공개석상에서 당당하게 논쟁을 벌이면서 시원하게 미국의 정책을 비판한 것은 그의 대중적 인기를 높이는 데는 크게 기여했다. 이때의 대중적 기억은 지금까지도 유효한 김종필의 정치적 자산이 되었다.

민족주의 논쟁

1963년 11월 초 제 6代 국회의원 선거운동기간 중 서울의 주요 대학들이 연일 김종필과 장준하 등 주요 정치인들을 학내로 초빙해 토론회를 개최하면서 군정 시절 잠잠했던 대학생들의 목소리가 다시 들리기 시작했다.

1963년 11월 5일 오전에 서울대학교 문리대 정치학회 초청 '김종필과의 정치토론회' 에서는 '민족주의의 전도사' 김종필과 대학생들의 선입견 없는 진중하고도 당당한 토론이 있었다. 한국 현대사에 권력과 지성이 가장 근접했던 장면으로 기록될 이 날의 분위기는 그 후 정치권력의 현실주의와 학생운동의 이상주의로 인해 두 번 다시 재현되지 못한다. 이날 오후 〈조선일보〉사는 일곱 명의 학생 대표들을 모아놓고 본사에서 '대학생 좌담회' 를 가졌다.

趙庸中(조용중 · 연합통신사장 역임) 정치부장의 사회로 진행된 좌담회에는 당시 서울대 문리대 정치학과 4학년에 재학 중이던 權根述(권근술·〈한겨레신문〉 대표이사 회장 역임), 李鍾律(이종률·동아일보 기자, 10·12대 국회의원 역임), 金景梓(김경재·뒤에 김대중 평민당 총재 보좌역·국회의원)와 연세대학교 정치외교학과 4학년 徐三德(서삼덕), 영문학과 3학년 李恩淑(이은숙), 고려대학교 정치학과 4학년 李浩榮(이호영), 법학과 4학년 趙洪奎(조홍규·신민당 기관지 〈민주전선〉 편집장·국회의원 역임)가 참석했다.

약 두 달 전 학내에서 권근술, 이종률과 함께 운동서클 '민비연(民族主義 比較研究會)'을 구성한 서울대학생 김경재는 이날 "특히 우리나라에서는 매판자본이 근대화의 큰 암입니다. 따라서 정치적·경제적 근대화를 위해 우선 매판자본이 민족주의 세력에 의한 민족자본으로 대체되어야 할 것입니다"라며 말문을 열었다.

김경재: "한국의 민족주의는 '코스모폴리탄'적일 수도 없고 낭만적으로 발전해 나갈 수도 없습니다. 內部燃燒的(내부연소적)이고 계획적이어야 합니다."

권근술: "지금까지 우리는 부정적인 자세가 바로 정의인 것처럼 길들여져 왔습니다. 때리고 반대하고 반항하는 것만이 옳은 것처럼 인식해 왔거든요. 이제는 부정적인 것에서 반성하여 긍정적인 면에서 국민의 역량을 집결해야 합니다. 민족주의라는 것을 중축으로 삼아서요."

이호영: "고대에서는 4·19와 5·16이 상호 배반되는 논리가 아니냐는 물음이 나왔습니다. 김종필 씨는 배반되지 않는다고 했고 장준하 씨는 배반된다고 했습니다. 그런데 4·19는 자유화의 단계이고 5·16은 민족화의 단계가 아니겠습니까. 따라서 민족주의가 제대로 꽃핀다면 이제부

터의 역사만이 반성의 역사, 진보의 역사가 될 것입니다."

이종률: "우리의 과제인 근대화가 빠른 시일 안에 되어야겠다는 데에 우리의 고충이 있는 겁니다. 빠른 시일 안에 그것을 이룩하기 위해서는 주도세력이 필요하겠지요."

김경재: "미국이 바라는 것은 단순히 자유민주주의의 개화만은 아닐 겁니다. 미국에 얼마만큼 고분고분 하느냐를 가지고 '민주적이다, 비민주적이다'를 시비하는 것 같아요."

조홍규: "박정희 씨나 김종필 씨는 미국에 대해 상당히 세게 나오는데 그것은 일본을 배경으로 할 수 있다고 생각하기 때문이 아닐까요."

권근술: "박정희 씨가 대통령이건 윤보선 씨가 대통령이건 우리가 당분간 미국의 원조를 받아야 한다는 전제는 부정할 사람이 없을 거예요. 단지 어떻게 받느냐는 자세와 기술이 문제될 뿐이지요."

김경재: "군부세력이 젊은 층으로부터 웬만큼 지지를 받았던 것은 민족주의를 내걸었기 때문입니다. 그것을 권력상징의 수단이나 선전으로 전락시켜 우리들의 기대에 어긋나지 않게 정치를 해 주기를 바랍니다. 야당 인사에게는 保身主義(보신주의)로서의 保守主義(보수주의)를 고집하지 말고 생활철학으로서의 이념을 만들어 가지 않는 한 그들이 다시 정권을 잡기는 어렵다는 것을 경고하고 싶습니다."

서삼덕: "어쨌든 지금까지로 보아 대미관계에서 야당이 가지는 자세보다 여당이 가지는 자세가 옳았다고 봅니다. 대일관계는 정치적으로 다룰 것이 아니라 전문적으로 기술적으로 다루어질 문제라고 봅니다."

이종률: "여당 사람들에게 부탁하고 싶은 것은 진정한 의미의 민족주의 세력을 육성하기 위해 조직의 자유, 의사소통의 자유를 보장해 달라

는 것이고, 야당인사에게는 封建性(봉건성)을 지양해서 근대적인 정치 자세를 가져달라는 걸 부탁하고 싶습니다."

권근술: "나는 여당사람에게만 말하겠습니다. 국민들은 새 정권이 독재정권이 되지 않을까 걱정을 합니다. 독재화의 위구심을 없애주기 바랍니다."

이호영: "야당 사람들에게는 파괴적인 지성을 불식할 것을 권합니다."

대학생들의 이런 견해는 舊정치 세력보다는 박정희-김종필의 민족주의 노선에 더 기울고 있었다. 권력과 지성이 가장 근접해 있었던 순간이었으나….

아름다운 시절

1963년 11월 5일 〈조선일보〉 토론회에 참석해 박정희와 김종필이 기치로 내걸었던 민족주의에 대한 격려와 견제를 피력했던 일곱 명 중 4명은 그 후 신문사 사장, 장관을 지냈거나 국회의원이 됐다. 40여년이 지난 지금 그들은 어떤 생각을 하고 있을까.

당시 서울대학교 정치학과 4학년이었던 김경재 전 의원은 "그때 대학생들에게 매판자본으로 인식되었던 기업은 이병철 씨의 三星(삼성)이었다"면서 "국익보다 사익에 몰입해 무조건 미국이나 일본에 기대는 태도가 대학생들의 비판의식을 자극했다"고 회상했다.

"당시 학생들은 제 3세계에 대한 미국의 태도를 눈여겨보던 시절입니다. 미국은 自國(자국)의 이익을 중심으로 민주냐 비민주냐의 결정을 내리고 있었지요. 우리는 그들의 거대한 슈퍼파워에 대항하여 대결하기보다는 그들을 길들이는 것이 중요하다고 보았습니다. 그들의 국익에 너무 부합하면 간이고 쓸개고 모두 빼앗기고 말 것이란 주장이었지요.

그런데 우리의 시각이 묘하게도 박정희와 김종필 씨의 시각과 일치하는 바람에 우리는 착잡했습니다. 당시 학생들 대다수는 윤보선 씨를 지지하고 있었습니다. 자유민주주의자였고, 동시에 민족주의자라고 보았던 겁니다. 거기에 비하면 박정희 씨 쪽은 쿠데타를 통해 정권을 장악했다는 측면이 컸지요. 그런데도 박정희를 지지하는 대학생들이 의외로 많았습니다.

우리는 그들을 불러다 토론도 많이 했습니다. 그런데 토론하다 보면 우리가 꿀릴 때도 있었습니다. 김종필이 서울대학교에 초청되어 왔을 때는 제가 제일 먼저 질문을 했습니다. 민족적 민주주의가 구호처럼 보인다며 공격했지요. 김종필 씨는 참 멋있는 사람으로 기억에 남아 있습니다. 그후 민주화 세력과 긴장과 갈등이 지속되었습니다. 저도 1972년부터 오랫동안 외국으로 도피생활을 했지만, 그 시대에 민주화 세력의 입장에서는 다른 선택의 여지가 없었던 때였습니다. 지금 와서 박정희란 인물을 보면 공도 많고 과도 많다고 봅니다. 나는 아직 박정희를 개인적으로 용서하지 못하고 있지만 김대중 대통령의 최근 '역사적 화해' 발언은 존중합니다."

김경재와 동창생인 이종률 전 장관은 "당시 학생들에게는 민족주의적인 시각이 팽배해 있을 때였다"고 회고했다.

"독재와 부정선거에 반감이 많았던 대학생들은 군부가 등장하자 암울한 시대라고 인식하고 있었습니다. 그런데 선거를 통해 박정희 씨가 대통령으로 당선되자 토론회나 강연회를 잇달아 열면서 과감하게 정치에 접근하기 시작했습니다. 당시 학생들의 에너지는 4·19 혁명으로부터 연유한 것이었지요. 몸으로 부딪치며 민주주의를 일구었다는 자부심이 정치인들의 권위에 밀리지 않았던 겁니다. 그래서 '행동하는 지성'이란 말이 유행하기 시작했지요. 전국적으로 대학생들이 10만 명이 안 될 때였으니까 지금의 대학생과 비교하기보다는 오늘날의 언론인 정도의 수준으로 보면 될 겁니다.

먼 과거의 역사가 된 그 시대를 지금 와서 다시 보면 박정희 씨가 두 번 정도만 하고 김종필 씨에게 물려주었더라면 하는 아쉬움이 가장 많이 남습니다. 박정희 씨가 근대화를 통해 민주주의의 여건을 그것도 아주 크게 마련해 놓았다는 점은 기록에 남겨놓아야 할 것입니다.

대한민국은 박정희에 의한 근대화를 통해 시민의식이 성장했고 그 성장한 시민의식으로 하여금 박정희의 維新(유신)을 거부하게 하면서 민주화로 이행해 왔던 것이지요. 이제는 남과 북을 아우르는 像(상)이 필요할 때라고 봅니다."

당시 고려대학교 법학과 4학년이었던 조홍규 전 의원은 〈조선일보〉 주최 토론회에 참석하기 1년 반 전인 1962년 6월 6일 '한미행정협정 촉구 데모'를 주동하다 구속된 경험이 있었다. 4·19 당시 좌익들에 의해 시도되었던 反美데모를 제외하면 최초의 순수 학생운동차원에서 시도된 反美시위였다고 말하는 조홍규 전 의원의 회고—.

"그 무렵 학생들의 분위기는 반미적이었습니다. 6·6 데모도 동두천과 의정부 주변의 양공주들에 대한 미군들의 행패에 분개한 나머지 우리가 주도한 시위였습니다. 1963년 대선을 전후해 우리 같은 대학생들이 바라 본 혁명정부는 이전의 역대정권보다 반미적이었음을 목격하고 있었지요. 마치 몸부림치는 인상을 받았습니다.

우리들은 민족주의적이라고 생각했고 박정희에 대한 비판보다 미국에 대한 비판에 더 열을 올리던 때였습니다. 그런데 일년 뒤 한일국교정상화 회담으로 朴 정권이 너무 일본 쪽으로 경도되고, 월남파병으로 다시 미국에 기울어지는 것을 보고 권력과 끝없는 대립의 길로 나섰던 겁니다.

지금 돌아보면 당시 학생으로서의 수준이었고 논리였습니다만 나 스스로도 아름답게 생각합니다. 자주적이기 위한 학생들의 비판적 태도와 아울러 정치인들의 현실적인 태도가 서로 부딪치며 갈등하고 긴장하고 대립해 왔지만 지금 와서 보면 이 모든 것이 대한민국을 위한 노력이었다는 점에서 아름답게 여겨지는 겁니다."

박정희의 최초 해명

제 5대 대통령 선거의 최대 쟁점이었던 박정희 후보의 사상문제를 제기했던 야당 측은 대선 패배 후 6대 국회의원 선거운동기간 중에도 계속 砲門(포문)을 열었다. 1963년 11월 6일, 윤보선 민정당 대표최고위원은 "이번 총선거는 대통령 선거의 연장전"이라면서 대선 때 벌어졌던 사상논쟁에 대해 "머지않아 태도를 밝히겠다. 사상논쟁과 관련해 내가 할 이야기는 다했으며 이제는 박 씨가 아니라고 했던 사실까지 확증이 드러났으니 박 씨가 그 사실을 해명하든지 국민에게 사과해야 할 것"이라고 했다.

박정희는 11월 9일 오후, 여수 교동에서 연설 직전 기자들에게 "대통

령 선거 때 모 야당후보가 나를 여순반란사건 관련자라고 말하고 중앙
의 어떤 신문사를 매수, '삐라'를 뿌려 나를 빨갱이로 몬 일이 있으므로
내가 직접 이곳에서 해명하겠다"고 전제한 뒤 연단에 올라가 자신의 입
으로 이렇게 해명했다.

〈친애하는 여수시민 그리고 군민 여러분. 오늘 이 자리에서 여러분들
을 이렇게 뵙게 된 것을 대단히 감개무량하게 생각합니다. 오늘 같은 그
말썽 있던 그 여수시에 본인이 직접 와서 시민 여러분들을 이렇게 접하
기 때문에 거기에 대한 이야기를 몇 마디 하고자 합니다.

소위 말하는 여수 순천 반란사건이 났을 당시에 본인은 육군 소령의
계급으로서 육군사관학교 교관으로 근무하고 있었습니다.

여러분들이 잘 아시다시피 여기 주둔하고 있던 당시 14연대가 반란을
일으켰을 때, 그때 그 연대 주모자는 여러분들이 지금도 기억하고 계실
줄 압니다마는, 金智會(김지회)라는 육군 중위가 소위 좌익계열의 선동
을 받아가지고 14연대 내에서 반란을 일으켰습니다. 그 부대가 제주도
반란 토벌을 위해 출발하기 그 전날 밤에 반란을 일으켰던 것입니다.

에―, 여기에 반란 사건이 발발하자마자 중앙에서는 당시 육군 총사령
관으로 있던 송호성 장군이 직접 현지에 나와서 이 토벌부대를 지휘하
기 위해서 떠나면서 육군사관학교에 있는 본인을 불러서 '자네가 나의
작전참모로서 같이 수행하라' 하는 이러한 명령을 받고, 송호성 장군하
고 같이 비행기를 타고 광주 비행장에 도착해서 당분간 작전참모로 근
무를 했습니다.

그 이후에 송호성 장군이 갈리고, 원용덕 장군이 또한 사령관으로 와
서 근무할 때에도 본인은 그 밑에서 작전참모로 근무를 했습니다.

그 이후 중앙의 명령에 의해서 육군 총사령부에 다시 들어간 이후에 우리 육군 내부에서, 우리 육군뿐만 아니라, 아— 그때— 全軍에 있었던 일입니다마는, 우리 군 내부에도 좌익 계열에서 상당히 침투를 해가지고, 군의 적화를 위해서 여러 가지 그런 움직임이 보인다, 이 군 내부의 좌익분자를 전부 제거해야 되겠다는, 소위 말하는 숙군문제가 일어났습니다.

그때에, 그때는 과거에 해방 후에 자기 어떤 친구가 좌익에 조금 관여를 했다든지, 또는 자기 형제들 중에 누가 좌익에 관련한 사람이 있었다든지, 또 자기가 직접 그런 좌익을 하지 않았지마는 자기 어떤 친척 중에 그런 일이 있었다든지 그야말로 사돈의 팔촌 중에서 그런 무엇이 있었다 하더라도 전부 검열을 받아 가지고, 특히 어떤 사람이 개인적인 私感(사감)을 가지고 이러한 모략을 했을 때에는 전부 일단 검거가 되고 체포가 되어서 여기에 대한 준엄한 조사를 받았던 것입니다.

불행히도 본인의 형제 중 한 분이 해방 이후에 이러한 좌익계열에서 약간 관계했습니다. 그 연줄로 말미암아 본인에 대해서도 아무개의 형이 그랬으니까 본인도 거기에 관계 있을 것이다, 이래 가지고 당시 본인도 육군 수사기관의 체포영장을 받아서 들어가서 조사를 받았습니다.

약 두 달 동안 여기에 대한 여러 가지 조사를 받은 결과, 본인 자신은 아무런 혐의가 없다는 판명이 되어서, 무사히 되어서 나와 가지고, 그 뒤에 육군에서 다시 근무를 했고, 5·16 직전에 육군 소장계급까지 본인은 진급을 했습니다〉

박정희의 이 연설은 공개적으로 자신의 과거를 해명한 유일한 육성 자료이다. 박정희는 이 설명에서 자신이 무기징역 선고를 받은 사실을 밝히지 않았다. 박정희 총재가 연설을 마치고 떠난 이틀 뒤 같은 장소에서 지원유세를 하게 된 윤보선은 또다시 박정희의 사상편력을 거론했다.

이날 윤보선은 연설을 통해 "내가 알기로는 박정희 씨 형 한 분(편집 자 註-박상희)이 대구 10·1 폭동사건의 주모자의 한 사람으로 총살을 당했고, 국내에서 발행하는 모 영자신문에 박 씨의 다른 형 하나는 현재 북한 괴뢰 정권 밑에서 정보관계 실무자로 활동하고 있다는 기사를 읽 었다"고 주장했다. 윤 씨의 이같은 주장은 최근까지 일부 사람들이 사실 로 믿고 있을 정도로 전파력이 강했다.

박정희는 호남유세 도중 追加援助(추가원조) 문제로 상경했다가 11월 11일 오전 군산행 특별열차를 타기 전 기자들로부터 윤보선의 발언을 전 해 들었다. 그는 "그 사람, 이번에는 고발해야겠어"라고 하면서 "나는 오 형제였소. 그중 삼 형제는 고향에서 죽고 두 형제만 남았는데 나하고 맏형인 동희 형이 고향에 생존해 계시오"라며 손가락을 꼽아가면서 해 명했다.

JP에 약점 잡혔던 미국

미 국무부 한국과장을 지낸 도널드 S. 맥도널드는 《미국과 한국 관 계-해방에서 자주까지》란 책에서 흥미로운 언급을 하고 있다.

《(1963년 가을) 정치격동의 와중에 한국 전문가들은 워싱턴의 각종 성 명에서 박정희에 대한 미국의 시각이 월남의 고 딘 디엠에 대한 시각과 유사하다는 점을 발견할 수 있었다. 노골적인 반미운동은 공화당의 핵 심 선거 전략이었다. 박정희도 야당을 외세에 아부하는 사대주의자라고

비난했다〉

　고 딘 디엠은 1963년 11월 1일 미국이 간여한 군부 쿠데타를 만나 동생과 함께 피살되었다. 미국은 박정희와 고 딘 디엠이 다같이 위험한 반미 민족주의자라고 생각했을 것이다. 4년 전 출간된 월남전 당시의 미국방장관 맥나마라의 회고록에 따르면 미국 정부가 고 딘 디엠을 제거하기로 결심한 이유 중의 하나는 고 딘 디엠의 自主(자주)노선이었다고 한다.

　미국 정보기관은 고 딘 디엠이 정보기관장인 동생을 통해서 호찌민의 越盟(월맹)과 비밀접촉을 기도하고 있다는 정보를 입수했다. 남북 월남의 두 민족주의자들이 미국 몰래 무슨 짓을 할지 모른다는 의구심을 미국 권부에선 강하게 가지게 되었다는 것이다.

　미 국무부 안에서 고 딘 디엠 제거를 가장 강력하게 밀어붙인 사람은 극동담당 차관보 로저 힐즈먼 2세였다. 그가 고 딘 디엠 제거를 추진하고 있던 1963년 가을, 그의 앞으로 박정희와 김종필의 '위험한 사상성향'에 대한 보고서가 주한 미국 대사관 등지로부터 많이 올라왔다. 힐즈먼의 머릿속에는 월남의 고 딘 디엠-고 딘 누 형제와 박-김이 한 쌍의 골칫거리로 입력되어 있었을 가능성이 있다.

　소련과 대결하여 자유세계를 지켜야 하는 미국 입장에서는 이런 동서의 세력 균형을 깰 수 있는 민족주의자들의 모험이 달가울 수 없었다. 더구나 월남과 한국 같은 분단국가에서 이념을 넘어 민족문제에 접근한다는 것은 지도자의 목숨이 걸리는 중대사가 되던 냉전시대였다.

　박정희와 김종필은 출신 배경이나 성격은 대조적이었으나 자주 노선에 대한 신념과 논리는 똑 같았다. 미국에선 김종필이 더 위험한 민족주의자이고 박정희는 그런 색채를 띠고 있으나 실용적인 지도자라고 보고 있었다. 이 무렵 나온 박정희의 《국가와 혁명과 나》를 읽어 보면 박정희는 자주노선에 대해 김종필보다 더 깊고 근원적인 인식을 갖고 있음을 알 수 있다. 그는 국토분단의 책임도 미국에 묻고 있다.

〈이것(국토분단)은 물론 미국의 단독 행위가 아닌 것을 모르는 바 아니나 적어도 그 일단의 책임이 그 사람들에게 있는 것만은 사실이다〉

박정희는 한국전쟁 때 미국이 도와준 것도 〈한국의 방위만을 위해 치러졌다고 볼 수는 없다. 미국을 비롯한 자유진영의 평화와 태평양지구 방위정책에 직결되기 때문이었다〉고 썼다. 박정희의 미국에 대한 태도는 상식처럼 되어 있던 무조건적인 血盟論(혈맹론)과는 거리가 있다. 그는 미국에 대한 고마움을 부인하지 않으면서도 따질 것은 따지겠다는 자세이다. 《국가와 혁명과 나》에서 박정희는 미국에 대한 일종의 자주선언을 한다.

〈첫째, 미국은 서구식 민주주의가 우리 실정에는 알맞지 않는다는 것을 이해하여야 한다는 것이다. 백보를 양보하여 하나의 민족사회가 현대 자본주의 제도를 받아들일 수 있는 정도의 제 요건이 갖추어져 있다고 하더라도 자주국가인 이상 무조건 동화될 수는 없기 때문이다. 사회 전반이 균형 잡히지 못한 우리 현실에 민주제도의 실현을 기대한다는 것은 연륜을 무시하고 (아이가) 성인이 되기를 바라는 어리석은 어버이의 심리와 같다.

둘째, 경제원조나 민주주의의 이상을 통한 한국 사회의 일률적인 미국화를 기대하여서는 안 될 것이다.

셋째, 군사·경제면에 걸친 미국의 원조는 이왕에 줄 바에야 우리의

뜻에 맞도록 하여 달라는 것이다〉

박정희는 1959년도 미국의 대한 원조가 시설부문에 22%만 배정되고 나머지는 원자재와 소비재 공급으로 충당된 것을 지적하면서 '우리가 요망하는 공업생산 시설에 대하여 얼마나 인색하고 되레 원하지도 않은 소비재 분야에만 적극적이었다는 것을 알 수 있다'고 비판했다. 미국으로선 박정희의 이런 태도가 기분 나빴을 것이다. 주는 것을 고분고분 받지 않고 이것 달라, 저것 달라 하고 깐깐하게 요구하는 지도자를 다른 나라에서는 찾아보기 힘들었다.

김종필 총리의 증언에 따르면 미국으로선 박정희-김종필 콤비의 존재가 찜찜한 이유는 따로 있었다고 한다. 김종필 정보부장은 5·16 직후 정권을 잡아보니 엄청난 일이 진행되고 있음을 알았다는 것이다. '미국 측 정보기관이 장면 정부 가지고는 안 되겠다고 해서 장면 총리의 미국인 측근과 연관을 갖고 한국군과 연계하여 쿠데타 계획을 꾸미고 있었음을 밝혀냈다'고 한다.

김종필 부장은 주한 미국 대사관 측과 합의하여 두 미국인을 추방시키는 대신 관련 수사 기록을 없애고 이 사건을 덮어버리기로 했다고 말했다. '하비브 참사관과 내가 이 문제를 마무리 지었다'는 것이다. 미국 측은 자신들의 약점을 잡은 30대 청년장교 김종필이 거북했을 것이다.

케네디 弔問

1963년 11월 2일 〈조선일보〉 등 모든 신문은 월남의 군사 쿠데타가 성공하여 고 딘 디엠 정권이 무너지고 고 딘 디엠과 동생 고 딘 누는 자살했다고 보도했다. 5·16 쿠데타에 대해 비판적인 우리 언론은 월남의 이 쿠데타에 대해서는 독재정권을 무너뜨렸다고 상당히 호의적인 반응이었다. 민주주의라는 외래 이념에 완전히 설득당한 우리 지식인들은 외국에서 발생한 사건에도 민주라는 잣대로 가치 판단을 내리고 있었다.

고 딘 디엠 정권은 비민주적이었을지는 모르지만 쿠데타로 등장한 군부보다는 더 민족적이었다. 월남의 보통사람들에게 상당한 인기를 누리고 있었던 고 딘 디엠이란 민족적 지도자가 사라지자 월남은 쿠데타의 연속 사태에 휘말려들면서 정치적인 求心點(구심점)을 상실하게 되었다. 이에 따라 월남 내 공산 게릴라와의 전투를 미군이 주로 맡게 되었다. 미국은 민주주의 수호란 명분으로 反(반)고 딘 디엠 쿠데타를 지원했으나 그 대가로 월남전을 미국의 전쟁으로 떠맡게 되었다.

고 딘 디엠 형제는 과연 언론에 보도된 대로 자살했는가. 형제는 사이공 시내 남쪽의 중국인 거주 지역 내 한 성당에 숨어 있다가 쿠데타군에게 항복의사를 전한 뒤 대기하고 있었다.

쿠데타 지도자 민 장군은 이들을 데려오기 위해 지프 차 두 대와 호송차를 보냈다. 두 사람은 두 손이 뒤로 묶인 채 호송차에 처넣어졌다. 호송차가 합참 본부에 도착하여 문이 열렸을 때 두 사람은 시체로 발견되었다. 총상과 亂刺(난자)된 상처가 나 있었다. 쿠데타 주모자들 가운데 한 사람인 돈 장군이 쿠데타 지휘자 민 장군에게 따졌다.

"이들이 왜 죽었소?"

"그게 어떻단 말인가."

민 장군은 수개월 후 한 미국인에게 이렇게 말했다.

"우리는 달리 방도가 없었다. 고 딘 디엠은 서민들 속에서 너무 인기가 있었다. 살려둘 수 없었다."

케네디 대통령은 고 딘 디엠 형제가 자살했다는 허위 보고를 받았을 때 '가톨릭교도가 어떻게 자살할 수 있을까' 하고 의심했다고 한다. 고 딘 디엠 제거 작전의 사령탑 역할을 한 로저 힐즈먼 차관보는 "이것이 마지막이구나 하는 절망감으로 자살했을 것이다"고 했다. 맥스웰 테일러 대통령 군사고문은 "두 손이 등 뒤로 묶인 상태에서 어떻게 총과 칼로 자살을 할 수 있었을까"하고 고개를 갸우뚱했다.

나중에 고 딘 디엠 형제의 죽음에 대해 그 진실을 알았을 때 케네디 대통령은 양심의 가책을 받고 고뇌에 빠졌다고 한다. 재미있는 것은 중국 毛澤東(마오쩌둥)의 발언이다. 그는 1965년 미국기자 에드거 스노에게 "호찌민과 나는 고 딘 디엠에 대해서 나쁘게 생각하지 않았다. 고 딘 디엠이 죽은 뒤 갑자기 평화라도 왔단 말인가"라고 했다.

고 딘 디엠이 비명에 간 후 20여 일째 되는 1963년 11월 22일 주미 한국 대사 김정렬은 유엔 회의에 참석하기 위해 워싱턴에 온 김용식 외무 장관과 최규하 대통령 보좌관을 승용차에 태워 뉴욕으로 달리고 있었다. 점심 때가 되어 휴게소에 들른 일행은 식사를 시작했다. 갑자기 종업원이 소리쳤다.

"대통령이 총에 맞았다! 대통령이 총에 맞았다!"

김정렬 일행은 황급히 차로 돌아가 라디오를 켰다. 장송곡이 들리고 케네디 대통령이 텍사스주 댈러스를 방문 중 피격되어 조금 전에 사망했다는 뉴스가 흘러나오는 것이 아닌가. 일행은 서둘러 뉴욕으로 달리면서 라디오 방송을 계속 청취했다.

드골 프랑스 대통령, 이케다 일본 총리가 케네디 대통령의 장례식에 참석하러 오기로 했다는 뉴스도 흘러 나왔다. 김 대사는 외무장관 일행을 뉴욕에 데려다 준 다음 비행기편으로 워싱턴으로 돌아왔다. 대사관에 가니 이미 백악관으로부터 통지가 와 있었다. 모든 외교사절은 백악관으로 모여 달라는 내용이었다.

서울에서는 김현철 내각수반이 장례식에 참석하러 올 것이라는 연락이 왔다. 김정렬 대사는 '이게 아닌데…'라고 생각했다. 대부분의 나라에서 국가원수 급이 오는데 血盟(혈맹)인 한국에서 최고 지도자가 오지 않는다는 것은 缺禮(결례)라고 판단되었다. 물론 제 6대 국회의원 선거 투표일이 사흘 앞으로 다가와 있어 박정희 의장이 나라를 비우기가 어려우리라는 것은 이해가 되었다.

김 대사는 尹錫憲(윤석헌) 공사, 宋正範(송정범) 공사, 李範錫(이범석), 洪性澈(홍성철), 朴槿(박근) 참사관, 尹承國(윤승국) 무관 등을 불러 "박 의장의 참석 여부의 타당성에 대해 회의를 하고 의견을 모아다오"라고 지시했다. 15분 쯤 뒤 윤 공사가 오더니 "대사께서 당장 박 의장께 전화를 거셔서 장례식에 직접 오시도록 하십시오"라고 건의했다.

김 대사가 시간을 계산해보니 서울은 새벽 4시쯤이었다. 국가원수를 깨운다는 것이 걸렸지만 급한 일이라 다른 방도가 없었다. 국제전화교환대에 전화신청을 하니 15분 만에 장충동 의장 공관의 경호병이 나왔다.

"나는 주미대사인데 지금 긴급한 일로 대통령(권한대행)께 말씀드릴 일이 있소."

"지금 주무시고 계십니다. 전화통화가 어렵습니다. 저로서는 어쩔 수 없습니다."

김 대사는 경호병과는 이야기가 되지 않을 것 같았다. 문득 박 의장의 부관 김성구 대위가 생각났다. 김 대위를 찾아 용건을 말하니 박 의장을 바꾸어주는 것이었다.

朴-존슨 요담

김정렬 주미 대사는 새벽잠에서 일어난 박정희 의장에게 워싱턴의 상황을 설명했다.

"여기 상황을 종합해보니 대부분의 국가원수들이 장례식에 참석하기로 되어 있습니다. 김현철 수반을 보내기로 하셨다는데 여기 사정을 감안하셔서 각하께서 꼭 오셔야겠습니다"

"아, 일이 그렇게 되었소? 하지만 총선이 며칠 남지 않아 내가 떠나기가 정말 곤란한데…."

김 대사는 거듭 참석을 건의하면서 대사관의 참모들도 같은 의견이라고 덧붙였다. 박정희는 "알았소"하고 전화를 끊었다.

박 의장은 전날 전국 유세 도중 대전 유성 관광호텔에서 잠을 잤다. 윤주영 총재 비서실장이 새벽에 침실로 들어와 깨우는 바람에 충격적인 뉴스를 알게 되었다.

김용태는 그때 유성에서 국회의원에 출마했는데 박 의장에게 이렇게 건의했다고 한다.

"케네디 대통령의 장례식에는 세계 각국의 국가 지도자들이 참석하는데 각하와의 정분을 생각하셔서라도 꼭 가셔야 합니다."

박 의장의 일부 참모들은 총선이 더 중요하다면서 방미를 반대했다. 김용태는 다시 건의했다.

"대통령 선거에서 이겼는데 공화당 의원이 좀 적게 당선되면 어떻습니까. 각하께서 미국에 가시는 것이 오히려 선거운동에 유리하게 작용하여 당선자가 늘지도 모릅니다. 여기 일은 우리한테 맡겨놓으시고 세계 지도자들과 함께 장례식에 참석하십시오."

"그래, 내가 직접 가야겠어. 5·16 후 나를 미국으로 초청하여 나에게 많은 용기를 준 사람이 아닌가."

박정희 의장은 시카고를 거쳐 워싱턴으로 가게 되어 있었다. 박 의장이 시카고에 도착하자 김정렬 대사가 기내로 들어갔다. 박 의장은 군 선배이고 남로당 관련 수사 때 자신을 많이 도와준 김정렬 대사를 보더니 자리에서 벌떡 일어나 거수경례를 하면서 "명에 의해서 왔습니다"라고 농담을 했다.

"아이고 죄송합니다. 여기 사정이 꼭 오셔야 할 것 같아서 무리한 말씀을 드렸습니다. 와 주셔서 대단히 감사합니다."

11월 25일 박정희 의장은 부통령으로 있다가 케네디가 피살된 후 취임한 존슨 대통령을 예방, 한국인을 대표하여 弔意(조의)를 전달하고 요담했다. 박 의장이 그 2년 전에 미국을 방문했을 때 존슨 당시 부통령은 비행장까지 마중 나온 적도 있어 舊面(구면)이었다. 존슨은 "군부가 약속대로 민정으로 복귀하는 절차를 밟고 있고 분별 있는 선거를 관리한 점에 대해서 만족한다"는 뜻을 전했다. 그는 또 "한일 양국에서 총선이 끝나면 국교정상회담이 조속한 시일 내에 성공적으로 마무리되기를 바란다"고 말했다.

다음날 존슨 대통령은 조문하러 온 이케다 일본 총리와 요담하는 자리에서도 똑같은 희망을 披瀝(피력)했다. 이케다 총리는 이런 要旨(요지)

의 말을 했다.

"박정희 의장의 공화당이 총선에서 과반수 의석을 얻기가 힘들 것이기 때문에 조속한 국교정상화는 어려울 것 같다. 박 의장이 과반수 의석을 확보하지 못하더라도 보수적이고 온건한 세력과 연합한다면 국내 정치를 안정시킬 수 있을 것이고 일본도 가능한 한 빨리 국교정상화 회담을 끝내는 방향으로 나아갈 것이다."

이케다 총리는 이어서 존슨 대통령에게 "한국은 잘 교육되고 부지런한 2,500만 인구의 나라이다"라고 想起(상기)시킨 뒤 이렇게 말했다.

"대한민국의 건전한 발전은 일본의 안전을 위해서도 필수적인 조건이다. 일본과 자유세계는 한국이 붕괴하고 공산화되는 것을 방치할 수가 없다. 따라서 일본은 최선을 다해서 한일 국교정상화를 이룩하려고 한다."

위의 대화에서 나타나듯이 한일 국교정상화 교섭의 진도는 한국의 정치안정과 밀접한 관계를 갖게 된다.

박정희의 케네디 대통령 弔問(조문)은 존슨 대통령 정부와의 관계를 예고하는 청신호였다. 군정이란 약점으로 해서 끊임없이 미국 정부로부터 압력을 받아오던 박정희 정부는 두 차례의 비교적 공정한 선거를 통해서 국민의 심판을 받음으로써 정통성을 확립했다. 박정희 민선정부가 추진한 2대 외교정책-한일 국교정상화와 월남파병-은 미국이 한국에 압력이 아니라 부탁해야 할 성격의 것이었다. 이제는 박정희가 對美(대미)카드를 쥐게 된 것이다.

미국의 경제 및 군사 원조란 對韓(대한)카드와 한국의 이런 대미카드가 균형을 이루면서 이후 약 10년간 한미관계는 안정되고 이 안전판을 바탕으로 하여 박정희 정부는 군사비 지출을 최소한도로 묶고서(미군의 우산 아래서) 경제 발전에 총력을 쏟게 된다. 한미 관계가 다시 악화되는 것은 1977년 카터 대통령이 집권하면서부터이다. 카터는 케네디가 고 딘 디엠에게 가졌던 시각과 흡사한 각도로 박정희를 보았고, 이로 인한 한미 관계의 악화는 박정희의 죽음으로 이어진다.

1963년 11월에 있었던 고 딘 디엠과 케네디의 암살, 그리고 카터-박정희의 갈등과 박정희의 암살이란 두장의 필름을 겹쳐서 보게 되면 뚜렷해지는 어떤 모습이 있다. 그 모습은 민주주의를 도덕적 원칙뿐 아니라 외교 무기로 이용하는 강대국과 맞서면서 자주를 모색하는 약소국 지도자의 운명 같은 것이다.

젊은 지도세력의 등장

박정희와 동갑(1917년생)이지만 박정희보다 16년 먼저 암살된 케네디의 장례식은 1963년 11월 25일 워싱턴에서 치러졌다. 성조기 이외에는 아무런 장식을 하지 않은 케네디의 관은 국회의사당을 출발, 백악관 집무실에 잠시 머물렀다가 마태 성당에 도착하여 영결 미사를 치렀다. 박정희 의장은 다른 세계 지도자들과 함께 도보로 영구 행렬을 따랐다. 마태 성당에서는 케네디-재클린의 결혼식에서 '아베 마리아'를 祝歌(축가)로 불렀던 가수가 나와 이번엔 鎭魂曲(진혼곡)으로 그 노래를 다시 불렀다. 케네디의 유해는 포토맥 강을 건너가 앨링턴 국립묘지에 묻혔다.

케네디 대통령은 한국 총선 기간 중 박정희를 마지막으로 도와주기도 했었다. 민정당의 윤보선 후보는 한국 정부가 재정 안정계획을 성실하게 지키도록 하기 위한 일종의 견제수단으로 미국이 동결해두었던 원조자금 1,500만 달러를 지적하면서 "박정희 정부는 미국으로부터 고립되었다"고 주장했다. 박정희의 참모들은 새뮤얼 버거 대사에게 동결자금의 해제를 요구했다. 버거 대사는 미국 정부의 입장이 反朴(반박)이란 오해를 받을까 걱정했다. 그는 워싱턴에 건의하여 총선 기간 중 1,000만 달러의 원조자금 방출을 발표하도록 했던 것이다.

박정희 의장이 케네디 장례식에 참석하고 있을 때 한국에서는 제6대 국회의원 선거 투표와 개표가 진행되고 있었다. 1963년 11월 26일의 총선은 10·15 大選 때와는 정반대의 큰 異變(이변)이었다. 美日(미일)과 우리 언론 기관의 예상(공화당의 과반수 미달)과는 반대로 공화당이 압승, 의석수가 전체의 3분의 2선에 육박한 것이다. 131개 지역구 가운데 공화당은 88석을 차지했다. 전국구인 비례대표제 당선자를 포함하면 공화당은 전체 의석 175개 가운데 110석, 민정당은 41석, 민주당은 13석, 자민당은 9석, 국민의 당은 2석이었다.

공화당은 약 33%의 지지율로써 전체 의석의 약 63%를 차지했다. 이는 물론 야당의 분열 때문이었다. 공화당은 박정희가 대선 때 몰표를 받았던 제주, 전남, 전북, 경남, 경북, 부산의 지역구 74개 가운데 58개소에서 당선자를 냈다. 공화당이 과반수를 얻지 못한 곳은 서울뿐이었다. 민정당의 김영삼은 부산의 유일한 야당의원으로 당선되었다. 민주당의 김대중은 전남의 유일한 민주당 당선자였다.

이 총선에서 김대중은 전국적인 쟁점의 중심인물이 되었다. 목포 경찰서 정보반장 羅承元(나승원) 경사가 민정당을 찾아가 폭로한 경찰의

'국회의원 선거대책'이란 문서가 있었다. 경찰이 김대중 후보를 낙선시키기 위해서 선거운동에 개입했다는 이 폭로는 선거에서 큰 쟁점이 되었다. 박정희 의장은 신속하게 대응했다. 지령한 경찰간부와 공무원들을 구속시키고 朴璟遠(박경원) 내무장관과 이소동 치안국장을 물러나게 했다. 김대중 후보는 약 2만 2,000표를 얻어 공화당 후보를 倍(배)의 표차로 이겼다.

김대중의 선거참모로 참여한 사람 중에 權魯甲(권노갑) 비서가 있었다. 그는 1961년 5·16 혁명 직전에 있었던 강원도 인제 지역 보궐선거 때도 김대중 후보를 도왔다. 권노갑은 "나는 김대중 대통령이 오랫동안 목포를 떠나 있었기 때문에 고향에 잘 아는 사람이 적은 것을 보완해주기 위해 비서로 참여하게 되었다. 김 대통령은 나의 고향선배이고 목포상고 4년 선배다. 나는 동국대를 졸업한 뒤 미군의 통역을 하기도 하고 목포여고에서 교편을 잡고 있어서 각계각층 사람들을 알고 있었다"고 했다.

제6대 국회의원 선거에 참여한 유권자들은 박정희 대통령 당선자에게 안정의석을 주었고, 그가 主唱(주창)해온 세대교체를 상당 부분 실현시켜주었다. 국회의원 당선자들 가운데 20대가 1%, 30대가 21%, 40대가 46%로서 청장년층이 전체의 약 3분의 2나 되었다(50대는 21%, 60대는 10%, 70대는 1%). 40대의 박정희-30대의 김종필로 상징되는 젊은 국가엘리트 집단이 두 차례의 선거를 통해서 우리 사회 중심부에 등장한 것이다.

이에 반대하는 세력은 60대의 윤보선으로 상징되는 구정치세력이었다. 광복 후 우리나라에서 유교적 가치관을 밀어내고 가장 강력한 정치

이념으로 등장한 민주주의를 金科玉條(금과옥조)로 삼고 있었던 이들은 민족사의 발전 단계상으로는 수구세력을 대표하고 있었다. 국가근대화의 대세 속에서 떠내려가 버릴 위기에 처한 이들을 구해준 것은 대학생들이었다. 1964년 봄 한일회담 반대시위를 거치면서 60대가 이끄는 구정치세력은 집요한 선전·선동술로써 10대 후반~20대 초반의 대학생들을 야당 편으로 돌려놓는 데 성공하면서 생명력을 연장한다.

학생세력이 민족주의와 조국근대화를 내세운 젊은 박정희-김종필 세력을 밀지 않고 서구식 민주주의의 전면적(또는 무조건적) 실시를 요구하는 늙은 구정치세력 편에 서게 되었다는 것은 그 뒤 우리나라의 정치와 지성사에 갈등, 고뇌, 견제, 긴장의 불연속선을 만들어낸다.

광부들 西獨에 가다

1963~1965년은 박정희가 정치 혼란에 휘말리면서도 방향감각을 놓치지 않고 국가의 진로를 대외지향으로 확실하게 잡은 시기였다. 서독에 광원·간호사 파견, 南美(남미) 이민, 월남파병, 원양어장 개척, '現代(현대) 건설'의 해외진출, 한일 국교정상화, 수출입국 정책이 모두 이기간에 추진되었다. 국토분단으로 반쪽을 잃은 한국은 해외로, 세계로 나아가서 드넓은 민족의 활동공간을 확보하게 된다. 조선조 이후 사라졌던 우리 민족의 野性(야성)과 해양 정신이 되살아나는 계기를 잡은 것이다.

이기홍은 이승만 정부 시절에 부흥부(경제기획원의 전신)의 기획국장으로 있으면서 경제개발 계획 수립에 참여하였다. 그는 1962년 3월 서독 주재 한국 대사관에 경제기획원 주재관으로 파견되었다. 당시 군사정부는 해외에 인력을 수출하기 위하여 여러나라의 한국 대사관에 訓令(훈령)을 내려놓고 있었다. 이기홍 주재관(뒤에 경제기획원 차관보 역임)과 金泰卿(김태경) 보좌관은 루르 탄광지대에 주목했다. 이곳에서는 '가스트 아바이터(直譯하면 '손님 일꾼')'라고 불리는 이탈리아, 터키, 스페인, 일본 광부들이 일하고 있었다. 이기홍은 체구가 작은 일본 광부가 일할 수 있다면 한국 광부들도 못 할 게 없을 것이라 생각했다. 더구나 일본 광부들은 본국에서 경제사정이 好轉(호전)되자 在獨(재독) 노동에 흥미를 잃고 돌아가는 추세였다.

이기홍 주재관은 루르 지방의 탄광회사들을 방문하여 그들의 생각을 떠보았다. 회사들은 한국 광부들을 받아들이겠다면서도 노동청의 허가가 있어야 한다고 했다. 이, 김 두 사람은 노동청의 케퍼비츠 노동정책국장을 찾아갔다. 독일어에 능통한 김태경 사무관이 설명했다.

"우리나라는 가난하지만 사람들은 모두 부지런합니다. 우리 광부들은 또 군복무 경험이 있어 잘 훈련되고 단체생활에 익숙합니다."

케퍼비츠 국장의 표정이 동정적으로 변하더니 선뜻 수락했다. 이기홍은 의기양양하게 한국 대사관으로 돌아와 대사에게 보고했다.

〈대사는 왜 그런 일을 하고 다니느냐고 버럭 역정을 냈다. 노무자들이 독일에 오면 골치가 아프다는 것이다. 당시는 단 1달러의 외화도 벌어야 한다고 박 의장의 진두지휘 하에 온 국민이 총력을 경주하고 있었다. 박 의장이 혁명정부 지도자로서는 믿어지지 않을 정도로 열심히 일하고 있었다. 나는 그가 불쌍해 보였고 고독해 보였다. 나는 경제기획원에 이 사안을 보고하고 추진키로 했다〉(이기홍 회고록 《경제 근대화의 숨은 이

야기》)

1963년 여름 김종필 전 정보부장이 '自意半 他意半'의 외유 도중 서독을 방문했다. 그는 중앙정보부 소속으로서 한국 대사관에 파견 나와 있던 육사 8기 동기생인 윤흥정 참사관 및 김태경 사무관과 함께 루르 지방의 한 탄광 막장까지 들어가 보았다. 대사관으로 돌아온 김종필은 "본국에서 수속을 빨리 해주지 않아 광부들 도착이 늦어지고 있다"는 김태경의 말을 듣고 그 자리에서 바로 서울의 박 의장에게 전화를 걸었다.

김종필이 "서독이 우리 광부 ○○○명을 받아들이겠다는데 국내에서 제때에 일을 처리하지 않고 있으니 각하께서 선처해주십시오"란 요지의 건의를 했다. 김태경이 옆에서 듣고 있으니 박 의장은 "○○○명이 아니고 ○○○명이야"라고 바로잡아 주는 것이 이 일을 잘 알고 있는 듯했다.

1963년 8월 8일 경제기획원장 원용석은 '우리나라 노동자 1,500명을 루르 탄광지대에 파견키로 서독 정부와 합의되어 우선 1차로 500명을 뽑아 연내에 파견키로 했다'고 발표했다. 기획원은 수일 내로 전국에 公募(공모) 공고를 내겠다면서 근무조건을 공개했다.

〈3년 동안 탄광에 근무하는 한편 기술훈련을 받는다. 월급은 162달러 50센트(650독일 마르크). 중학 졸업 이상의 학력소지자로서 20세 이상 30세 미만〉

지원자수는 2,800여 명인데 1,600여 명이 신체조건으로 失格(실격)했고 나머지 1,200명 가운데 약 500명은 광산에 근무한 적도 없으면서 허위 경력증명서를 냈다가 들통이 났다. 대졸 및 고졸 학력자가 태반이었다. 1차 시험을 거쳐 9월 28일에 최종합격자 367명의 이름이 발표되었다. 신문들은 사법시험 합격자를 발표하듯이 사회면에 합격자 이름을 실었다.

〈조선일보〉는 이기양 기자를 서독 뒤스부르크에 특파하여 '한국 광부들을 기다리는 서독 광산촌'을 소개했다. 기사 제목들은 외국에 나간다는 것 자체가 특권이었던 시절의 독자들 가슴을 설레게 하는 것이었다.

〈호텔 부럽지 않은 숙소 / 방마다 독서실에 오락시설까지 갖추어 / 돈과 맥주와 아가씨와 / 二週年暇(이주연가) 땐 파리에서 데이트도 / 지하 800m서 콜라가 水道(수도)처럼 / 라인강변 처녀, 동양 총각 좋아 / 민간 외교 역할, 코리아 자랑해야〉

학력이 높아 '인테리 광부들', '紳士(신사) 광부들'로 불린 우리 광부들은 派獨(파독)에 앞서 20일간의 강훈련에 들어갔다.

간호사 派獨

파독 광부로 선발된 사람들 가운데는 광부 출신이 아닌 사람들이 많았다. 이들은 낮에는 석탄공사 장성광업소 갱내에 들어가 探炭(채탄) 작업을 실습하고 밤에는 늦게까지 독일어를 배웠다. 파독 광부 1진 123명은 1963년 12월 21일 에어 프랑스편으로 서독을 향해서 떠났다.

공항에서는 해외취업자와 가족의 이별이 있었다. 부산대 법학과를 졸업하고 광부를 지원한 우동천(당시 29세)의 아내 조영희(당시 26세)는 "3년간 헤어져 살게 되어 고달프지만 남편을 위해 희망을 안고 기다리겠다"면서 눈물을 삼키고 웃음을 보냈다. 이런 장면은 개발연대의 공항과 항구에서 곧 익숙한 풍경이 될 터였다. 이 날짜 〈조선일보〉 社說(사설)은 이렇게 당부했다.

〈(우리 광부들의 서독행은) 실업문제의 해결이란 점에서 우선 다행이라고 생각하지만 여러 가지 면에서 배울 점도 많을 것이다. 비록 갱내에서만 작업한다 하더라도 3년간이나 눈여겨보노라면 습득할 것이 많겠다. 이들이 3년간의 복무기간을 끝내고 돌아오면 국내에서 모범 工員(공원)으로서 석탄개발에 이바지하는 바 적지 않을 것이다.

또 독일인은 근면한 국민으로서 세계에 알려져 있다. 서독 경제부흥의 기적을 가져온 첫째 원인도 이 근면에 있다고 하는데 그들과 같이 일을 하게 되면 배우는 것이 많을 것이다. 먼저 간 사람들이 성심껏 일을 하여 능률을 올리면 신용을 얻어서 계속해서 한국에 인원을 요청하게 되겠지만 한국 사람은 못쓰겠다는 결론에 이르게 되면 후진에게 길을 막게 될 터이니 먼저 가는 책임이 크다는 것을 충분히 자각해야겠다〉

해가 바뀌어 1964년 2월 21일자 〈조선일보〉는 '한국 광부는 우수하다 / 라인강변에서 온 봄소식'을 전했다. 광부들이 노동청장 앞으로 보낸 편지를 소개한 기사. 광부 吳學峯(오학봉) 등 3명은 '지난 7일에 시행 된 여러 가지 지하 시험에서 우리 광부 250명은 한 사람의 탈락자도 없이 전원 합격했다'고 전했다. 그들은 서독의 너그러운 근로조건에 감탄하기도 했다.

'지상작업을 하다가 손가락을 가볍게 다쳤는데도 公傷(공상)으로 취급하여 놀아도 임금을 다 주고 감기나 배탈에 걸려도 통상 임금의 80%를 받으면서 휴양할 수 있다'는 것이었다. 광부의 파독 길을 뚫었던 이기홍(당시 경제기획원 차관보)에 따르면 "광산에서 일한 경험이 없는 대졸자들이 경험자보다도 독일 현지에서 더 잘 적응했다"고 한다.

1960년 봄 재독 한국인 이종수 박사(본 의과대학 병원 외과의사)의 주선으로 베를린 감리교 부녀 선교회와 프랑크푸르트 감리교 병원이 한국 간호학생 두 명을 받아들였다. 이것이 계기가 되어 1962년부터 매년 20명 정도의 간호학생들이 훈련과 교육을 받기 위해서 독일에 파견되었다. 이종수 박사는 이 사업을 간호학생에서 간호조무사와 간호사로 확대하여 1968년까지 1,200여 명의 간호요원들을 서독에 취업시켰다.

서독 마인츠 대학병원 소아과 의사 이수길 박사는 1964년 서독에서 간호사들의 수가 모자란다는 점에 착안하여 서독 간호사와 똑 같은 대우를 받는다는 조건으로 한국 간호사의 취업을 주선했다. 1966년 128명의 간호사가 서독에 왔다.

두 민간인에 의하여 시작된 간호사들의 서독 취업 사업은 1969년부터 정부가 해외개발공사를 통해 개입하여 1977년까지 1만 371명의 간호사가 서독에 취업하게 되었다. 1973년 현재 서독 전체 병원의 12.6%에 해당하는 452개 병원에 6,124명의 간호사들이 근무하고 있었다.

주한 독일대사 클라우스 폴러는 '보통 독일 사람들에게는 한국 간호사들과의 만남이 조용한 아침의 나라에서 온 사람들과의 첫 접촉이었으며 많은 경우 아시아인들과의 첫 접촉이었다'고 했다. '한국 간호사들의 유능함, 친절, 봉사정신은 독일 사람들에게 긍정적인 한국상을 형성하는 데 크게 기여하였다'고 했다. 그는 또 '한국에 거주하는 독일인이 미국인 다음으로 많은 것도 간호사들을 매개로 하여 두 나라 관계가 밀접해졌기 때문이다'고 했다.

한국 간호사들은 특히 '노인환자들에 대한 극진한 간호, 민첩한 업무처리'로서 좋은 평가를 받았고 독일 사람들로부터는 '질서와 준법정신, 근검절약, 신앙을 기초로 한 합리적이고 긍정적인 생활태도를 배웠다.'

(홍익대학교 정해본 교수 〈간호사 파독이 세계화에 끼친 영향〉)

연인원에서 파독 간호사 수는 광산근로자(8,395명)를 능가하게 된다. 몇 년 전 통계에 따르면 파독 간호사들 가운데 약 1,000명이 주로 독일 남자와 국제결혼을 했다고 한다. 여성 취업과 해외 취업이란 2중의 벽을 넘은 한국 간호사들은 한민족의 핏줄 속에서 잠들어 있던 무서운 생존력과 적응력을 가장 먼저 자각시킨 이들이다. 간호사의 선진국 취업은 선망의 대상이 되어 여성 취업에 대한 우리 사회의 고루한 선입견을 깨는 데 기여했다.

1965년 독일에 파견된 광부와 간호사들을 포함한 해외 취업자들이 국내로 송금한 외화는 상품수출액의 10.5%, 무역외 수입의 14.6%나 되었다. 1967년에 가면 월남파병에 따른 特需(특수)로 해외송금액이 상품 수출액의 36%, 무역외 수지의 31%를 차지하게 된다.

5·16 군사혁명 직후 박정희 정권에게 맨 처음 차관을 제공해주기도 했던 서독과의 관계는 급속도로 발전되어 1964년 12월 박 대통령의 방독으로 이어지지만 김형욱의 정보부가 동백림 간첩단 사건을 잘못 다루면서 양국 관계는 냉각된다.

6 한 운명적 인간의 裸像

朴正熙 6 – 한 운명적 인간의 裸像

지은이 | 趙甲濟
펴낸이 | 趙甲濟
펴낸곳 | 조갑제닷컴

초판 1쇄 | 2007년 4월16일
개정판 2쇄 | 2018년 5월23일
개정판 3쇄 | 2022년 1월22일

주소 | 서울 종로구 새문안로3길 36
전화 | 02-722-9411~3
팩스 | 02-722-9414
이메일 | webmaster@chogabje.com
홈페이지 | chogabje.com

등록번호 | 2005년 12월2일(제300-2005-202호)

ISBN 979-11-85701-18-9

값 12,000원

*파손된 책은 교환해 드립니다.